CW00924317

大前研一
サラリーマン「再起動」マニュアル

OhmaeKenichi
Re-draw your Life Plan
—Reboot your Career

小学館

目次

Phase 3

第3章［実践編］「中年総合力」を身につける

Phase 4

第4章［事業分析編］〝新大陸エクセレントカンパニー〟の条件

Phase 5

第5章［メディア編］「ウェブ2・0」時代のシー・チェンジ

[エピローグ]
新大陸の〝メシの種〟はここにある
——ゆっくりと21世紀の世相と世界地図を眺めよう—— 281

［イントロダクション］

志のあるサラリーマンは、きつい仕事を厭わない

——日本が〝フリーズ〟している今こそ、自分を向上させるチャンスだ——

ワーク・ライフ・バランス論争

「休みたいならやめればいい」——2008年春、日本電産の永守重信社長がそう述べたと朝日新聞が報じ、この発言を連合（日本労働組合総連合会）の高木剛会長が「言語道断」と激しく批判するなどして論議を呼んだ。

朝日新聞（08年4月24日付）によると、永守社長は決算発表記者会見で「社員全員が休日返上で働く企業だから成長できるし給料も上がる。たっぷり休んで、結果的に会社が傾いて人員整理するのでは意味がない」と持論を展開し、10年間で6倍超という成長の原動力が社員のハードワークにあることを強調したという。しかし、日本電産はホームページで「そのような事実はなく、誠に遺憾に思っております」と朝日新聞の記事を否定した。

そこで他紙を調べたところ、読売新聞には、永守社長は最近の安易なワーク・ライフ・バランス（仕事と生活の調和）ばやりを批判し、「創業から35年間一度も人員整理はない」と雇用の維持が優先されるとの考えを示したうえで、「うちはまだ3、4合目。ワーク・ライフ・バランスでゆっくりしたい人は、ほかの会社に行ったらいい」と述べたと書いてあった。つまり「休みたいならやめればいい」は意訳であり、カギカッコでくくるべきではなかったようなのだ。とはいえ、どちらの記事でも発言の意味合いは大して変わらない。

実は、私が主宰している起業家養成学校や経営者育成学校で、永守社長には何度か講師を務めてもらっている。そんなわけで私も永守社長と付き合いがあるのだが、冒頭の発言は、いかにも彼がいいそうなことではある。

　永守社長は1973年に28歳の若さで日本電産を設立し、創業わずか15年目で株式上場を果たしたやり手経営者だ。「情熱・熱意・執念」「知的ハードワーキング」「すぐやる、必ずやる、出来るまでやる」の3大精神と整理・整頓・清潔・清掃・躾《しつけ》・作法の「6S」に集約される独自の経営哲学を持ち、今も自ら会社のトイレ掃除をしている。京都の本社ビルの立派なロビーの一角には、創業当時の小さな町工場がそのまま再現され、草創期の苦労を今に伝えている。このタイプの創業経営者は常にスケジュールが埋まっていないと不安になり、休みらしい休みを取らないという共通点がある。だから「ゆっくりしたい人は、ほかの会社に行ったらいい」という言葉は、実は自分自身にいい聞かせているのではないかと思う。

　だが、そもそも永守発言のどこが批判されるのか、私にはさっぱりわからない。むしろ今の日本には、永守社長のような厳しい経営者がもっと出てきてほしいと思う。なぜなら、最近の日本の経営者、とりわけサラリーマン経営者は甘くなり過ぎているからだ。

　サラリーマン経営者は出世競争でくたびれてから社長になる人が多い。このため、社長に就任するとすぐに後継者のことを考え始める。彼らにとって理想的な後継者は自分より仕事ができて控え目な人間、自分が会長になった時に自分を大切に扱ってくれる人間だ。

　最大のポイントは、きつい仕事や面倒な仕事を自分に振らないこと。つまり、彼らは名誉職的な仕事や気楽な会合はOKだが、経営会議や事業計画、新製品、IRなどに関するややこしい会議、そして株主総会の議長などはやりたがらないのだ。私は様々なサラリーマン社長に会ってきたが、その7～8割は、そういう思考パターンなのである。

「伝言ゲーム」で募る社員の不満

さらに、最近のサラリーマン経営者は嫌われることを恐れ、みんなに優しくして怒らないようになる。怒りたいことがあると、配下の取締役を呼んで自分の代わりに怒らせる。だから指揮命令や意思伝達が間接話法になり、社内が不完全な伝言ゲームでギクシャクしてしまう。現場の人間にしてみれば、自分は仕事もしていないくせに、下には経費を締め上げ、遮二無二《しゃにむに》働かせるとは何事だと不満が募ってモチベーションを下げる原因となる。

だから、今の日本企業で問題なのは、永守社長とは逆に、優しいことをいいながら実際に自分では何の努力もせず、会社の業績も上げないで株主にも社員にも犠牲を強いている経営者が大多数を占めていることだ。そういう経営者こそが「言語道断」なのである。

彼らは新規事業に対しても後ろ向きだ。たとえば、私が海外事業に関して、インドやトルコが急成長しているから早く進出すべきだと提言すると、アメリカ一辺倒で仕事をしてきた彼らは、それら新興諸国を部下任せにしてしまう。ソニーの故・盛田昭夫会長やスズキの鈴木修会長、京セラの稲盛和夫名誉会長の全盛期のように、自分が先頭に立って切り込んでいくことはしない。盛田氏や鈴木会長や稲盛名誉会長は何事もすべて自分でやらないと気が済まない、自分でしゃべらないと気が済まない経営者だったが、そのカテゴリーの数少ない〝残党〟が永守社長なのだ。

私が主宰している学校で講師を務めてもらった時も永守社長は、自分はこれまでに傾いた会社を数多く買収し、すべて再建している。たっぷり休んで、結果的に会社が傾いて人員整理に至るのが自分が乗り込んでいった会社のパターンだ。永守流経営を導入することで仕事は厳しくなるが、結果的にどの会社も利益が出るようになり、それを社員に還元して給料を上げている。だから買収した会社の社員は、みんな喜んでいる——と語っていた。この話は学生に圧倒的な人気があり、「また話を聞きたい講師」の上位に必ず永守社長の名前が挙がる。志のあるサラリーマンは、そういったきつい企業に勤めたり、きつい仕事をすることを厭《いと》わないのだ。

日本企業が何の特徴もない会社ばかりになったらつまらないし、世界と戦っていくこともできない。エクセレントカンパニーになった日本企業は、みんな何らかの突き抜けた特徴を持っている。たとえば、かつてのトヨタ自動車は、販売部門の信賞必罰が非常にきつかった。トヨタの販売店でセールスマンが生き残っていくのは並大抵のことではなかった。しかし、その強靭《きょうじん》な販売力があったからこそ、トヨタは世界一の自動車メーカーに成長することができ、社員の待遇も上がっていったのである。

意欲のある中堅世代は「せいぜい15万人」

ところが、今の日本に突き抜けた特徴を持っている企業は非常に少なくなった。金太郎飴のように似通った、面白みのない企業ばかりになった。それと同時に、志のあるサラリーマンにも、あまり出会わなくなった。

この本は、おもに30～40代で現状に満足していないサラリーマン、危機感を抱いているサラリーマン、もっとスキルアップして上を目指したいと思っているサラリーマンに、自分を「再起動」して反転攻勢に出てもらうことを目的としている。

というのも、いま日本の社会で中核的な役割を担っているはずの30～40代には、トラクション（駆動力）が全くないからだ。現在、日本の30～40代の人口は男女合わせて約３５００万人に達する。しかし、その世代のサラリーマンをメインターゲットに私が主宰しているビジネススクールや実践的ビジネス英語講座などに関心を持っている人、言い換えれば〝戦闘意欲〟を持っている人の母数は、インターネットなどの反応を見ると、せいぜい15万人ぐらいだと思う。あとの人たちの多くは、会社に入って10年余りが過ぎた頃から、すでにコーストダウン・モードに入っている。コーストダウンとは、電車でいう惰行（惰性走行）である。電車は駅を発車して加速する時にマスターコントローラー（自動車のアクセルにあたる）を最高近くまで押し上げ、加速が終わったら「０」にしたまま惰性で走る。50歳を過ぎてコーストダウン・モードに入るのなら理解できるが、30代でそうなってしまったら、変化のスピードがどんどん速くなるこれからの時代に生き残っていくことはできないだろう。

しかも、困ったことに今の30～40代は海外にあまり関心がない。私たちの世代は、まずアメリカに進出し、続いてアジア、それからヨーロッパと、常に〝坂の上の雲〟を目指してきた。ところが、今の30～40代の人たちは、アメリカは先輩が占拠しているから自分たちにはチャンスがないとあきらめている。かといって中国やインドなどには行きたくないと言う。

また、彼らには致命的な弱点がある。英語力が極めて貧弱なことだ。これは日本人共通の弱点でもあるのだが、前述の実践的ビジネス英語講座でテストをすると、30～40代の大半は英語の語《ご》彙《い》数が500以下である。みんな高校時代はもっと語彙数が多かったはずだから、社会人になって以降、どんどん知力が落ちているわけだ。しかし、語彙数が500以下では、箸にも棒にもかからない。実践的ビジネス英語講座は、TOEICのテストで「英語で十分なコミュニケーションができるレベル」とされる860点を目標にしているが、語彙数500以下の受講生の場合は、まず語彙数を増やして単語力をつけるという初歩の初歩から始めなければならないのだ。これでは、たとえ本人がグローバルな方向にトラクションをかけようと思っても、なかなか難しいと言わざるを得ない。

だから結局、彼らがどこに〝安住の地〟を求めるかといえば、日本国内しかないということになる。いま日本企業は、BRICs（ブラジル、ロシア、インド、中国）をはじめとする新興国・地域にグローバルな展開を拡大すべき局面を迎えている。だが、30～40代の中堅世代にトラクションがないせいで、その多くはタイヤが砂に埋まった自動車のように立ち往生している。

そもそも日本がこれほど内向き・下向き・後ろ向きの閉塞的な状況になったのは、明治維新以来、初めてだと思う。日本は「富国強兵」「殖産興業」「加工貿易立国」「欧米に追いつき、追い越せ」などをスローガンにした国民のエネルギーをトラクションに成長してきた。その間、二度のオイルショックや日米貿易摩擦など数々の危機を乗り越えてきた。危機に直面すると国民は緊張する。緊張感はエネルギーに変換してトラクションとなる。

だが、バブル経済崩壊後の日本は、世界第2位の経済大国でありながら、世界の誰からも尊敬されないかわりに文句も言われないという無風状態になった。無風状態とは、言い換えれば「ぬるま湯」である。バブル経済崩壊後17〜18年もぬるま湯につかっていたせいで日本は緊張感が全然なくなり、政府はもとより地方自治体も企業も個人も、たるみ切っている。だから、どの部門もトラクションがなくなって日本全体が〝フリーズ〟しているのだ。

しかし、そういう現状は、志のあるサラリーマンにとっては大きなチャンスである。周囲がみんなフリーズしている時に「再起動」してグローバルに通用する人材になれば、日本企業はもちろん、世界中の企業で活躍できるからだ。

残念ながら、今の日本企業は10社に1社ぐらいしかグローバルなチャレンジをしない。10社に9社は国内市場を守って、ぬくぬくとしていようというネガティブな姿勢になっている。

だが、逆にいえば、10社に1社はボーダレスに活躍できる人材を切実に求めている。だから、ここで「再起動」してグローバルな能力を身につけ、〝戦闘準備〟を整えておけば、遠からず認められる時が来るはずだ。いま自分が勤めている会社を10社の中の1社にするための役目を担うことになるかもしれないし、10社の中の1社に入って大活躍するチャンスが生まれるかもしれない。フリーズ国家・日本には、グローバルな人材はほとんどいない。あなた自身がそうなれば、競争は意外なほど少ないのである。

Phase 1

第1章［現状認識］

なぜ今「再起動」が必要か？

〝見えない大陸〟＝新しい経済が出現した

かつて私は、35～50歳前後までのサラリーマンが仕事上の閉塞感から陥る無気力状態を「魔の15年」と呼んだことがある。入社してから10年以上たち、ひと通り仕事を覚え、それなりの実績を作ってきたにもかかわらず、年功序列型の企業の中ではなお、50代以上の世代に大きな権限を握られ、思うように仕事ができない。そのうち、自分の立場ができるだけ傷つかないように上司の顔色をうかがったり、うまく立ち回る術だけを覚えて、向上心や目標を見失ってしまう。そのことを「魔の15年」と呼んだのである。

今、この世代に属する多くのサラリーマンは、さらに切実な問題を抱えている。経済の激変期を迎えているのに、それにうまく適応できていないのだ。どういうことか――。

来たる２００９年は、私の暦でいうと「ＡＧ25年」、つまり4分の1世紀にあたる。「ＡＧ」とは「アフター・ゲイツ（ゲイツ後）」、すなわちビル・ゲイツ率いるマイクロソフトの「ウィンドウズ」バージョン1が誕生した１９８５年に幕を開けた新世紀を意味している。キリストの誕生によってＢＣ（紀元前）がＡＤ（紀元後）に変わったように、85年を新大陸の紀元元年として考えると、すべてが理解できる。

世界は、この年を境に一変した。パソコンとインターネットが一般に普及しはじめ、何もかもがアナログからデジタルへ、リアルからバーチャルへ、モルタル（現実の店舗）からクリック

（サイバービジネス）へと急速に移行していった。そして、それ以降の25年を細分化すると、5年ごとに大きな転換点を迎えており、現在は、旧世紀の残滓《ざんし》が一掃される最終段階の激変期に突入している。

歴史を振り返ると、同様の現象は何回か起きている。たとえば、イギリスとアメリカの関係。19世紀の文献を見ると、イギリスのエスタブリッシュメントは新大陸に誕生したアメリカの問題点をあげつらい、「あんな野蛮な国はどこかで壁にぶつかって自己崩壊するだろう」と希望的観測をしていた。しかし、それから100年たったら、アメリカは崩壊するどころか世界を一極支配する超大国となり、イギリスはアメリカに追随するしもべになってしまった。

それと似たような現象が、今は古い経済と新しい経済の間で起きている。

古い経済に取って代わった新しい経済は、いわば〝見えない大陸〟である。カネや情報が国境を越えるボーダレス経済となり、経済活動の中心がサイバースペースになった。金融の世界も変わり、手持ちの資金の100倍、1000倍のカネを動かすことも可能だ。〝見える人には見えるが、見えない人には全く見えない〟大陸が立ち現われているのだ。見える人は新大陸の住人、見えない人は旧大陸の住人といってもいい。

たとえば現在、URL（ホームページ・アドレス）を持つ人々は世界で10億人にものぼるといわれている。10億の人間がサイバー社会に住んでいるのである。ショートメッセージ程度を送れる携帯人口は20億人に達し、世界人口の実に3人に1人がネットにつながっているのだ。この地殻変動はとてつもなく大きい。そして、あなたはこの新たな大陸に住むのか、住まないのかが、いま問われているのだ。

ところが、今の30代後半~40代のサラリーマンの大半は、このビジネス新大陸にうまく適応できていない。なぜなのか。

旧大陸の側につくのか、新大陸を目指すのか

私にいわせれば、この世代の人たちは二つのミステークを犯している。一つは環境の変化を読み間違えたこと、もう一つは読み間違えた環境（＝旧大陸の環境）に過剰適応してしまっていることだ。

彼らが環境を読み間違えた最大の理由は、新世紀が始まった85年以降、ＡＧ24年の現在にいたるまでの激変期に、会社で〝旧大陸の住人〟である先輩の上司に教育されたからである。今の50代半ば以上の世代が生存してきた旧大陸の環境に、どっぷりと浸かってきたせいで、新大陸の環境に適応できないカラダになってしまったのである。

言い換えれば、今の30代後半~40代は旧大陸の環境（＝アナログ時代の古い経済社会）でビジネスの戦闘訓練を受けた人たちであり、新大陸の環境（＝デジタル時代の新しい経済社会）で生き延びていくための戦闘訓練は受けていないのだ。

この新大陸のビジネスの特徴は、横並びや年功序列がなく、生存能力によって給与格差が１００倍にもなることだ。同じ40歳でも、年収３００万円の人間から3億円稼ぐ人間までいる。サラ

リーマンであっても、油断していればプロジェクトから外され、給料が下がり、リストラされる。企業もM&A（合併・買収）が活発になり、熾烈《しれつ》なサバイバル競争にさらされるから、生存能力のない者は容赦なく淘汰《とうた》されてしまうのだ。

つまり、新大陸は弱肉強食の世界であり、旧大陸とは環境そのものが一変したのである。敵はどこに潜んでいるかわからない。一瞬でも注意を怠ったら、ヘビに噛まれたり、毒サソリに刺されたり、トラに食われたり、常に危険と隣り合わせだ。新大陸の環境はまさにジャングルであり、そこには当然〝ジャングルの掟〟が存在するのである。

ジャングルでは、もはやサラリーマンがエスカレーター式に昇進することはありえない。課長→部長→役員→社長と1本のレールをたどる昔ながらの出世コースはなくなった。役職が上がれば接待交際費がふんだんに使えるようになり、「銀座」&「ゴルフ」で豪遊できるという〝勝ち組〟のパターンも、今や幻想になった。

このビジネス新大陸で成功しようと思ったら、自らジャングルに入っていってリスクをとらねばならない。リスクをとるということは、「失敗したら身ぐるみはがされて一文無しになる」ということだ。

それはできない、と思う人たちは典型的な言い訳をする。「そうはいっても家族を食べさせないといけない」「家のローンが残っている」「いざとなったら両親の面倒を見なければならない」などと、なぜ自分はリスクをとれないかという理由を六つも七つも挙げるのだ。それでいて「青い鳥症候群」で自分も出世したい、リッチになりたいという。これは基本的に無理である。

旧大陸の環境に過剰適応した30代後半～40代のサラリーマンが、新大陸で生き残っていくには、まず、これまでの認識を根本的に変えるところからスタートしなければならない。

これからはプロジェクト・ベースの組織が主流になる

あなたの周りを見回してみてほしい。部署ごとに机の〝島〟があり、その端の席で課長が全体を見渡すという「序列」が机の位置で決まっていたりしないだろうか？　もしそうなら、それは旧大陸企業である。

新大陸企業では、メールやイントラネットの発達で中間管理職の意味がなくなり、上司と部下の上下関係も崩れている。私がいたマッキンゼーでは、プロジェクトごとにマネージャーがいて実戦部隊のチームを率い、そのプロジェクトについてはそのマネージャーが全責任を負うというやり方をしている。一つのプロジェクトが終わるとチームを解散し、次のプロジェクトではまた新たなチームを編成するのだ。

新大陸で勝ち残る企業の多くは、プロジェクト・ベースの組織が主流になると思う。なぜなら、新しいものを生み出していくためには、マンネリ化しやすいピラミッド組織ではなく、変化に柔軟かつ素早く対応できるプロジェクト・ベースが適しているからだ。

したがって係長、課長、部長という「序列」もなくなっていく。これまで日本の会社は、すべての人間がいずれは同じ仕事ができるようになる、段階を追って昇進して上司になれば上司の仕事ができるようになる、という前提に立ってきた。だが、それは幻想になりつつある。

そういう新世紀に、もし30代後半〜40代の人たちが団塊の世代をはじめとする旧大陸側にくっついていたら、どうなるか？　まず若い人たちに対する指導力はゼロだ。上司にいわれたことはやるが、それ以外のことは何もしないし、できない。旧世代にくっついておべんちゃらをいっているだけだ、とみなされたら、新大陸の住人である若い人たちは誰もいうことをきかないし、相手にもされない。すぐにリストラの憂《う》き目《め》に遭うだろう。

「もしあなたが○○の社長だったら……」

旧大陸（アナログ時代の古い経済社会）の環境に過剰適応してきた30代後半〜40代のサラリーマンが新大陸（デジタル時代の新しい経済社会）で生き残っていくには、どうすればよいのか？

単にメールやパワーポイントなどITのノウハウを身につけるだけでは、もはや新大陸の若い世代や情報武装した外国人のスタッフと対等以上に戦ってゆくことはできない。もっと根本的に「自己改造＝再起動」するためには、三つの方法しかない。すなわち「お金の使い方」と「時間の使い方」、そして「住む場所」を変えることだ。

旧世代のサラリーマンの多くは、自分の運命を国や会社などの他者に委ねてきた。それでも、年功序列と終身雇用という日本的なシステムが存在していたから、生き残ることができた。しかし、新大陸のジャングルは弱肉強食の世界だから、自分の運命は自分で支配し、自分で変えなければならない。旧大陸の住人と同じお金の使い方、同じ時間の使い方をして、同じ場所に住んでいたのでは、絶対に「自己改造」「再起動」はできない。

たとえば、私が塾長を務めているアントレプレナー（起業家）養成学校『アタッカーズ・ビジネススクール』の受講生は、平均年齢36歳。その大半が旧大陸から逃れ、新大陸に移住しようとするサラリーマンだ。彼らは半年間20万円の受講料を払い、平日の仕事が終わった後や週末などのプライベートな時間を割いて講義を受けている。そうやって、新大陸で起業するために必要な戦闘力について勉強しているのだ。

また、新大陸で通用する戦闘力の一つにMBA（経営学修士）がある。だが、それも〝実戦〟で使えるかどうかが問題だ。

やはり私は、オーストラリアのボンド大学ビジネススクールと提携して、「実戦的なMBA」を遠隔学習によって取得できる『ボンド大学－BBT　MBAプログラム』を立ち上げているが、こちらの学生の平均年齢は35・7歳。彼らはどのように起業の構想を作っていくのか、その構想をどう事業化するのか、必要な資金をどうやって調達するのか、といった具体的な経営ノウハウを、ケーススタディ中心に学ぶのだが、そのカリキュラムは従来のMBAのそれとは全く違う。よくMBAを取得してもすぐには役に立たないといわれるが、それは当たり前だ。教えている先生が必ずしも経営の経験がなく、戦闘力よりもフレームワークなどの頭の体操を重視しているからである。

従来のケーススタディも大きな問題を抱えている。たとえば、アメリカのハーバード・ビジネスクールでは、急成長している会社を研究して実際にそのケースを授業で使うまでに数年かかっている。完成した頃には消滅、吸収、合併、などというケースは珍しくない。変化のスピードが速い今の時代では間に合わない。だから私は、こんな問題を学生たちに出す。

「もし、あなたが今ダイエーの社長だったとしたら、どうするか?」

「三菱自動車の社長への就任を要請されたら、受けるかどうか? 受けるなら、就任後半年間の日記と半年後のバランスシートを書きなさい」

現在進行中のテーマだから、自分の答えが正しいかどうか、すぐに結論は出ない。以後1年間の授業の中で、その企業の情報を収集し、検証していくのだ。また、論文のテストはこんな具合である。

〔問題〕今から5年後もエクセレントカンパニーであると思う会社を一つ選び、その理由を書きなさい。

面白いことに、この問題を出すと、10人中8、9人が「トヨタ自動車」と書く。たしかにトヨタは5年後もエクセレントカンパニーだろうが、そんな安全性を重視した答えを書く人は絶対に起業家にはなれないし、経営者に向いていない。同じ自動車メーカーでも、トヨタではなくマツダを選んで「こうやってマツダを世界一のエクセレントカンパニーにする(たとえば08年8月現在の時価ならGMを買収できる、あるいは親会社のフォードを逆買収する、などのアイデアから具体策を論ずる)」という論理展開ができるような人こそが起業家として成功するのだ。

そして論文提出から1か月後にオンライン試験をする。試験開始時間になると、私からの質問メールがパソコンに送信される。「あなたはトヨタを選びました。そんな当たり前の会社を選ぶ人間は失格です。1回だけチャンスをあげます。違う会社を一つ選んで、同じ質問に答えなさい」。あるいは、面白い会社を選んだ学生には「その会社が5年後につまずいているとしたら、それはどんな理由だと思いますか?」といった質問をする。今度は、800字の論文で提出期限は2時間以内だ。

別に何を調べてもいいし、他人に教えてもらってもかまわない。なぜなら、経営には「カンニングもあり」だからだ。同じ答えを出しても、それを一番うまく実行した者だけが勝つのである。

こうして現在進行中のビジネス事象をテーマに勉強すると、学生たちの経営に対する認識は一変する。そして1年後には相当な戦闘力がついているのである。

レッスンを100回受けてもプロにはなれない

たしかにMBAやCPA(米国公認会計士)などは、強力なビジネスの武器になる。しかし、MBAも他の資格と同じ「ツール」であって、それを取得することが目的ではない。

世の中には宅建(宅地建物取引主任者)、公認会計士、FP(ファイナンシャル・プランナー)など多くの資格を取ることだけに生きがいを見いだす「資格オタク」もいるが、MBAも含め資格そのものには意味がないし、資格を持っているだけでは新大陸では出番がないだろう。

水泳にしろテニスにしろゴルフにしろ、上達しようと思ったらインストラクターから正しい泳ぎ方やスイングのコツを習わなければならない。ＭＢＡもそれと同じで、収益還元価格や価格弾性値などの計算、統計処理やマーケティングの手法といった経営者が使うツールは、おおむね教えてくれる。だが、それはゴルフのレッスンを１００回受けた程度のものでしかない。今日は体調が悪いから刻んでいこう、といった〝実戦〟で必要となる判断力はレッスンだけでは培えない。レッスンを１００回受けてもプロゴルファーにはなれないのと同様、ＭＢＡを取ってもプロフェッショナル・ビジネスマンになれるわけではないのだ。

それに、アメリカのＭＢＡにも問題点が多い。たとえば、私が教鞭を執っていたスタンフォード大学ビジネススクールには、最先端のｅコマースやネットビジネスについて教えられる先生がいなかった。というより、この世界は先生よりも学生のほうがよく知っているのだ。従来の先生と学生の関係が逆転し、「先生」という概念が成り立たない世界が、21世紀の新しい経済の特徴なのである。

私はまた、日本で初めてインターネットなどを用いた遠隔教育で「実戦的なＭＢＡ」を取得できる『ビジネス・ブレークスルー（ＢＢＴ）大学院大学』も主宰している。私が学長となり、新大陸のジャングルで生き残っていくための基礎的な体力である「問題解決力」を伝授することに主眼を置き、マクロ経済学や財政学、会計学などのアカデミックなカリキュラムは必要最低限にとどめている。さらに、実業界から各分野で最先端を行く経営者を招いて講義をしてもらっている。そうした改善を加えることで、より〝実戦〟に役立つトレーニングを目指している。

たしかにＭＢＡはビジネスの基本をカバーするものだから、持っていないと経営の常識がわからなくてポカをする。しかし、ＭＢＡを持っているだけで企業が高い給料をくれると思ったら、大間違いだ。外資系企業の場合はＭＢＡを持っていることが採用条件になっていたり、持っているだけで給料が3割上がったり、昇進が早かったりするところもある。だが、日本企業は無条件でＭＢＡを評価することはないし、外資系企業でもそれが出世のカギになるわけではない。

ＭＢＡはビジネスで成功するための必要条件ではあるが、十分条件ではないのである。むしろ、ＭＢＡを活かせる人と、そうでない人がいることを知るべきだろう。

全員「○」でも不採用――〝マッキンゼー流〟人材評価法

私はマッキンゼー時代、採用のためによく世界の一流ＭＢＡ校を行脚した。当時のマッキンゼーには毎年、ハーバード大学やスタンフォード大学のビジネススクールから計約800人もの学生が応募してきていた。彼ら精鋭の中から200人ぐらいを採用するのだが、そのリクルーティング手法は独特だ。

まず、1人の応募者について5人ぐらいの採用担当者が1対1の面接を個別に日時と場所を変えて行なう。

採用のポイントは三つ。一つ目はクラスの中でアウト・スタンディング（特筆すべき役割）を果たしているか、ということ。あるいは、幼少期からボーイスカウトでリーダーをやっていたとか、NPO（非営利団体）を立ち上げたとか、リーダーシップを発揮した証拠があるか、ということだ。これは、イニシアティブを取れるかどうか、得にならないことでもコツコツとできるかどうかを見る。

二つ目は、ディスカッションをまとめていく力である。クラスにおけるディスカッションで意見を集約してみんなを合意させられるかを聞く。

三つ目は、採用担当者の質問に対してどういう受け答えをするか、ということ。日本にもアメリカにも、知識をひけらかす秀才がいる。すぐに「誰々の理論によれば」などといって、立て板に水で答える手合いである。だが、このタイプはビジネスの現場では使えないことが多い。そうではなく「あなたの質問には、こういう前提で答えていいんですか?」と相手の質問を正確に理解したかどうかを確認したうえで「その場合、私はこういうふうに思います」と答えるタイプがよい。そういう人のほうが頭が柔軟なのである。

そして、面接担当者は◎○×で評価するのだが、たとえば5人のうち1人でも◎を付けて「絶対に採用すべき」と判断した人間は、合格だ。たとえ他の4人が全員×を付けたとしても、目をつぶって採用する。一方、5人全員が○でも、採用しない。みんなが○を付けるような人間は、決まった仕事はそつなくこなす能力はあるだろうが、新しいビジネスを開拓していく人材にはならないからだ。学校の勉強ができる秀才クンは、他の企業にもたくさんいる。それらの企業と対等以上に渡り合うには、もっと新しい才能が必要なのである。

ちなみに、私自身は8人もの面接を受けさせられたが、後に役員になってから調べてみたら、

◎を付けたのは1人だけで、あとは×や「判定不能」と書いてあった。そんな私が全世界6000人の組織で16人しかいない常務会メンバーにまでなったのだから、この採用方法は非常に高度ではあるが、有効だといえるだろう。

逆に私がマッキンゼー時代に採用した日本人は女性だけ見ても、一橋大学の石倉洋子教授、携帯オークション「モバオク」や携帯ゲーム「モバゲータウン」などを運営する「ディー・エヌ・エー（DeNA）」の南場智子社長、PRADAを日本で成長させた青木千栄子さんらがいる。彼女たちは皆ハーバード大学ビジネススクールのMBAやDBA（経営学博士）取得者だが、マッキンゼー〝卒業後〟もうまくやっている。他のMBA取得者とどこがどう違うのか？

できる人の共通点は「ハングリーでリスクテーカー」

たとえば、ディー・エヌ・エー（DeNA）の南場社長は、私がマッキンゼー時代に採用試験の面接で◎を付けた才媛だが、彼女はマッキンゼーのパートナー（共同経営者）にまで昇進してから退社した。パートナー時代は、同年齢の一流企業のサラリーマンの8倍ぐらいの高収入を得ていたはずだが、彼女はそれを捨てて起業したのである。

やはり私が◎を付けた1人が、韓国人のジョン・パク（John J. Park）氏。彼はハーバード大学ビジネススクール時代、アジアクラブの会長として私に講演を依頼してきた。会ってみると、話し方が極めて理路整然としているうえ、態度に及び腰のところがなくて実に堂々としている。

そこで私は、ビジネススクールを修了したらマッキンゼーに来ないか、と誘ったのだが、彼はそれを蹴って韓国に戻り、現在はソウル大学の教授を務めながら、ベンチャー・キャピタル「アジア・エボルーション（ASIA evolution）」CEOとして活躍している。

また、マッキンゼーから転職して成功している代表的な経営者には、IBMのルイス・ガースナー元会長、モルガン・スタンレーのフィル・パーセル前会長らがいる。

1990年代前半、IBMはパソコン時代への対応が遅れて瀕死の状態になっていた。ジョン・エーカーズ会長がクビになり、後継者捜しのための委員会が設けられた。ヘッドハンターは次期会長候補として7人の経営者をピックアップしてきたが、そのうち6人に断られてしまった。当時のIBMは〝沈みゆく巨艦〟であり、その会長というリスクの高い仕事は誰も引き受けなかった。そこまでIBMの名声は墜ちていたのである。

しかし最後の1人、ガースナー氏は違った。当時、ガースナー氏はアメリカン・エキスプレス（アメックス）を経て、食品メーカー・ナビスコの会長に就いていたが、「ビスケットより面白そうだ」と、IBMの提案を受けた。私はその頃、マッキンゼーで全世界のIBMの統括担当ディレクターだったので、ガースナー氏が会長に就任した直後に「IBMとはこんな会社です」と緊急の課題や将来展望などをNYまで説明に行った。ガースナー氏は、コンピュータの「コ」の字も、IBMの「ア」の字も知らなかった。それで会長を引き受けるというのは、普通に考えれば無謀もいいところだが、彼は見事にIBMを復活させて辣腕経営者の評価を手中にした。

パーセル氏の場合は、米小売業大手シアーズ・ローバックの副社長としてマッキンゼーから引き抜かれた。おそらく、給料は下がったはずだが、その数年後にシアーズ・ローバックは証券会社ディーン・ウイッターを買収。その会長に就任したパーセル氏は、同社をモルガン・スタンレーに売りつけ、自分がモルガン・スタンレーの会長になった。買収された側が買収した側の経営者になった珍しいケースである。

彼らには共通点が三つある。①人生はリスクをとるものと達観している、②人が見ていようがいまいが、給料が上がろうが上がるまいが、自分のやりたいことをやる、③常にハングリーで、強い欲望や願望がある。ひと言でいえば「リスクテーカー」なのである。彼らは「安住の地を求める」ことよりも「死ぬまで自分の可能性を試す」ことを優先する。たとえ失敗しても、「面白かった」といえる人生である。

安藤忠雄、ディズニー……更地に絵を描けるか

さらに、新大陸時代に伸びる人とは、具体的にはどんな人だろうか?

象徴的な例は、建築家の安藤忠雄さんである。独学で建築を学んだ安藤さんは、クレヨンと画用紙を渡せば、あれよあれよという間にコンセプトを決めてパース（設計の完成予想図）を描いてしまう。あまりにたやすく描くので「そんな構造で大丈夫なんですか?」と聞いたら、「それは俺の仕事やない。東大を出た優秀なやつらが計算すればいいんや」という。ほとんどイメージだけなのだが、そのイメージを描ける建築家は他にいないのだ。

また、安藤さんは英語が話せないのに、アメリカのイェール大学、コロンビア大学、ハーバード大学の客員教授を歴任した。日本語で授業をして、アメリカの学生たちを感動させた。大学に行っていないのに、東京大学の教授を務めた（現在は特別栄誉教授）。そういう「安藤忠雄型人間」が、新大陸時代に伸びる人、これから求められる人の典型だ。

あるいは、世界一にもなったパソコンメーカー、デルの創業者マイケル・デル会長は、自分が必要とするスペックのパソコンがないことに憤慨して「テーラーメードのパソコン」というコンセプトを大学生時代に生み出した。84年のことである。20年以上たった今は、ERP（Enterprise Resource Planning／経営資源を有効管理する経営統合システム）とCRM（Customer Relationship Management／顧客関係管理）を駆使した受注・発注・生産・配送システムを完成し、一段と進化した企業になっている。常に新しいアイデアを考えているから、進化できるのだ。そして自前の販売網を持っていないことも幸いした。代理店がないから、お客とダイレクトにつながることができる。新大陸では、お客とのインターフェースは絶対、人任せにしてはいけない。ただし、それをしっかり握っていれば、製造など他の部分はアウトソーシングしてかまわない。

ところが、日本のパソコンメーカーは逆である。製造はがっちり自分でやって、販売（＝お客）は代理店任せにしてきた。そのうえ、肝心の製造もコスト競争力はいまいちだ。中国にシフトしてコスト削減を図ってはいるものの徹底されていない。台湾企業などのほうが中国をうまく使いこなしている。

そういう日本企業に必要な人（＝これから伸びる人）は、21世紀の見えない新大陸の中で自分の会社が切り取るべきテリトリー（領土）をはっきり定義でき、説明でき、行動につなげることができる人だ。言い換えれば、将来の絵を頭に描けて、口で語れて、それを聞いた人になるほどと思わせて資金を集めることができ、事業計画に落としこんで実行まで持っていける、という能力だ。

新大陸が見えている一部の投資家や事業家は、有望な事業コンセプトがあれば、すぐに投資してくれる。ソフトバンクの孫正義社長が「ヤフー」の創業者ジェリー・ヤン氏を見つけた時もそうだ。当時ヤフーの従業員はたったの6人。まだ海のものとも山のものともつかないベンチャー企業に、事業コンセプトだけで100億円を投資したのである。

新しい事業コンセプトには構想力が必要だ。私が構想力について講義をする時は、ウォルト・ディズニーの話をする。ディズニーはフロリダ州オーランドの湿地帯をヘリコプターの上から見てディズニーワールド（EPCOTセンター）の絵を描いた。そのコンセプトを投資家に懸命に説明しているところを収録したビデオがあるのだが、それを授業で見せると、学生たちはものすごく感動する。なにしろ肉眼で見えているのは、ワニのほうが人間よりも多い一面の沼地であり、そこにディズニーワールドの絵を描くというのは、卓越した構想力がなければ絶対にできないことなのだ。

昔の日本は、欧米に追いつけ追い越せで頑張ってきた。しかし、今の時代はそれでは企業は立ち行かない。プロデューサー能力や建築家の能力、安藤さんやディズニーのように経済大陸という〝更地〟に誰も思いつかないようなユニークな絵を描ける能力が不可欠だ。これは年齢も性別も国籍も関係なく、新大陸時代に求められる最も重要な個人の資質なのである。

プロジェクトが始まった日から〝料金メーター〟が回る

もはやサラリーマンは、単に与えられたルーティンワークをこなしているだけではやっていけない時代になっている。

実際、多くの会社で仕事の質や進め方が大きく変わりつつある。

「これからは上下関係ではなく、プロジェクト・ベースの組織が増えてくるだろう」と先に書いたが、プロジェクトというものは、決められた3か月なら3か月の期間内にピタリと終わらなければならない。

たとえば、マッキンゼーの場合だと、お客さんから頼まれた問題について調査・分析し、結論を出し、提言をして、3か月後にその会社から出てこなければならない。タクシーと同じでプロジェクトが始まった日から料金メーターが回っているので、3か月より1週間余計にかかってもお金が合わなくなる。仮に1か月3000万円とすると、1日オーバーランしたら100万円、1週間で700万円の損失が出てしまう。それだけシビアな経営感覚が必要なのだが、普通の会社は1か月延びても「仕方がない」で済ませてしまうところも多い。私にいわせれば、そんな仕事のやり方はありえない。

だから、プロジェクトを予定通りの期間内に予定通りの品質で終わることができる人、すなわち「プロジェクト・マネージメント」ができる人は非常に価値が高く、これから極めて貴重な存在になってくるわけだ。

1人ひとりのサラリーマンが「リスクテーク」して、プロジェクト・マネージャー、あるいはプロデューサーとなるには、どうすればよいのかを次に説明しよう。

Phase 2

第2章 ［基礎編］

「再起動」のための準備運動

タイム・マネージメント——「時間がない」は禁句にせよ

ルーティンワークをこなすだけではなく「プロジェクト・マネージメント」の能力を高めるためには、まず「タイム・マネージメント（時間管理）」ができるかどうか、ということがポイントになる。

たとえば、あなたは得意先からの発注や上司の命令だから仕方がないといって、無理な仕事でも引き受けたりしてはいないだろうか？　タイム・マネージメントができず、何時間もかかる仕事をどんどん入れたら、寝る時間すらなくなるのは当然だ。それで結果的に納期が遅れることにでもなれば、大きな損失が出て得意先や上司の信用を失ってしまう。そんなことでは、プロジェクト・マネージメントなど、おぼつかない。

そこまで深刻でなくとも、サラリーマンのほとんど——とくに30代後半～40代の働き盛りの人たち——は、日々忙しく、時間がないと感じていると思う。最近はリストラの進展によって1人ひとりの仕事量が増えている会社が多いから、平日の残業や休日出勤が当たり前になっている人もいるだろう。

私が主宰しているビジネススクールの受講生たちも同じだ。途中で挫折しそうになっている人に聞くと、決まって「時間がない」「最近、仕事が忙しくて……」といった答えが返ってくる。

だが、それは本当だろうか？

たとえば、マッキンゼー並みの分析力が身につく『ビジネス・ブレークスルー（ＢＢＴ）大学院大学』の「経営管理者育成プログラム／本質的問題発見コース」は、50時間の講義と50時間の演習で構成されている。つまり、基本的には年100時間で修了できる。もし2倍の時間がかかったとしても年200時間。1年は52週だから、週に約4時間勉強すれば足りるわけだ。1日1時間を週4日でもよいし、土日にまとめて4時間でもよいのである。ところが、その時間も捻出できないという人が少なくない。

しかし、これから本気で自己改造して再起動しようと思ったら、「時間がない」という言葉は、禁句にしたほうがよい。

これまで多くの企業では、「時間がない」といえば何でも許されるような雰囲気があった。だが〝新大陸〟のビジネスでは、この言い訳は通用しない。仕事の大半をeメールや電子会議などのサイバースペースで進めることができる新大陸では、時間の感覚・価値が全く違うからである。

手帳の「3色管理」で仕事のムダをリストラする

なぜ1週間のうちたった4時間を捻出できないのか、私は不思議で仕方がない。現に私自身、かなり忙しい人間だと思う。会社をいくつも経営し、経営コンサルタントの仕事もやっている。雑誌や新聞、ネットなどの原稿が月に10数本もあり、年に何冊も本を出している。だが、英語の著書も含めて、締め切りを守らなかったことは一度もない。

しかも、国内外での講演もけっこう多い。すでに2004年には〝21世紀の大国〟として注目されているBRICs（ブラジル、ロシア、インド、中国）すべてを視察に行った。〝遊び〟のほうも、趣味のオフロードバイクやスノーモービルを毎週末のように存分に楽しんでいる。それでも、まだ時間は余っている。

日立製作所に勤めていた若い頃も、残業や休日出勤はしたことがなかった。毎日定時に退社して、社宅のベランダでサンマを焼いたり、海岸でスイカ割りをしたり、アスレチックジムに通ったりしていた。土日はいつも妻とドライブに出かけていた。

さすがにマッキンゼーに転職して数年間は死ぬほど働いた。家で食事ができたのは、土日を含めて2回しかない年もあった。その後も、常務会や取締役会で海外に出ることが多く、アジア太平洋の会長を務めたり、本業以外に日本を生活者主権の国に変革しようと『平成維新の会』を主宰したりしていたから、スケジュールはぎっしり詰まっていた。それでも、スキューバ・ダイビングで世界200か所ぐらい潜ったし、スキーやゴルフにも何度も行った。

「大前さんは特別だ」というなかれ。新大陸流の「時間のリストラ」をすれば、普通のサラリーマンも、もっと時間を捻出できるはずなのだ。

まず、昨年の手帳を取り出して、1年間のスケジュールを見直してほしい。

会議や打ち合わせなどの予定が書き込まれている中で、何にどのぐらい時間を使ったのか、というスケジュール分析をしてみる。すると、自分が何をやっていたのか思い出せない時間がけっこうあるはずだ。その時間を全部足していくと全体の何%あるだろうか？　工場勤務などで就業時間のほとんどを現場作業に費やしている人は別として、ホワイトカラーのサラリーマンの多くは〝思い出せない〟時間が全体の70％以上になるのではないだろうか。それはつまり、会社の中でも「自由裁量」の時間が意外にある、ということだ。

加えて平日の夜の時間もある。終業時間が午後6時、就寝時間が午後11時とすれば、その間は5時間。通勤に1時間かかるとしても4時間ある。さらに週末や祝日を含めて分析していくと、トータルで自分の自由裁量で融通できる時間は2割とか3割、多い人は4割ぐらいあることがわかるだろう。1日に起きている時間を16時間とすれば、2割で3・2時間、4割で6・4時間。これに365を掛けたら、少なくとも年間1000時間以上にもなる。その中から食事の時間などを差し引いても、「自己改造」に取り組むための時間、自分の将来に投資するための時間を捻出することは、十分可能なはずなのだ。

試しに、手帳に書いてある予定を、「超重要＝緑、まあまあ重要＝黄、あまり重要ではない＝赤」に色分けしてマーキングしてみよう。そうやって色分けされた手帳をもとに「時間のリストラ」に着手するのだ。

実はこの「時間のリストラ」のやり方・考え方というのは「企業のリストラ」と同じである。「奇跡のV字回復」などと賞賛された日産自動車のカルロス・ゴーン社長が収益改善のためにやったのは、部品の購買費用と人件費の大幅カットだ。瀕死状態に陥った企業のリストラとしては、ごく当たり前のことをやったにすぎない。重要なのは、ゴーン社長がそれを徹底的に実行させたことである。

「時間のリストラ」でも同じように、赤に色分けされるような会議や打ち合わせは、無条件にすべてカットする。ポイントは、黄色の予定も半分はカットすると目標設定して、それを実行することだ。

では、どうやってカットすればよいのか。

スケジュールをカットする三つの方法

一橋大学大学院国際企業戦略研究科のワーキンググループが日本取締役協会の会員企業43社に調査した「CEOの時間の使い方」と題するアンケート調査がある（2004年発表）。

その結果を見てみると、CEOが1か月間に社内で最も時間を多く使ったのは「非定例会議、打ち合わせ」の31・9時間。2番目が「1人で考える時間」の25・3時間で、3番目が「取締役会以外の定例会議」の20・6時間だった。

仕事に使った時間の合計は平均229時間で、そのうち社内で使った時間が117・6時間。ということは、CEOは勤務時間の半分以上を社内で過ごし、そのうちの実に45％を会議や打ち合わせに費やしていることになる。しかし、果たしてそれだけの時間と労力を費やす必要があるのかどうか――検討してみる余地は大いにあるだろう。

先に、サラリーマンの「時間のリストラ」について、まず過去の自分の手帳をチェックしてみることを提案した。スケジュールを「超重要＝緑、まあまあ重要＝黄、あまり重要ではない＝

赤」に色分けし、赤の予定はすべて、黄色に分類された予定も半分はカットすべきだ、と述べた。

実は「企業のリストラ」でコストや人員を削減する際も、この手法が効果的だ。1割カットという目標だと、単にケチケチと諸経費を節約したり採用人数を少しずつ減らしたり、自然減を待つといった、小手先の改善で済ませようとしてしまう。そうではなく、この仕事は外部に委託する、この仕事は今までと全く違う手法や担当者に変える、というように4～5割カットを目指して大ナタを振るわないと、企業の体質そのものが変わらないのだ。

それと同様に「時間のリストラ」も、1割だけカットしようとすると〝会議に10分遅れて出席し、10分早めに退席する〟といった中途半端な改善にとどまる。それでは何の足しにもならないし、かえってストレスが溜まるだけだ。

では、具体的にどうやってスケジュールをカットしていくのか？　考え方・手順としては、次の三つに集約される。

①仕事の質・精度を落とす

②他人にデリゲート（delegate＝委譲）する

③アウトソーシングする

①は、たとえば自分が必ずしも出席・発言する必要のない会議や打ち合わせは、思い切って最初から出ないようにすることだ。その代わり、事前に会議の資料に目を通し、自分の意見やコメントを提出しておくことで、最低限のフォローはする。②は、自分の代わりに同僚や部下などに

出席してもらい、後でブリーフィングを受ける方法、さらに③は、案件を別の人間に完全に任せ切って、自分の仕事はゼロにする、というものだ。これらは、仕事を任せられる有能なスタッフや同僚の存在が前提ではあるが、eメールや携帯メールを最大限に活用する新大陸では、ペーパー中心にやりとりしていた旧大陸より、もっと簡単かつ効率的にできるはずだ。

宵越しのメールを抱え込むのは愚の骨頂

さらに、時間を作るコツとして私が実践しているのは、「宵越《よいご》しのeメールは持たない」こと。つまり、私のところに上がってきた案件はすぐに処理して、決断を引き延ばさないことである。

私の場合、eメールは朝起きた時と夜寝る前、書類は昼間の空き時間にすべて処理している。もし何か大きな問題があれば、その場で相手に直接電話をかけて解決する。外出時はeメールを携帯電話に転送しているので、車や電車などの移動中や出張先でも読むことができる。だから、私の手元で案件をホールドしている時間は長くて数時間だ。

ビジネスの現場では、なかなかそうもいかずに、1人で案件を抱え込むサラリーマンも少なくないだろうが、実は名だたる企業の社長やCEOの中にも「宵越しのメール」を抱え込んでいる人は多い。

私はこれまで、マッキンゼー時代を含めて、何百人もの社長に会ってきた。経営コンサルティングの仕事を頼まれると、私たちはまず、社長の「インボックス（決裁前の書類）・アウトボックス（決裁済みの書類）分析」をする。それで、今その会社で何が問題になっていて、どんな指示が出されているか、どういう案件が遅延しているかを見る。すると、社長の癖が見えてくるだけでなく、多くの社長が〝不要な仕事〟を山ほど抱えていることがわかるのだ。それはつまり、社長でもタイム・マネージメントが下手な人が多い、ということである。

本来なら企業のトップこそ「宵越しのインボックスは持たない」ことを心がけ、自分のところに上がってきた案件は可及的速やかに処理しなければならないはずだ。社長の決裁が滞っていると、下の人みんなの仕事が滞るからである。自分で処理できない案件や自分が関わる必要がない案件は、先ほどの「デリゲート」や「アウトソース」を徹底して、自分が意思決定のボトルネック（隘路《あいろ》）にならないようにしなければならない。

これは社長に限らず、プロジェクト・マネージャーや中間管理職も同じことだ。その決裁が下りないとプロジェクトが遅延し、コストが余計にかかってしまう。また、滞るような案件は自分のところにこないように業務フローを改善すべきなのだ。だからこそ、時間をかけるべき仕事を峻別して、その分、より重要な仕事に集中したり、自己投資の時間を捻出したりすべきだという結論になる。

そうして時間を捻出する一方で、今度は自分なりのスケジュールを立てていくわけだが、忙しい時のスケジュールの立て方のコツは一つしかない。〝どうしてもやらねばならないこと〟を真っ先に手帳に書き込むことだ。

私の場合はどんなに忙しくても、子供の休みには必ず子供と一緒に遊ぶことを最優先にしていた。次に優先したのが海外出張、その次は自分の遊び（スキーやオフロードバイクなど）、会社の重要イベント、定例会議……。それで残ったところに、その他の会議や打ち合わせ、マスコミ取材などの予定を入れていた。

もちろん、人によって優先する予定は違うだろうが、そうやって少しずつでも能動的にスケジュールを立てられるようになれば、サラリーマンの時間の使い方は劇的に変わるはずである。

始業前の数時間をいかに使うかで人生が変わる

新大陸では、朝の時間帯の使い方も重要だ。

朝、日本のサラリーマンはみんなしょぼくれている。私は1995年に東京都知事選挙と参議院選挙に挑んだ際、毎朝、東京都内のありとあらゆる駅前で街頭演説を行なったが、自宅を出て郊外の駅に吸い込まれていくサラリーマンは全く活気がなかった。満員電車から降りて都心の駅から吐き出されてきた時には消耗しきっていた。誰もが下を向いていて、これから本当に仕事ができるのか心配になるぐらい覇気がなかった。

朝に対する心理的な憂鬱さは、日本のサラリーマンに独特の現象だと思う。他の国では、あれほど憔悴《しょうすい》しきった顔で会社に行くサラリーマンの群れは、まず見たことがない。たとえば、ニューヨークのビジネスマンは、みんな背筋を伸ばして颯爽《さっそう》と歩いている。

アメリカのビジネスマンの朝は早い。高速道路は5時ぐらいから混み始め、6時ごろには渋滞が起きる。猛烈社員型のエグゼクティブは、7時には会社に来ている。そして9時までにミーティングをいくつもこなしてしまう。

猛烈社員型ではない人たちも、たいがい朝は早めに自宅を出て、7時台から会社の近くのスターバックスコーヒーやインターナショナル・パンケーキハウスなどで朝食をとりながら新聞を読んでいる。このブレックファーストの時間が、1日の仕事に臨むコンディションを整えるための「my time」になっている。

実は私も朝型人間である。大前流の「朝型仕事術」を紹介すると、ふだんは午前0時〜1時に寝て5時に起きる。これは大学受験が〝4当5落〟(睡眠時間が4時間なら受かって5時間だと落ちる)といわれていた高校時代から続いているスタイルだ。

5時起床のメリットは、まず海外との連絡がスムーズにいくこと。早朝はアメリカやヨーロッパに電話をするのに都合のいい時間帯だし、メールもすぐに返ってくる。私が学長を務めている『ビジネス・ブレークスルー(BBT)大学院大学』などのサイバー授業も、朝の2時間と夜の1時間でこなしている。

朝は、自分の人生の構成を変える時に重要な意味がある。私にとっては、朝5時から9時までが非常に貴重な時間帯であり、仕事のすべてといっても過言ではない。寝る前に明日やるべきことを考えているので、朝目覚めた時にはそのためのコンディションが出来上がっている。だから起きるとすぐ仕事にとりかかることができる。しかも、朝は頭がスッキリしているし、こちらからかける以外は電話などの邪魔も入らない。思考力的に一番調子のいい時間帯だから、細かい注意が必要な書類のチェックといった最も難しい仕事にはうってつけだ。私の場合、その日にやるべき仕事は、だいたい9時までに片づいてしまうので昼間は新しいことにチャレンジできる。

アメリカのビジネスマンは朝が早い分、夜も早い。基本的に午後5時になったらさっさと退社して帰宅の途につき、自宅で家族と夕食を食べて午後10時ぐらいにはベッドに入る。仕事が終わってから友人知人に会う場合でも、ダラダラ遅くまで飲んでいたりはしない。

たとえば、マンハッタンのグランドセントラル駅にある有名な「オイスターバー」のピークは午後6〜7時だ。お客は7時を過ぎると徐々に減り始め、8時になったら閑古鳥《かんこどり》が鳴いている。ここを利用するのは、ロングアイランドなどニューヨーク郊外の住宅地からマンハッタンに電車通勤しているエリートビジネスマンだ。彼らは5時に会社を出て「オイスターバー」に立ち寄り、友人知人と歓談する。ただし、夕食は自宅で食べるから軽くつまむだけだ。

「残業代稼ぎ」のメンタリティは捨てよ

日本のサラリーマンは、明らかに世界で最も朝型人間から遠い存在だ。ただし、最近は通勤ラッシュのない早めの時間に自宅を出て、会社近くのコーヒーショップで新聞を読みながら時間調整をするというアメリカ型のビジネスマンも少しずつ増えている。皇居の周りを早朝ジョギングする人、出勤前に水泳や語学学校に通う人もいる。

とはいえ、アメリカの猛烈社員型エグゼクティブのように朝7時から仕事をバリバリやっている日本人は少ない。なぜか？　業績を厳しく計られてこなかった日本人の場合、なんとなく仕事はキャッシュレジスターが回っている時だけにしよう、という心理が働くからではないかと思う。一方、常に業績を厳しく計られるアメリカ人やイギリス人の場合は、自分が何をやらねばならないのかという観点から仕事を考えるので、キャッシュレジスターが回っていようがいまいが関係なく、できるだけ多くの仕事をこなすというスタイルになっているのだろう。

また、日本のサラリーマンは自宅に帰るのが遅すぎる。残業代がボーナス代わりになっていた時代の名残で、未だに夜遅くまでズルズルと仕事をしている会社が多い。

つまり、日本のサラリーマンにも朝型人間が増えつつはあるものの、どうしても夜が遅くなるから、まだ少数派にとどまっているのだ。日本はアメリカに比べると、平均2時間は生活時間が後ろにずれている。このライフスタイルを変えないことには、先に述べた朝の出勤風景も変わらない。

日本人は従来のサラリーマンのメンタリティを捨てる必要があると思う。従来のサラリーマンのメンタリティとは、9時から5時まで何となく仕事をしているふりをして残業代を稼ぐという、しみったれた根性である。プロフェッショナルになりたければ、そういうメンタリティとはおさらばして、自分は今日何をやらねばならないのか、今週何をやるべきなのか、今月何をなすべきなのか、という目標をしっかり定め、それを効率の良い朝を活用して達成すべきなのである。

昼間の会社では会議だの打ち合わせだの来客だので、本当の仕事はなかなかできない。だからこそ「今日はこれをやる」と決めたら、朝一番で処理しなければならない。さらに1日の行動計画を立てたり、その日の会議でどんな資料を使い、どんな発言をして自分の考えに賛同させるか、といった戦略・戦術を最も冷静に考えて組み立てられるのも朝である。

つまり、いかに朝の時間帯を上手に使うかということが、プロフェッショナルになれるか否かの分かれ道になるのだ。

「再起動」するためにいかにお金を使うか

ビジネス新大陸で「時間」と同様に重要なのは、やはり「お金」である。そこで次は新大陸流の「お金の使い方」について考えてみたい。

いまサラリーマンのお金をめぐる状況は、急激に厳しくなっている。

介護保険料値上げに続いて、年金制度〝改悪〟により厚生年金の保険料率は2017年まで上がり続け、給付水準が下がることになった。配偶者特別控除（上乗せ部分）も廃止され、住宅ローン減税の縮小開始、老年者控除の廃止、公的年金等控除の65歳以上の上乗せ廃止、国民年金の保険料アップと負担増ラッシュが続いた。

さらに「恒久的」のはずだった定率減税が廃止され、給与や退職金に対する所得税の控除見直し、相続税の課税強化、消費税率の引き上げなども検討されている。

これではまるで納税者に対するイジメである。日本はすでに、所得税、法人税、相続税に関して文明国では明らかに世界一の税率となっている。もちろん欧州各国は日本よりも消費税は高いが、保険とか年金と称した社会負担を税金でまかなっている国がほとんどだから、これは呼び方の問題だけである。

こんな〝酷税〟がまかり通ったら、多くのサラリーマンの生活は破綻《はたん》してしまう。政府は国民がおとなしいのをいいことに、何でもかんでも好き勝手に増税しようとしているわけだが、今こそ「ノー」という声を上げるべきだ。

こうした政府のデタラメぶりについては他にも書いているので、ここでは詳しく述べないが、いずれにしても、サラリーマンにとっては今後、資産をいかに守り、殖やし、使うかが切実な問題になってきている。

お金がないから何もしないでじっと我慢……というのでは、ジリ貧だ。ただ座して待っていたら、それは旧大陸の住民であり、政府の〝ツケ回し〟に痛めつけられて、ズブズブと沈むだけになってしまう。「時間のリストラ」を実行して自分の時間が確保できたなら、次は「いかに有効にお金を使うか」ということを考えてほしい。

たとえば、英語で「リブート（reboot）」という表現がある。現在はパソコンなどがフリーズしたり混乱した時に一度電源を切って立ち上げ直す（＝再起動する）ことを指すが、本来は靴のヒモを編み直すことで、カウボーイが靴底に入った石やワラを出すためにブーツを1回脱いで履き直す時に使った言葉でもある。旧大陸よりも格段に変化が早い新大陸では、4～5年に一度はオリエンテーション、つまり自分を向上させる勉強をして、自分自身を「リブート＝再起動」すべきだと思う。

英語学習――35歳を過ぎても語学は上達する！

「再起動」の準備のために何を勉強するのか？　21世紀のビジネス新大陸で生き残っていくために必要なスキルはＩＴ、語学、財務だと私は考えている。この三つのうち、30代後半～40代の中堅世代が最も苦手とするのは、おそらく語学だろう。

私はよく「35歳を過ぎても英語は上達するでしょうか？」という質問を受けるが、答えは「イエス」だ。なぜなら、私自身が35歳を過ぎてドイツ語を覚えたからである。

ただし、学び方にはコツがある。私は最初、週１回の個人レッスンを受けていた。しかし、それではなかなか上達しなかった。私は一計を案じて〝集中講義〟を受けることにした。蓼科《たてしな》の別荘に先生を招き、３日間ドイツ語しか喋らない、という環境に自分を置いたのである。それ以降、私のドイツ語はかなり上達した。つまり、35歳を過ぎてからの語学は、集中的に毎日勉強することが重要なのである。

また、英語を学ぶ時は、まず日本の英語教育の誤りを理解しておかねばならない。私は、英語をはじめとする語学の教育は、人間の本能に従って、赤ちゃんが言葉を覚える順番でやるべきだと考えている。つまり「聞く→話す→書く→読む」という順番である。その順番で学べば、35歳を過ぎてゼロからスタートしたとしても、5年後にネイティブの5歳児のレベルまでは到達するはずだ。

ところが、日本の英語教育は全く逆で「読む」「書く」が先である。しかも、より大切な「聞く」「話す」を教えてこなかった。それどころか、日本の場合は文法を偏重して構文のパターンを反復練習させている。

たとえば「父が部屋に入ってくるやいなや私は部屋を出ました」、これは「no sooner.....than～」の構文だ、と教える。次は「母が入ってくるやいなや……」と主語を変えて同じ構文を何度も繰り返す。

だが、それでは語学は頭に入らない。会話は前に進んでつながっていくものなのに、同じところで足踏みをするだけだから、実際にその構文を使うべき状況に出合っても、すんなりと出てこないのだ。語学は会話の自然な流れの中で覚えることが重要だ。赤ちゃんはそうやって言葉を話せるようになっていく。それと同様に、思考の流れに沿って言葉が出てくるようなやり方で学ぶべきなのである。

ネイティブのテレビやラジオを流しっ放しにする

私がお奨めする英語学習法は、まず「聞く」こと。具体的には、CNNを流しっ放しにしておく。私は高校時代、自分の部屋で勉強をしながらAFN（当時はFEN）を流しっ放しにして英語を覚えた。最初は全く理解できなかった。「ファーイースト・ネットワーク・トーキョー」が「パリ・ナポリ・トーキョー」に聞こえた。しかし、毎日流しっ放しにしているうちに、だんだん聞き取れるようになった。今は自宅の書斎で仕事をしながらCNNやBBCを流しっ放しにしている。世界のニュースをチェックすると同時に、英語の耳慣れない単語や人名、専門用語の表現に慣れるためである。

もう一つは「話す」こと。具体的には、自分の思考をどんどん英語にしていく。どんな簡単な言い方でもよいから、アナウンサーになったつもりで、自分の考えていることを英語で口に出して録音する。それを後で聞いてみると、いかにチンプンカンプンか自分でわかるから、間違いを調べて直し、二度目は正しく話せるようにする。どうしても表現がわからないところは書き出し、英語のうまい人やネイティブに聞く。

これを繰り返していけば、自分のいいたいことがプリミティブなレベルでいえるようになるから、それをどんどんつないでいく。要は、文章の流れを止めないことが大切なのである。誰かの発言に対して質問する、答えが返ってくる、また質問する……そうやって何でも英語にする癖をつける。それを継続・蓄積していけば、35歳を過ぎてからでも、必ず英語は話せるようになる。

実際、私自身も日立製作所を辞めてマッキンゼーに入った直後は、英語のプレゼンテーションがなかなかうまくできなかった。もちろん学生時代に通訳案内業のアルバイトをやり、アメリカに3年間もいたのだから、英語そのものができないわけではない。ビジネス英語でのプレゼンテーションがいかにもうまくないのである。そこで、自分のプレゼンをテープに録音し、まずいところを修正しながら何度も練習した。同時に、マッキンゼーでプレゼンが一番うまい奴から言い回しや話の順序などのテクニックを盗んで自分のものにしていった。その結果、2～3年後には英語でプレゼンのみならず講演までもできるようになった。今では、世界中から講演の依頼がたくさんあり、高い講演料をもらえるようになっているが、これはそうした努力の結果である。

そもそも、英語を上達したいと考えている人で、英語が全くわからないという人はいない。少なくとも中学、高校と6年間も勉強しているのだから、どんな文章でも全体の7割ぐらいは理解できるはずだ。にもかかわらず、駅前などにある巷《ちまた》の英語教室は、わかっていることもたくさん教える。これは無駄な勉強である。自分がわからないことだけを克服していくほうが格段に効率的だ。

といっても、英字新聞や英語の雑誌を読んで、わからないところがあったら調べる、という勉強法はお奨めできない。なぜなら、それは「読む」ことを重視した昔ながらのやり方であり、そういう勉強をしてきた人で本当に英語のうまい人は見たことがないからだ。

また、単語がわからなくても気にすることはない。幼児は文章の中にわからない単語が二つ三つあっても、それをスキップして全体の趣旨を理解してしまう。同じように、35歳を過ぎた人は文章の大意をつかむ練習をすればよいのだ。しかも、今では『グーグル（Google）・ディクショナリー』や『英辞郎・和英辞郎』などの便利な辞書ソフトがあるから、パソコンでの英文和訳、和文英訳は極めて簡単になった。

コミュニケーションの第一歩としては、とりあえず通じればよい。そう割り切って前に進み、場数をこなしていくことが、35歳を過ぎても英語が上達する早道なのである。

日本人の英語力が「世界最低」なのは教育方法に問題

ここで少し、日本人と英語の関係について述べておきたい。

実はいま、日本では英語熱が下がり、日本人はどんどん英語が下手になっている。しかし、これは日本だけの特異現象だ。世界的に見ると、中国、韓国、ドイツ、フランス、イタリア、ロシアなど他の国々は、どこもかしこも大変な英語ブームになっている。中欧・東欧諸国でも、英語ができれば給料が2~3倍の外資系企業で働けるということで、英語を学ぶ人が急増している。ところが、日本だけは英会話学校の生徒数が年々減少しているのだ。

もともと日本人は英語が下手くそである。TOEFL試験の平均点ランキングで、日本は世界214か国中197位、アジアでは北朝鮮と並んで最下位だ。そういう、ただでさえ情けない現状は、2007年に起きた英会話学校最大手「NOVA」の経営破綻問題によってさらに悪化すると思われる。この一件で受講料を先取りしている英会話学校の信用は大きく揺らいだ。大半の外国人講師が毎日の食費にも事欠くその日暮らしの浮浪旅行者のような人たちだったことも明らかになり、これには多くの人が幻滅しただろう。こうしたこともあって、今後はいっそう日本人の英語熱が冷え込み、英会話離れが加速して、ますます英語力が低下する恐れがあるのだ。

ただし、日本人の英語力が世界最低レベルになってしまった根本的な原因は、文部科学省の英語教育のやり方が明治時代から変わっていないことにある。文部科学省（およびその傘下で養成された教師たち）は未だに図書館で欧米の文献を読むためにやるような学習方法を続けていて〝生きた英語〟への転換ができていない。

さらに、英語も他の教科と同様に答えが正しいか正しくないかの○×式で評価する。しかし、語学というのは○×式に馴染まないファジィ（曖昧）なものである。

たとえば、私の長男は公立中学校時代に英語の試験で×ばかりもらってきた。その答案は「I speak english」と書いてあり、Englishの頭文字が大文字ではなく小文字だから×。あるいは「He speak English」は3単現のsが抜けているから×、「He speaks English」でもピリオドが打ってないから×、という具合だった。

それに対してアメリカ人の妻は、「私から見たら×じゃない」と憤慨し、いつも先生に抗議していたが、先生は「受験では0点ですから」と答えたそうだ。長男は中学1年で早々と挫折したことがトラウマとなり、母親がアメリカ人であるにもかかわらず、英語が一番苦手な教科になってしまった。英語を本格的に学び始めたのは社会人になり、必要に迫られてからである。

一方、私の孫（長男の娘）が通っているインターナショナルスクールの小学校の英語教育は、褒めるのが先だ。多少間違っていても、○をつけてくれる。褒めている間に本人がやる気になり、正しくできるようになる、という考え方なのだ。実際、孫は最初は英語のテストが嫌いで正確さに欠けていたのに、今は俄然やる気が出てどんどん上達し、◎をもらってきている。要するに、語学教育において大切なのは間違いを指摘することではなく、エンカレッジメント（元気づけ）なのである。これは母親が赤ちゃんに対する態度と同じで、どこの国でもこうしてコミュニケーション能力を身につけるのだ。日本の文科省は、◯か×の恐怖の〝電気ショック〟で、英語嫌いの人々を量産しているのである。

最初は「聞く」――絶対に「意味」を考えるな

そもそも英語を話す時は大文字も小文字も、3単現のsもピリオドも関係ないし、少しぐらい文法的に間違っていてもかまわない。「He speak English」や「I English speak」でも通じる。現に〝世界の標準語〟はブロークン・イングリッシュであり、英語を学んでいる世界中の人々は〝アバウト正しいもの〟を繰り返しているうちにうまくなっていくのである。つまり英語教育は、最初のうちはファジィでアバウト正しければよいのである。

逆にいえば、語学は0点か10点かではなく、3点から7点に分布するようなアバウトなやり方で教えないと、うまくならないのだ。ところが前述したように、日本は語学も◯×式で、少しでも間違っていたら×だから、×を付けられた子供は「パブロフの犬」になってしまい、中学校・高校と6年間も英語を学んでも、誰も喋れないという状況になっている。小学校から英語を教えるという話もあるが、今のやり方のままでそんなことをしたら、いっそう英語力が低下してしまうだろう。

もう一つの日本の英語教育の問題は、重ねていうが、明治時代から変わっていない学習方法が人間の本能に逆らっていることだ。つまり、先述のように赤ちゃんは言葉を「聞く」ことからスタートして、次に「話す」ことを覚え、それから「読む」「書く」という段階に進んでいく。ところが、この順序が日本の英語教育では全く逆さまになっている。英文和訳と和文英訳という「読む」「書く」ことから始めるから、英語を日本語に、日本語を英語に直して考える習慣がついてしまう。つまり、脳みその回路上、根本的に無理があるのだ。

したがって英語の学習は「聞く」ことからスタートしなければならない。それも、日本語では何といっているのか、と意味を考えながら聞くのではなく、鳥のさえずりを聞くように聞かなければならない。最初は絶対に意味を考えてはいけない。意味を考えたら、その途端に語学は上達しなくなる。だから英語を話す人間を鳥と思い、そのさえずり方を聞いて同じさえずり方ができるように真似をする。幼児が親の話している言葉を聞いているうちに意味がわからなくても喋りはじめるのと同様に、英語を話す人間と同じ発音を、意味がわからなくても、とりあえず再現できるようになることが語学の最も重要な基本なのである。「読む」「書く」は、その5年後でよいのだ。

「TOEIC860点」の壁を突破する即効メソッド

英語が世界の標準語になった現在、これ以上、日本人の英語熱が冷え込んで英語力が低下することは国家的損失につながる。

世界には、この10年ぐらいで国民の英語力が飛躍的に向上した国がいくつもある。ヨーロッパの大半の国と韓国、中国だ。なかでも特筆すべきはドイツ。いま国際的に比較できる各種のテストの成績はドイツが北欧諸国などと並んで（母国語が英語以外の国の中で）トップになっている。実際、ドイツの公園などで若者に英語で話しかけると、みんな楽しそうに英語で答えてくれる。こんなことは20年前は考えられなかった。そうなった理由は、大企業を中心に英語ができる人しか採用しない、役職につけないという方針を打ち出したからである。ドイツのように国全体が英語力を高めようというムードになれば、まず親たちが変わる。そうなればしめたもので、日本も一気に変わるはずだ。

しかし、現在の日本は全くそういうムードになっていない。それどころか、ＮＯＶＡショックの結果、国全体が〝英語忌避症〟になってしまった。

このままだと日本はますます世界から後れを取ってしまう、と危機感を募らせた私は、２００８年４月から英語講座の開設に踏み切った。『ビジネス・ブレークスルー（ＢＢＴ）大学院大学』のオープンカレッジとして、未来のグローバルリーダーのためのｅラーニングによる実戦的なビジネス英語講座『Practical English for Global Leaders』（www.ohmae.ac.jp /ex/english/）がそれである。そこでは、私が36年間の経営コンサルタント人生で培ってきたノウハウをすべて伝授していくつもりだ。

英語をビジネスで使いこなせるようになるためには、何が必要なのか？　ビジネス英語の基準となるＴＯＥＩＣのスコアアップに即効性のあるトレーニングメソッドの一部を具体的に公開しよう。

まず「インプット力」である「聞く」「読む」のトレーニングは、筋トレのように退屈ではあるが、文法と語彙《ごい》の基礎力を徹底的に鍛えるしかない。「アウトプット力」である「話す」「書く」「結果を出す」のトレーニングとしては、実際に起こり得るビジネスシーンを想定したネイティブスピーカーとの1対1のロールプレイ形式レッスンが効果的だ。

この特訓を、TOEICの持ち点が600点の人なら毎日40分、400点の人なら毎日80分続ければ、1年後にはTOEIC860点（どのような状況でも適切なコミュニケーションを行なうことができる素地を備えているレベル）も夢ではないだろう。

ただし、グローバルビジネスの現場は、TOEICだけでは通用しない。状況に応じた実戦的な英語表現を学び、グローバルマネージャーに求められるマインドとスキルを身につけねばならない。英語で説得力のあるeメールやビジネスレターやレポートを作成できる文章力も必要不可欠だ。

さらに、英会話は相手がハイクラスになればなるほど、微妙なニュアンスをデリケートに使いわけねばならない。たとえば、英語は基本的に命令形を使う。命令形を丁寧にする時は「Please」を付ければよいと思っている人が多い。しかし「Please」を付けても命令形であることに変わりはないから丁寧にはならない。ビジネス英語の丁寧な物言いは「こういうことが実現すると私は嬉しいのだが、あなたはどう思うか」という表現を用いる。これだと命令形を全く使わなくても相手に命令した時と同じ行動を誘発できるのだ。

そういう微妙なニュアンスは、和文英訳・英文和訳で考えていたら絶対に出てこない。したがって、日本の学校で学んだ英語は、すべて忘れてもらわねばならない。頭の中を1回更地にして、そこに実戦的な英語を素直に入力したほうが手っ取り早いのである。

英語を使いこなせるようになるのは決して簡単ではない。しかし、それで躊躇したら負けである。ＴＯＥＩＣをクリアしただけでなく、英語で電話や交渉ができ、ｅメールやレポートも書けるようになって、グローバルなビジネス新大陸で大活躍している自分の姿をイメージしてほしい。これから努力を続けさえすれば、そういう新しい自分になれるのだ。その後は活躍の機会が飛躍的に増えるだろうから、今度は実戦で磨いていけばよい。私は、英語が不得手な日本のすべてのビジネスマンに将来の自分の姿を描きながら特訓していただきたいと思っている。

生きたお金の使い方――海外旅行は〝脳の筋トレ〟だ

すでに、今後の有効なお金の使い道として、ＭＢＡと英語学習を紹介したが、もう一つ自分を「リブート＝再起動」するために勧めたいのが海外旅行だ。夏休みや年末年始には海外へ観光に行く人も多いと思うが、これは物見遊山ではなく、勉強のための旅行である。

私自身、自分の勉強で一番役に立ったのは旅行だった。小学生時代から放浪癖があって国内を旅するようになり、大学を卒業する頃には、行ったことのない都道府県や国立公園がほとんどないぐらい、日本全国をくまなく回った。それが大学院に進んでからは世界の放浪になり、今日まで続いている。今までに訪れた外国は約60か国。アメリカだけでも500回、韓国と台湾は200回ずつ、マレーシアは100回ぐらい行っている。アメリカ合衆国の50の州のうち行っていないのはノース・ダコタだけというくらい、アメリカ国内もくまなく訪れている。

海外旅行は、新しい発想や新しいアイデアのヒントを授けてくれるし、日本を客観的に見るにも大いに役立つ。住んでいる場所と違う所に身を置くと、脳の異質な部分が刺激される。いわば、〝脳の筋トレ〟になるのだ。

たとえば、私は1995年に『インターネット革命』という本を出したが、これは海外旅行をしている時に、たしか92年くらいのことだったと思うが、たまたま飛行機の中でマッキンゼーの元同僚、ジム・マンジー氏（現インターワイズ会長）と再会したことがきっかけだった。マンジー氏はソフトウェア会社ロータスを実質的に創業した人物で、私の隣の席にやってきて、ビジネス用パッケージソフト『ロータス・ノーツ』の試作品を見せてくれた。そして、インターネットがいかに世界を一変させるか、ということを熱っぽく語ったのである。90年代の前半は、まだ日本でもeメールを活用している企業はほとんどなかった。だが、マンジー氏の話を聞いて、私は、企業社会もインターネットで大きく変革するといち早く感じ、さっそく勉強して『インターネット革命』を書いたのである。

あるいは、2000年に行った中国では、深圳の工場を見てハッとした。これは私が知っている従来の中国と違う、この変化には腰を据えて研究しないとついていけないぞ、と感じて中国通いを始めた。その成果が02年に出版した『チャイナ・インパクト』『中国シフト』『中華連邦』という3冊の本である。

これらは何より〝現場〟を歩いていたからこそ得られた情報であり、アイデアである。

今はインターネットがあれば、家にいながらにして世界中の情報を集められる。それはそれで、重要な情報収集術だ。だが、だからこそ、ただ漫然と旅をするのではなく、インターネットを活用し、事前に十分勉強したうえで、自分の足で新たな情報を集めに行くのだ。

私の場合は、どの国に行っても、スーパーマーケットに入ってどんな商品をどんな値段で売っているかを見たり、ショッピングモールの中に座ってお客さんが何を買っているのかを観察したりすることにしている。

また、英語ができれば、現地の企業や工場などを見学することもできる。基本的に海外の企業は日本人ビジネスマンの見学を歓迎するはずだから、やはりインターネットを使って訪問の目的や日時を連絡すれば、たいがいダイレクトに対応してくれる人が見つかるだろう。

百聞は一見に如かず。自分の目で見てくるのと見ていないのでは、脳に対する刺激の質も量も全然違う。これこそまさに生きたお金の使い方だ。だから年に1回ぐらいは、自分のために「勉強のための海外旅行」に出かけてほしい。今はエアチケットもホテルも、インターネット予約を使えば、正規料金より、かなり割引されるようになっている。

それでも、海外旅行にはそれなりのお金がかかる。〝先立つもの〟＝「再起動」のための資金をどう捻出するかが、次のテーマになるだろう。

「給与格差１００倍」時代は生活コストも10倍

今や多くのサラリーマンの給料は上がらないどころか、減少の一途をたどっている。国税庁の調査によれば、給与所得者の給与総額は、１９９７年をピークに下がり続け、年収６００万円以下の「ロウアー・ミドルクラス」が全体の８割を占めるようになっている。家計の可処分所得も同様に、97年の月額49・7万円から大幅に減り続け、消費支出は年々先細りしている。

これに追い打ちをかけるのが、先に触れた定率減税の廃止など、政府の増税・保険料負担アップである。政府が「過去の失政のツケ」を国民に払わせる局面がいよいよ本格的にやってきたわけだが、このままいけば、サラリーマンの家計が、ますます苦しくなるのは火を見るより明らかだ。

こんな厳しい状況下では、まず節約＝固定費を削ることが肝要だが、ここで強調したいのは新大陸における「給与格差１００倍」の時代は、実は生活コストにも「10倍」以上の格差があるということである。

たとえば、１人2万～3万円の高級寿司屋がある一方で〝回って〟いなくても、けっこう旨い寿司が１人２０００～３０００円でたらふく食べられる店がある。私の行きつけは、神田の『江戸ッ子寿司』、築地の『大和寿司』など、もっぱら後者だ。

同様に、高級料亭や高級なフレンチ、イタリアンのレストランに比して、最近流行りのプリフィクス・コース（決まった値段でオードブルやメーン料理を自由に選べるメニュースタイル）３

000円台の店が劣っているとも思わない。コストバリューを考えると、むしろ安い店のほうが満足度は高い。

あるいは、何十万円もするブランド物のスーツが人気の一方で、数万円出せば、それなりにまともな生地と縫製の日本製やイタリア製のスーツが買える。

生活雑貨やインテリアも、安かろう悪かろうの100円ショップや激安店の品物ばかりでは気が滅入ってしまうが、FC展開で成長している生活雑貨・リビング用品店の「私の部屋」や「ナチュラルキッチン」などに行けば、本当の本物ではないけれども安くてセンスの良い商品がそろっている。

今の時代は、値段が10分の1でもどうってことのないものがたくさんある。それを目的に応じてうまく利用すれば、収入の多寡や世の中が不況かどうかに関係なく、安価に、しかし自分なりのライフスタイルを作ることは可能だし、そういう生き方がこれからの主流になっていくと思う。

たしかに今の30代後半以上の世代のサラリーマンは、社会人になってからバブルを経験しているため、生活レベルを10分の1に下げるのは厳しいかもしれない。だが、よくよく考えてみれば、バブルの時も決して〝本物のリッチ〟ではなかったはずだ。たとえば、当時はゴルフを1回プレーするのに3万円も払っていたが、今なら同じコースでも8000円でできる。単に、昔は〝バブル価格〟だったというだけなのだ。

そう考えて、今までの価値観を1回「ゼロクリア」して固定費を削っていかないと、「再起動」のための資金を捻出することはできない。

住宅――都心の〝割安〟賃貸が狙い目

もっと根本的にサラリーマンがコストを削減するためには、拙著『遊ぶ奴ほどよくデキる』でも触れた「人生の3大経費」を大幅にカットしなければならない。「人生の3大経費」とは、「住宅」と「子供の教育」、そして「クルマ」にかかる経費である。

一つずつ具体的に説明しよう。

まずは住宅。たとえば、東京都内に勤めるサラリーマンの多くは、10年以上前に30～40代でマンションや一戸建てを購入している。都心まで通勤に1時間20分かかる中途半端な所で5000万～6000万円台の物件、というのが平均的なケース。そのローン返済が重くのしかかり、家計を圧迫している。借りた時よりも金利の低い住宅ローンへの借り換えや、繰り上げ返済も有効だが、それでも住宅コストの負担は大きい。

そこで私がお奨めしたいのは、「平日は通勤に便利な都心の賃貸に住み、週末は環境の良い郊外に買った安い一戸建てに住む」というライフスタイルである。

これは私が繰り返し提案していることだが、東京には大手町から電車で20～30分の湾岸部に、かつては工場や倉庫が建っていた土地が大量に余っている。今後はそういう場所に、2LDKぐらいで月10万円を切るような賃貸物件の供給が増えてくると予想される。コンテナ・ハウスの技術を使えば、月6万円の物件も実現可能だ。そうなったら、平日はほとんど寝るためだけに帰宅しているサラリーマンは、多少狭くてもそういう住宅で我慢する。それでかなりのコストが削減できるはずだ。

そもそも日本人は住宅を買う意思決定が早すぎる。「男子一生の仕事」とはよくいったもので、30代前半で家を持ち、大きな借金を背負い込んで、一生払い続ける人が多い。だが、そんな国は世界で日本だけである。アメリカやヨーロッパやオーストラリアでは、30～40代は賃貸住宅、買うとしても安い中古住宅だ。それをいくつも住み替え、さまざまな家を体験したうえで、引退間際になって初めて自分で設計した理想的な「ドリーム・ハウス」を建てる。同じように日本のサラリーマンも、平日の家はあくまでも「仮の住まい」と割り切って、都心で安く借りる。その代わり、首都圏の郊外に「ウィークエンド・ハウス」を持つのである。

実際、私は埼玉県などでウィークエンド・ハウス構想を推進しているが、同構想ではJR八高線沿線や秩父などの風光明媚な場所に2000万円以下で、数百坪の住宅を取得できる見通しだ。また、私自身が休暇に使う蓼科も、今では15年前の半分以下に値段が下がっており、地元の物件案内誌を見ると、中古の別荘で500万～1200万円ぐらいである。これらの物件はバブルのピーク時には3000万～4000万円したものである。今は軽井沢駅のそば（旧軽井沢）の一等地以外は、ほとんどの別荘地で大きな値崩れが起こっている。ライフスタイルを見直す好機なのだ。

つまり、こうした物件を組み合わせることにより、金曜日の夜から月曜日の朝までは広いウィークエンド・ハウスでのんびりと過ごし、月曜日の夜から木曜日の夜までは便利な都心のマンションで暮らせばよいのである。

その場合、都心の家賃が月15万円とすると、年間180万円。30代半ばのサラリーマンが定年間際まで20年住んだとして3600万円だ。ウィークエンド・ハウスを（改修代も含めて）1500万円とすれば、合わせて住宅にかかる経費は約5100万円。従来のように中途半端な通勤距離の所に5000万円以上のマンションを買うのに比べて、どちらが自分の人生設計と合致しているか——。それを考えて住宅という大きな出費に備えてもらいたい。

「子供にかけたお金」と「子供の質」は反比例する

次のコスト削減のターゲットは教育費だ。

子供1人にかかる教育費は、大学を卒業するまでに、平均で約2200万円といわれている。子供が2人いれば、4000万円以上は軽くかかる計算だ。トータルで考えると、住宅取得にも匹敵する大きな出費である。

とはいえ、この教育費を1人「1000万円カット」するのはさほど難しいことではない。幼稚園から小中高、そして大学までに、公立にするか私立にするか、自宅通学か下宿かという違いでも1000万円近い差はすぐにつく。

もはや学歴だけで出世や昇進ができるような時代が終わっていることは、サラリーマンの多くが身に染みてわかっているはずである。にもかかわらず、大半の親は、子供が「よい高校」や「よい大学」に行ってくれることを望み、入学金や授業料はもちろん、塾や習い事の費用も、小遣いも、下宿している場合はアパート代や生活費も、全部出している。一方、子供は親からの小遣いや仕送りのほかに、アルバイトをして貯めたお金で遊びまくっているのが現実だ。学生時代は親の脛をかじるのが当たり前になっているから、ますます子供は生意気になって「親のために勉強してやっている」という顔をする。これではろくな子供が育たない。

私は、「子供にかけたお金の額」と「子供の質」とは無関係、あるいは反比例するものだと考えている。

その例が、私のマッキンゼー時代の同僚たちだ。彼ら自身は、貧しい家庭に育ったり、苦労して勉強してきたハングリーな奴ばかりだった。彼らは努力した分だけ優秀になったのだが、彼らに息子や娘の話を聞くと、みんな一様に口をつぐんでしまう。結局、親が高給取りで、子供にお金をかけ、甘やかしてしまったために、他人に自慢できるように育った例は、ほとんどなかったのである。

子供に苦労をさせたくない、という気持ちはわかる。だが「ハングリー」であるほうが、実は子供のためになることもあるのだ。

先日、知り合いのサラリーマンから、こんな愚痴を聞かされた。

「うちの娘は高校1年生なんですが、最近、一人前ぶってアルバイトをしたいといいだした。困ったものですよ」

それでなぜ困るのか、私には理解できない。子供がやりたいというなら、どんどんアルバイトをさせればよいではないか。

私自身、中学生時代から夏と冬の休暇には宅配のアルバイトをしていた。大学に入ってからは日本交通公社（現在のＪＴＢ）で通訳案内業（旅行ガイド）のアルバイトをした。当時は１ドル＝３６０円だったので、バイト代そのものより、外国人観光客からドルでもらうチップのほうがありがたかった。バス１台26人で１人２ドルずつもらえば、１日52ドル（約１万８０００円）。バイト代が１か月１万円、大卒初任給が１万２０００円前後の時代だったから、授業料を自分で払っても、かなり優雅な学生生活を送ることができた。

入学金や授業料はともかくとしても、高校以降の小遣いや生活費（仕送り）の一部は、アルバイトをして自分で稼がせるようにすればよいと思う。遊びにかかるお金や洋服代もアルバイトでまかなわなければならないとなれば、子供にも自然と経済感覚が身に付いていく。そうやって突き放したほうが、まっとうな子供が育つのだ。

さらにいえば、親は子供に「お金」を使うのではなく、「時間」を使うべきである。「お受験」のためにせっせと塾に通わせるよりも、子供と一緒にいる時間、話をする時間、考える時間をできるだけ増やしてコミュニケーションを密にし、勉強の大切さや興味を持つ分野を広げることの大切さを自覚するように導いていく。その結果、悪い子供に育ったらあきらめるしかないが、私は、親がお金ではなく、もっと時間を使ってあげたら、悪い子供に育つことはないと思う。

子供の教育には、できるだけお金をかけないようにする——これは単に教育費を削るだけでなく、子供の自立も促せるという一石二鳥のメリットがあるのだ。

クルマもコストダウン……計3000万円差がつく

「人生の3大経費」最後のクルマについても、まだまだコストダウンはできる。

今やクルマの基本性能は格段に進歩している。たとえば120万円のクルマと320万円のクルマの間に、A地点からB地点に行くための「単なる移動の道具」としての差は、ほとんどない。しかし、値段は200万円もの差がある。仮に30歳から60歳までの30年間に新車を5年に1回買い換えたとしたら、6回で1200万円もの差が出る。

新車で120万円だと小型車しか買えない、もっと大きいクルマに乗りたいというのなら、中古車という手がある。今の日本車は普通の使い方なら楽に10年以上もつから、4〜5年落ちで120万円ぐらいの中古車を5年ごとに買い換えていけばよい。

また、休日しかクルマを使わない人は、レンタカーという選択肢もある。レンタカーならミッドサイズのセダン（24時間で約1万5000円）を毎月2回、土日2日間ずつ借りたとしても、ガソリン代を含めて1か月に7万円ぐらい。年間84万円、30年間で約2500万円だ。

一方、300万円のクルマを5年に1回買い換えたとしたら、300万円×6台で1800万円。これに駐車場代、ガソリン代、車検などの費用、さらに税金や保険まで含めると、月5万円前後かかるから30年間では約1800万円。合計すると約3600万円で、実に1000万円以上の差が出る計算になる。

クルマに対するこだわりや見栄を捨てさえすれば、サラリーマン生活30年間で1000万円が浮くのである。

このように3大経費をそれぞれ1000万円ずつ削っていけば、合計3000万円の余裕が出てくる。それを自己投資に回したり、自分自身を「再起動」したり、あるいは家族と一緒に過ごすための海外旅行などに使う。そうすれば、その人は新大陸の環境に適応することができ、人生そのものも本当の意味で豊かになると思う。

日本の銀行は顧客に儲けさせる気はさらさらない

もちろん、資金を捻出する手段は「節約」だけではない。いかに殖やすか、ということにも頭を使う必要がある。

不況で給料が上がらなければ、お金は自分で殖やすしかない。だが、この超低金利時代にどうやって殖やすのか？

マネー雑誌には金儲けの情報があふれている。FP（ファイナンシャル・プランナー）がもてはやされ、株や投資信託、不動産投資など様々な金融商品が紹介されている。だが、元本割れしない商品を比べたら、利回りの違いはゼロ・コンマ何％という〝誤差〟の世界である。

たとえば、郵便貯金の定額貯金は1年で0・24％、銀行の定期預金も、一部のネット銀行を除ければ、似たようなものだ。２００３年3月から発行が始まった個人向け国債（償還期限10年、年2回利払いの変動利付国債）も、運用利率は１％以下である。これでは、いつまでたっても資産は殖えない。

かといって、株式投資に手を出そうとしても、今の日本株で大化けしそうな銘柄は非常に少ない。なぜなら、日本では今後、アメリカのように誕生後すぐに世界化し、短期間で時価総額１兆円規模に急成長する新大陸の〝ゴジラ企業〟が出てくる可能性が低いからだ。

アメリカでは１９９８年に生まれたインターネット検索エンジンのグーグル（Google）が、04年８月に上場後、今や時価総額17兆円を超えている。約28兆円に達したマイクロソフトをはじめ、オラクル、デル、アマゾン、イーベイなど時価総額が数兆円規模になっている企業の大半は、生後20年以内だ。

一方、日本では生後20年以内にそこまで成長した企業はほとんどない。現在の日本の１兆円企業は、その大半が明治時代から戦後にかけて生まれた〝旧大陸〟の企業である。せっかく１兆円規模になった数少ない新大陸の企業は赤字のプロ野球球団を買って、自分で自分の足を引っ張ったりしている。

一時、人気を集めた不動産投資信託（ＲＥＩＴ／※１）も、すでにピークは過ぎたと私は見ている。当初は年利６％ぐらいで回っていたが、早くも良い案件がなくなり、今や年利１％を切っている。

そもそも自分が生き延びることで精一杯の日本の金融機関は、一般のお客に年利５％以上儲けさせようという気はさらさらない。顧客から預かった資金の儲けは自分の業績改善に回すだけで、金利を払うという銀行本来の業務は忘れたままだ。だから、良い案件は表に出さず、キャッシュのある企業や個人資産家に丸ごと買ってもらい、そのままリースバックしている。いま不動産投資信託の市場に出てきているのは、それに漏れた案件がほとんどなのだ。

では、どうすればよいのか？　実は、世界を見渡せば、サブプライム・ショック後であっても、年利10％ぐらいで回る金融商品はいくつか見つけられる。これらの中には、コモディティなどのＥＴＦ商品（※２）や資源国の投信などもある。こうした商品に対する知識と実戦力をつけることが、運用の世界では必須となっているのである。コツは厳しい競争に晒されている海外の金融商品を狙うことだ。

※１　ＲＥＩＴ／Real Estate Investment Trust　投資家から証券会社を通じて集められた資金を、運用のプロがオフィスビルやマンションなどに投資して、その賃貸料や売却益を投資家に分配する仕組みの商品。

※２　コモディティＥＴＦ／原油や金、穀物など市場で取引される商品（＝コモディティ）を対象としたＥＴＦ（上場投信Exchange Traded Funds）。通常の投資信託と異なり、株式のように証券取引所に上場・売買される。

元手ゼロの「バーチャル海外投資」から始めよう

たとえば、世界中に投資しているアメリカ最大の年金基金「カルパース（カリフォルニア州職員退職年金基金）」は、アメリカ経済が絶好調だったクリントン政権時代は実に年利25％で回していた。最近はかなり落ちたが、それでも10％前後を維持している。

今はアメリカ国内で投資しているだけでは10％は無理だから、途上国や新興国の株など、リスクの高いものも組み込んでいる。そうした投資は、いってみれば「1勝10敗」の世界だが、カルパースはその「1勝」で稼いでいるのだ。規模の小さい個人や中小ファンド（投資信託）は「10敗」のほうに入ってしまう確率が高い。しかし、2390億ドル超（約26兆円）もの総資産を持つカルパースのような巨大ファンドは、全世界の事業機会に手広く大きく張ることができるから当たる確率も高く、トータルで勝つことができるわけである。

このカルパースの投資したところに自分も張っていけば、けっこう良い運用成績になるはずだ。実際、そうしたコバンザメ的なファンドも、アメリカにはいくつかある。

カリフォルニアには、カルパースとは別に、教員のための年金基金（CalSTRS）もあり、これも資産が17・6兆円、運用実績が2008年時点でさえ年率換算11％もある。アメリカではこうしたところに預けるか、自分でさらに高い利益を求めて、運用を模索することになる。

とはいえ、株投資に不慣れな人が、いきなり海外投資といっても成功するものではない。そこでぜひ推奨したいのが、元手「0円」の「バーチャル投資」である。いま仮にまとまった資金

（バーチャルだから100万円でも1000万円でもいい）が手元にあったとして、それをどう運用するか、実際の株価をもとに、ネット上で仮想の株式売買を体験してみるのだ。

バーチャル投資サイトの例としては、日本では野村證券の「バーチャル株式投資倶楽部」やケイゾンの「トレーディングダービー」など、証券会社や金融情報サイトが主宰・運営しているものがたくさんある。これらは基本的に日本株が対象だが、「バーチャル投資」の基本を学べるだろう。

さらに海外でも、ネットで検索すれば、いくつかのサイトで株投資のシミュレーションを体験することができる。

これらのバーチャル投資サイトで、日本の株、アメリカの株、イギリスの株、あるいはファンドなどを買ってみる。すると、多くの場合、損をすることがわかるだろう。だが、そこでやめてはいけない。このバーチャル投資の学習メリットは非常に大きいのだ。

まず、日本人には縁遠い「ファンド・マネージメント」の考え方が身につく。アセット・アロケーション（リスクを回避しつつ安定したリターンを獲得することを目的にした資産配分）やポートフォリオ管理などを実践的に学ぶことができる。

日本でも401kなど、年金を自己責任で運用する確定拠出年金を導入する企業が増えたことで、ようやくファンド・マネージメントに対する関心が高まっているが、これはアメリカでは〝国民的スポーツ〟だ。アメリカ人でファンド・マネージメントをしていない人を私は見たことがない。学校の先生や公務員でもリタイアする10～20年前から勉強を始め、そのトレーニングにものすごく時間を使っている。イギリス人やドイツ人も、普通のサラリーマンが大学入試に臨むような真面目さでファンド・マネージメントに取り組んでいる。

ファンド・マネージメントを勉強してこなかった日本人にとって、バーチャル投資は42・195キロのフルマラソンを走ったことのない人が、ハーフマラソンを試走するようなものだ。1年ぐらい経験を積めば、いよいよ自分のお金をグローバルに張る、という時にずいぶん違う。ゼロ・コンマ何%の金融商品を選ぶために勉強するよりも、そのために時間を使うほうがよほど有意義だと思う。

投資を通じて、海外企業を自分の〝味方〟にする

ネットを使った「バーチャル投資」のメリットはまだまだ多い。まず、経済について、すごく勉強になるということだ。

たとえば、なぜ今ユーロが上がっているのか、ロシア経済はどうなるのか、といったグローバルな問題に対して、おのずと関心を持つようになる。会社の仕事でも、何かの拍子に大いに役立つのではないだろうか。

「ファンド・マネージメント」に熱心なアメリカ人やドイツ人は、みんな世界の政治・経済情勢に強い関心を持っていて、日本の経済や企業のことについてもけっこう詳しい。それは、世界の政治や経済、企業の動向が、自分の資産の増減に直結しているからだ。

数年前、コニカとミノルタが合併して間もない頃に、ドイツの友人と電話で話していたら、「コニカミノルタの合併効果をお前はどう評価するのか」と聞いてきた。なぜドイツ人がそんなことに興味があるのかと尋ねたら、「コニカミノルタの株を自分のファンドに組み込むべきかどうか、迷っているからだ」という答えが返ってきた。彼らは必死に情報収集し、日本企業の株も含めてファンド・マネージメントをやっているのである。

今や外国人はトヨタ、ソニー、松下電器産業などのいわゆる「国際銘柄」のみならず、たとえば自動車関連ならカルソニックカンセイやデンソー、アイシン精機といった周辺企業の株も手広く買っている。さらに最近は、以前から外国人持ち株比率が高かったハイテク業界だけでなく、流通、サービス、小売り、金融、不動産などの内需関連企業でも外国人の比率が高まっている。外国人のお金が、国境を越えてどんどん日本に流れ込んでいるのだ。

実は、日米間の貿易摩擦が沈静化した理由の一つも、ここにある。徳川家康の処世訓を持ち出すまでもなく、欧米にも〝相手を征服できなければ、自分の味方にせよ〟という意味の諺《ことわざ》が、随所にある。好調な日本企業にケチをつけるより、それを買ってしまおうというわけである。そうすれば、日本企業が成長していけば自分の老後は安泰、円が強くなればなお結構、ということになる。

実際、アメリカのファンドや投資家は、日本企業を含め海外の株を積極的に組み込んでいる。これは新聞等で話題になる派手なスティール・パートナーズなどのことではなく、比較的長期志向の巨大年金ファンドなどを指している。「政治的」にはアメリカ企業が他の国の企業に負けるのは悔しくても、「経済的」には勝ち組企業の株によって自分が稼ぐことができればそれでよいのである。中国でもインドでも、さらにはイスラム圏でも、高いリターンを出してくれるところには投資する、というのが彼らの〝哲学〟なのだ。

現に、私がアメリカで「日本経済は大勢では厳しいが、個別の成長銘柄はある」という話をすると、みんな必ず「フォー・イグザンプル（たとえばどの企業か）？」と聞いてくる。アメリカ人は、これから成長する日本企業の名前を知りたくてしょうがないのだ。

要するに、彼らは日米関係やアメリカ経済がどうなるかということよりも、自分の資産がどうなるかということのほうに関心があり、自分が買っている日本企業の株と運命共同体になっている。だから貿易摩擦には関心がなくなったのである。

海外投資のコツは「月の距離」から見ること

もう一つ、海外バーチャル投資のメリットは、海外の国や企業に対する見方がガラリと変わることだ。日本人だからという意識より、「世界市民」の視点が得られるのだ。

たとえば、世界最大手の携帯電話メーカーに成長したフィンランドのノキアの製品は、日本でもよく知られている。だが、なぜ北欧の1企業がこれほどまでに成長したのかといえば、フィンランドの証券取引所が市場開放して、外国人・外国ファンドがいくらでも株を買えるようになったからだ。前にも紹介したアメリカ最大の年金基金カルパース（カリフォルニア州職員退職年金基金）などがフィンランド証券市場にも入ってきて、勝ち組と判断したノキアの株をどんどん買ったのである。

アメリカでは、海外投資は「ムーン・ディスタンス（月の距離）」からやるのがよいといわれている。つまり、自分のカネをどこに突っ込むかは、月から地球を見ているような感覚で決めたほうがよい、ということだ。月の距離から見ると、地図にあるような国境線は関係ない。地球全体を見て、その中で光っている会社を探せばよい。

そうすると、たとえば日本ではトヨタ自動車、韓国ではサムスン電子とＬＧの白モノ、フィンランドではノキア、デンマークなら食品添加物で世界一のダニスコや補聴器で世界一のオーティコン（ウィリアム・デマント社）だ、ということになる。つまり、成長している会社を見つけたら、国籍に関係なく自分のファンドに組み込んでいくわけだ。

国と運命を共にするのは新大陸の住人ではない。ルーレットに喩《たと》えていうと、新大陸で「チップを張る」なら、日本だけに張っていてもダメなのである。

さらにいえば、海外に資産を分散させることは、今後ますます有効になってくる。

安全第一で、資産は郵便貯金にしよう、というのは旧大陸の住民の発想である。ペイオフ全面解禁や郵政民営化の流れの中で、これまで安全とされてきた日本での資産管理も万全とはいえなくなってきている。

では、どうしたらよいのか。

その具体的な方策の一つは、円だけでなく、ドルとユーロにも分散して口座を開設することだ。海外投資が便利になることに加えて、円、ドル、ユーロの三つの通貨でそれぞれクレジットカードを作っておけば三つの通貨で決済できるから、その時その時に最も強い通貨で買い物をすればよい。つまり、日本にいながらにして、いつでも「世界最強の通貨」を使えるわけだ。

以前に比べると、インターネットのサービスが拡充したことで海外投資や海外への資産分散は格段に簡単になっている。それを積極果敢に利用してボーダレスに利殖を目指すのが「新大陸流の投資術」なのである。

アメリカ人は「地獄」を見て資産運用に目覚めた

アメリカでは「ファンド・マネージメント」が〝国民的スポーツ〟になっている、と書いたが、実際、アメリカのマネー番組やマネー誌は、そのレベルも数も、日本をはるかに上回っている。

たとえば「CNN」や「FOXテレビ」、あるいはマイクロソフトとNBCが提携した「MSNBC」には、投資術を懇切丁寧に指南するマネー番組が山ほどある。また、24時間お金の話ばかりやっている「ブルームバーグ」や「CNBC」（ニュース通信社ダウ・ジョーンズとNBCが共同で設立。日本では日経CNBCとして放送）など金融・経済専門チャンネルも多彩だ。

昨今の日本のテレビはどのチャンネルも政府の「愚民政策」を反映して「お笑い」だらけだが、それと同じくらいの密度でアメリカにはマネー番組があり、視聴者に人気のコンテンツになっている。

さらに、新聞は一般紙ではなく経済紙の『ウォールストリート・ジャーナル』を読むのが当たり前で、雑誌も『フォーブス』などのビジネス誌が売れている。加えて『インベスターズ・ニュース・デイリー』や『◯◯ブレティン』といった会員だけに郵送してくる情報誌がある。これは有名なアナリストや投資アドバイザーがファンドを推奨したり、今後の運用成績を予測したりするもので、年間数百ドルもの会費を取っている。まるで競馬の予想屋だが、それほどアメリカ人は投資に対して真剣に取り組んでいるわけで、資産運用の話が家庭の夕食の食卓で頻繁に出てくるほど日常的なテーマになっているのだ。

なぜアメリカでここまで「ファンド・マネージメント」が盛んになったのかといえば、レーガン政権時代に徹底的な「弱者切り捨て」政策がなされたからである。

レーガン大統領は1983年の「レーガン革命」で大胆な規制緩和と大規模な減税を行なう一方で、社会福祉政策を大幅にカットし、年金受給者に対する課税を強化した。いわば〝弱肉強食〟で、とことん金持ち優遇の経済政策をとった。それが「レーガン革命」の特徴であり、その時、老後は自分で生きる方法を考えなさい、ということで導入されたのが、401k（確定拠出年金）だった。

つまり「レーガン革命」の結果、アメリカ人は〝自分の資産は、自分で殖やして、自分で守っていく〟しかなくなったのである。だから、みんな「ファンド・マネージメント」を必死に勉強し始めたわけで、それは「サッチャー革命」後のイギリス人も同じだ。そのプロセスでは、自分の資産やファンドが一瞬にしてパーになる〝地獄〟を何度も見た。そういう苦い経験をしながら、アメリカ人はこの25年間ひたすら「ファンド・マネージメント」を勉強し続けてきたのである。投資するものがなくなってしまい、行き過ぎたサブプライム商品なども出てきたが、多くの個人投資家は、それほど大きな被害に遭っていない。ポートフォリオのバランスが取れていたからである。

その一方で日本は、80年代後半〜90年代に瀕死のアメリカ経済を米国債やドルを買って支え続けた。ヘッジファンドやデリバティブなどの新しい金融商品では全く歯が立たず、こてんぱんにやられた。アジア通貨危機の時も、痛手を負った米系銀行に対してIMF経由で貸し手となり、アメリカにいいように利用された。結局、日本というのは一事が万事、この調子なのだ。つまり他人助けはするが、国民（納税者、預金者）がいつも犠牲になっているのだ。

これは結局、国民の資産運用に関する意識や知識が、25年前のアメリカ人にさえまだ追いついていない、というところに起因している。問題は、そのことにすら危機感を持っていない日本人があまりにも多すぎるということなのだが……。

消費税が2〜3倍にハネ上がる可能性も

これまで新大陸流のお金の使い方・殖やし方を解説してきた。その中で一番強調したかったのは、要するに発想を変えること、つまり、考え方一つで1000万円単位の節約ができるし、資産を10%以上の利回りで運用できる、ということだ。

今後、サラリーマンのフトコロをますます厳しくする増税・国民負担増の嵐がやってくる。

これほど政府が増税路線をひた走る理由は、日本が〝借金まみれ〟だからである。無責任な政府は手遅れになるまで何もやらない。皆がもうどうしようもないといい始めるのを待っているかのようだ。現実問題として、今の日本は、国民にさらなる負担を負わせる以外には〝自己破産〟せざるを得ない状況にまで追い込まれている。政治家たちが消費税率引き上げの大合唱を始めているが、これに国民が慣れてくるのを待っているのだ。要は彼らは犯人捜しされることなく、「財政バランスを！」という「正論」を掲げる日を待っているだけなのだ。

国と地方を合わせた日本の借金は、２００８年度末には７７６兆円に達する見通しだ。国民１人あたり約６４０万円の借金を背負っている計算になる。一方、税収は53兆円（07年度）しかないから、借金は実にその15倍。年収５３０万円のサラリーマンが７７６０万円のローンを抱えているようなものである。

さらに問題は、その借金が年々増え続けているということだ。税収が90年度の60兆円をピークに減少を続けているにもかかわらず、政府は歳出を削減せず、歳入と歳出のギャップはますます拡大し、その分を公債で補ってきた。「日本の借金時計」（www.takarabe-hrj.co.jp/clock.htm）というサイトを見ると、タクシーの料金メーターのように刻々と上がり続ける借金額のカウンターに恐怖を感じるだろう。しかし、誰がその借金を返すのかという議論はほとんどない。また、誰が、なぜこんな無責任な国の運営をしたのか、という反省もない。１９９０年までは諸外国に比べて健全であったことを考えると、細川内閣以降の政治の空白、不毛な連立内閣の駆け引きの産物であることは間違いない。第二次小泉内閣以外は国民の選んだ政府ではない。安倍内閣も福田内閣も小泉流の〝行き過ぎた改革〟を改めると平気でいっているが、選挙で選ばれたのは小泉内閣なのである。つまり、国民の意思とは関係なく「大きな政府」に逆戻りしてしまっているところに、この国の政治の特徴、この15年の問題の原因を見るのである。

すでに日本経団連は、増税せずに財政再建を進めるには歳出を現在の半分にカットする必要があるとの試算を発表している。現実には歳出半分カットなどできるわけがなく、結局、消費税を引き上げるしかない。経団連は、現在5％の消費税率を07年度に10％、10年度に13％、13年度に16％と3段階で引き上げる案と、07年度に10％に引き上げ、それ以降は1年に1％ずつ引き上げて12年度に15％にする案の2通りの消費税増税シナリオを示した。すでにその試算のスタート時点を過ぎてしまっているわけだが、いずれにしても今後、消費税が2～3倍にハネ上がることは確実な情勢なのである（それにしても、経済のパイを拡げる提案ではなく、加減乗除で辻褄《つじつま》合わせしかできない経団連という組織は、政党の応援団みたいなものに堕している。世界広しといえども、増税、特に消費税増税を提案する経済団体など見たことがない）。

これまで私は、様々なメディアでこの杜撰《ずさん》な現状を批判してきたが、肝心のマジョリティであるサラリーマンから怒りのデモンストレーションは一向に起こってこない。なぜ動かないのか？

どんな企業も〝突然死〟の危機と隣り合わせ

過日、私のビジネス学校『経営管理者育成プログラム』で、この問題についてディスカッションした。日本の公債残高は700兆円を超え、短期債務や財政融資資金特別会計国債残高などを全部加えると1000兆円に達している。これをどうやって返していくのか、と質問したら、ある有名企業の中間管理職の受講者が「国債は、われわれの許可なく国が勝手に出したのだから、国の責任で払えばいいいじゃないですか」と答えた。私は「まさに国の責任だ。でも誰が払うのか？」と聞き返した。それでようやく「そうか、結局、国というのは私たちのことだから、つまり私たちが払うんですね」と気づいた。40代の管理職レベルの人間でさえ、その程度の認識なのである。あまりにも危機感がなさすぎるといわざるを得ない。

私はこれまでサラリーマンに対して、幅広い知識や経験を持つゼネラリストであると同時に、何か一つ専門分野を持っている「T型人間」を目指せ、さらにいえばゼネラリストでありながら専門分野を二つ持つ「π型人間」が望ましい、といってきた。

その喩えでいえば、先の管理職はいわば「I型人間」ということになる。自分が会社に入ってからずっと担当してきた専門分野だけは詳しいが、幅広い知識や経験、つまり「T」の横棒の部分がない。

それは単に日本国債の問題のみならず、自分の会社や仕事以外の経済・産業・企業の動向、日本の政治や国際情勢が、自分の生活に直結する時代になってきていることを全く理解していないということだ。外部環境に対して、まさに〝感応停止〟〝思考停止〟の状態である。

だが、今は世界のどんな企業や産業も一瞬にして消滅する〝突然死〟の危機と隣り合わせの時代になっている。

むろん企業の栄枯盛衰は、今に始まったことではない。たとえば、昔はどの家庭でも練炭を使って煮炊きをしていたが、ガスの普及によって練炭の需要はなくなり、練炭業界も消えた。あるいは、鉄道の普及で馬車が消え、自動車の普及で鉄道も衰退した。それでも、昔はその変化が10～20年のスパン、もしくはもっと長い時間をかけて起きていた。しかし、今はスピードが違う。アッという間である。

たとえば、デジタルカメラの普及によって従来のカメラのフィルムは一気に需要を失い、世界最大手のイーストマン・コダックや日本最大の富士フイルムが事業再建に追い込まれた。あるいは、米アップルが携帯音楽プレーヤー「ｉＰｏｄ」を発売したら、世界最大級の音楽ソフト流通企業・米タワーレコードが倒産してしまった。こうした例は数え上げればきりがない。

前述した増税・負担増という問題を含めて、いま私たちが直面している状況を何かに喩えるなら、まさに〝大津波〟がサラリーマンの生活を襲おうとしているようなものである。時速７００キロで一瞬のうちに東南アジアと南アジアを飲み込んだインド洋大津波ではないが、私たちは誰もが猛スピードで家財が消滅する危機に瀕しているのだ。

ただ、このサラリーマンを襲う〝大津波〟が自然災害のインド洋大津波と違うのは、確実に襲ってくるとすでにわかっていることだ。しかもそのスピードは10～20年というスパンではなく、数年以内だということもわかっている。

逆に津波と共通するのは、20メートルぐらい高いところに登れば助かる、ということだ。つまり、今より、もう少し上に登る努力をすればよいのである。

既存のエスタブリッシュメントはどんどん衰退する

日本人には、未だに根強く残る悪しき先入観がある。それは「現役合格」や「ストレートな進学」にこだわることだ。

日本人は、大学院は大学を出てすぐに入るものだと思っている。実際、日本の大学院と称する所の学生の73％は大卒後ストレートに入学している。しかし、ビジネスを学ぶ場合、それでは絶対にダメだ。

私は日本のビジネススクールでも何度か教壇に立った経験があるが、学生は経営のことが全くわからない。会社のことも知らない。松下幸之助さんの名前さえ知らなかったりする。そんなレベルで日本の経営を語れるはずがない。理工系の大学院はともかく、ビジネススクールは大学の延長線上で来られると一番困る。学生が学問を学ぶ場所だと思っているからだ。しかし、ビジネススクールで身につけるのは学問ではなく「実技」である。だから10年ぐらい会社に勤め、まとまった仕事を一つか二つ経験し、ビジネスの現場と自分に足りないものがわかってから入学すべきなのである。

したがって、30代後半〜40代といった世代の人間がビジネススクールで学ぶことは大いに意義がある。現に『ビジネス・ブレークスルー（ＢＢＴ）大学院大学』の学生の平均年齢は37・5歳だ。

今、40歳過ぎで「ひょっとすると、自分はこのまま終わりかな」と限界を感じているビジネスマンが多い。まだ定年まで20年近くあるのに、何となく先が見えて気力が萎《な》えている。日本人の寿命は世界一長いから、定年退職後もさらに20年の人生が残っている。つまり、先が見えてから40年も余裕があるのだ。

ということは、40歳を過ぎても諦めたり悲観したりする必要は全くない。ビジネススクールなどで勉強し直して、新たなスキルを身につける時間は十分ある。２年や３年、無駄メシを食ってもどうということはない。

若い人たちはなおさらだ。せいぜい無駄な道を歩けばよい。20代の間に自分が本当にやりたいことを見つけて、それから就職しても決して遅くはないのである。

この先、日本のエスタブリッシュメントはどんどん衰退する。官僚も大会社も日本経団連も経済同友会も、すべて落ち目になっていくだろう。だから、若い人はそういう既存の大組織に入るべきではない。入れば、その秩序に従わねばならない。従うことで将来が保障されるわけだ。しかし、日本道路公団や郵便局、社会保険庁、林野庁などの末路を見ればわかるように、将来が保障されていたはずの大組織が、21世紀は枕を並べて瓦解していく。優良企業でも〝突然死〟する時代である。アメリカでも20年前には最大の企業だったＡＴ＆Ｔは消滅（買収した会社がＡＴ＆

Tを名乗ってはいるが）したし、GMは存亡の危機に瀕している。

今の時代は、これまでのエスタブリッシュメントが否定されるという意味で、武士がいなくなった明治維新や財閥が解体された終戦直後に似ている。明治維新や終戦直後は、誰も答えがわからない時代だった。だから下級武士や、小学校しか出ていない幸之助さんのような人が大活躍した。今も同じ。そういう時代に既存の教科書は何の役にも立たない。だからこそ、若い人たちは将来を保障されていないところに自ら入っていき、問題解決能力をひたすら磨いて変革の一翼を担う、というチャレンジングな姿勢が大切なのである。

大企業にいるうちに優秀な人でも〝フリーズ〟

一方、いまどきの大学新卒者の頭の中はどうなっているのか？

就職情報専門会社ダイヤモンド・ビッグ&リードが発表した08年大学生就職先人気企業ランキングの上位10社は、以下の通りである（カッコ内は07年順位）。

【男子文系】①三菱商事（1）②三菱東京UFJ銀行（3）③三井物産（2）④住友商事（4）⑤東京海上日動火災保険（7）⑥丸紅（6）⑦三井住友銀行（10）⑧伊藤忠商事（5）⑨大和証券グループ（19）⑩松下電器産業（9）

【男子理系】①日立製作所（1）②松下電器産業（2）③ソニー（9）④シャープ（10）⑤三菱商事（5）⑥トヨタ自動車（11）⑦野村総合研究所（6）⑧キヤノン（8）⑨三井物産（3）⑩住友商

事（7）

【女子文系】 ①東京海上日動火災保険（3）②三菱東京UFJ銀行（1）③全日本空輸（2）④三菱商事（5）⑤ベネッセコーポレーション（7）⑥JTB（11）⑦住友商事（6）⑧三井住友銀行（13）⑨資生堂（23）⑩伊藤忠商事（10）

【女子理系】 ①資生堂（17）②松下電器産業（1）③日立製作所（2）④ソニー（29）⑤P&G（ランク外）⑥ロッテ（7）⑦サントリー（4）⑧花王（11）⑨シャープ（15）⑩三菱東京UFJ銀行（10）

相変わらずの「大手・安定志向」だが、毎年この結果を見て私は「君たち、マジ？」と驚き、呆れる。これらの大企業に群がること自体、さっぱり理解できない。大学生は就職情報の読み方を完全に間違えていると思う。なぜなら、人気企業に就職するということは、自分で自分の能力が発揮できない会社を選んでいる、ということにほかならないからだ。

人気企業ランキングで1位の大企業に就職したとしよう。1位ということはどういうことかというと、最も成績優秀な人間、自分と類似した人間が、最もたくさん集まってくるということだ。すなわち、最も競争が激しいということだ。そういう会社では必ず内ゲバが起きる。まず社内の競争に勝たないと何もできないから、最初の20年は内部闘争に明け暮れるのだ。

しかも、人気ランキングで上位になるような大企業の場合、若いうちに活躍できる余地はほとんどゼロである。60歳近くにならないと自由なことをやらせてくれない。それまでは「忍」の一字、ひたすら我慢である。ところが、人間というのは我慢している間に頭が〝フリーズ〟してダメになる。つまり、人気ランキングで上位の大企業に就職するということは、その会社の鋳型《いがた》に入って石膏《せっこう》のように固まるということなのだ。

大企業の社長と話をすると、優秀な人間を採用しておきながら「我が社には人材がいない」と嘆く人が多い。しかし、それは根本的に認識が間違っている。優秀な人間が、その会社にいるうちに愚鈍になってしまっただけのことである。

つまり、いくら学生時代に成績が優秀だった人間でも、若くして活躍させてくれる会社に勤めないと、宝の持ち腐れになってしまうのだ。だから、就職活動をする大学生は、その会社で自分が活躍できる年齢を調べるべきだと思う。おそらく日本の大企業で若くして活躍できる会社は、32歳までに新規事業を立ち上げられなかったら辞めろというリクルートぐらいだろう。

レールから外れろ――その先に大きな成功がある

だが、人気ランキング上位の大企業に入社できるような力のある人間は、中小企業であれば、当然どこでも入社できるはずだ。それなら大企業に入って鋳型に固まるより、ポテンシャルが非常に高いベンチャー企業や、キャッシュは潤沢だが人材や後継者がいない中小企業に入って、その能力を存分に発揮したほうがよいではないか。そうすれば間違いなく若いうちから活躍できるし、10年後には社長になれるかもしれない。

アメリカでは、スタンフォードやハーバードなどの一流大学を卒業して大企業に勤めるのは

「悪」と思われている。せっかく一生懸命に勉強してきたのに、退屈な大企業に勤めてどうするんだ、とバカにされる。そういう大学の卒業生の大半は自分で会社を起こすか、先輩が起こしたベンチャー企業に入って未来の大きな可能性にチャレンジする。あるいは、マッキンゼーのような社内教育制度が充実している厳しい会社に勤めて5〜10年スパルタ・トレーニングを受け、経営スキルを身につけて30代で大企業の社長か副社長に天下る。

一方、日本の大学生の「大手・安定志向」は未だに根強い。というか、いっそう強まっている。その背景には悪いものが三つある。

まず、大学のゼミの教授や就職指導の担当者だ。彼らは学生には大企業、有名企業に入ってもらうのが自分の〝勲章〟だと思っている。次は親。子供が有名な大企業と無名の中小企業と両方に合格した時、中小企業を勧める親はいない。最後は自分である。学業成績優秀な学生は、生まれてこのかた〝レールから外れる〟という経験をしたことがない。しかし、世の中というものはレールから外れないと平均給与しか稼げない。

レールから外れると、失敗して路頭に迷うリスクもあるが、もちろん早くから活躍できるし、大金持ちになれる可能性も生まれる。どちらの人生が面白いのか、有意義なのか、やりがいがあるのか、ということをよく考えるべきだと思う。

昔と今では〝成功のカギ〟が一変している。かつての成長期の日本では「経験」が重要だった。５万ドルのプラントを造ったら、次は50万ドルのプラントを造るという具合に、より大きく、より速く、と「規模の経済（ＥＯＳ=economies of scale）」を追求していった。そこでは経験が生きた。だから若いうちは我慢して経験を積んでいけば、将来、その経験を生かして大きな仕事ができた。

しかし、そういう時代は終わった。成熟・低成長期の今は「発想力」「創造力」「構想力」によって、昔と違うこと、すなわち〝レールから外れたこと〟をやるのが企業戦略の要諦になっている。その場合、経験は生きないどころか邪魔になる。経験があると、新しい発想、創造、構想ができなくなってしまうからである。もはや古い人間に大きな仕事はできない。大きな仕事ができるのは、レールから外れることを恐れない若い人間なのである。

だから、そういう若い人材をどう生かすかが、次のテーマとなる。

Phase 3

「中年総合力」を身につける

第3章［実践編］

ＩＢＭ「パソコン事業売却」が意味するもの

２０００年代前半に電機メーカーの業績を引っ張ったデジタルカメラやＤＶＤレコーダー、薄型テレビなどの「デジタル家電」景気は、05年ごろから失速が鮮明になった。過当競争に伴って予想を上回る価格破壊が進んだ結果だというが、実はこれは十分予測できたことである。

わかりやすい例はデジタル時計だ。セイコーは30年前に水晶振動子とデジタル時計を開発し、正確さを競う技術競争に終止符を打った。ところが、その結果、クォーツ時計の心臓部がモジュール化されて「１チップ１５０円」にまで暴落。ライバルのシチズンが世界中の時計メーカーに安価なモジュールを供給することで経営を安定させたのに対し、世界最高の技術力を誇ったセイコーは、その後の新しいファッション性を追求したトレンドに乗り切れずに失速した。

職人技で勝負するアナログの世界とは違って、デジタルの世界では企業の競争条件が一変する。ここで勝ち残るためには、他社に先駆けて全く新しいトレンドを生み出し続けるブランド・リーダーとなるか、「部品屋」「受託生産屋」（ＯＥＭ、ＯＤＭ等の相手先ブランドでの設計・生産や電子機器製造受託サービスＥＭＳなど）に徹するしかないのである。

未だに日本の経営者のほとんどは、ＩＢＭがパソコン事業を中国のレノボ（聯想）に売却したことの意味を理解していない。

パソコンは、部品を寄せ集めて組み立てているだけ、流通コストはフェデックスの運送費だけというデルが世界のシェア第1位にのし上がるまでになった。これはいわばパソコンが小麦粉と同じになったということ、つまりコモディティ（日用品）化したということだ。アルゼンチンの小麦とカナダ、あるいはオーストラリアの小麦とでは味や価格に多少の差はあるだろうが、小麦粉は小麦粉である。それと同様にパソコンもまた、どこで誰が作ろうと大した違いはなくなっている。その中では、「組み立て屋」に徹して〝無印・良品〟を極めたデルのような企業しか生き残れない。しかし、そのデルもまた、今や受注・組み立てモデルが通じなくなってきている。半導体の値段が安くなり、性能が格段に上がったために、機能満載の量産パソコンが個別受注のパソコンのコストを下回るようになってきたからである。「こういう機能が欲しい」というものを、十中八九、あらかじめ入れて生産してしまえば、個別受注のニーズが減るからである。

仮にもＩＢＭは「世界第３位」のパソコンメーカーだった。それでも、もはやパソコン事業は利益が出ないと判断して見切りをつけたのである。さらに、世界第2位だったＨＰ（ヒューレット・パッカード）ですら一時はパソコン事業の不振が続き、その責任を問われる形で、辣腕経営者として知られるカーリー・フィオリーナ会長兼ＣＥＯ（当時）が事実上解任されたほどなのだ。今はそのＨＰがまさに見込み量産でデルを上回るようになってきている。

では、それ以下のパソコンメーカーはどうなのか？　今後の命運は火を見るより明らかだ。とりわけ一般管理・販売・流通コストが50％を超えるようなＮＥＣ、富士通、ソニーなど日本メーカーは、このままでは激烈な価格競争の中で生き残れないだろう。

「Do More Better（今までより良くする）」の限界

こうした現象はデジタル業界だけに限らない。今後、ありとあらゆる産業・業界で同じことが起きていく。

これまで多くの企業は「Do More Better」でやってきた。従来の延長線上で「今までこの商品は1000個作っていたが、それを2000個に増やしましょう」「従来の歯磨きペーストを改良し、もっと歯の白さと輝きを強調するような商品を開発しましょう」というやり方である。

だが、これは、いってみれば既存のレールの上に普通列車を走らせるか、急行列車を走らせるか、新幹線を走らせるか、という違いにすぎない。レールが通る場所も決まっているし、終点も決まっている。新大陸では、そういうやり方は通用しない。果たして、いま走っているレールのままでよいのか？　終点はそこでよいのか？　走らせるものは列車でよいのか？　といった根本的なところから考え直し、新しい活路、全く新しいブレークスルー（突破口）を見いださなければならない。

そして、それは現状を否定することから始まる。

たとえば、パソコン事業部の業績が下がっているという時、その事業部の社員1人ひとりに「どうすればよいか？」と聞いたところで、決して有効な解決策は出てこない。なぜなら、ほとんどの人は自分が今までやってきたことを自己否定できないからだ。自己否定しないと、針路は変わらない。しかし今、企業や個人に自己否定する勇気があるか？　自分を外部から客観的に見て、新しいルートを見いだす能力があるか？　これが今、問われているのである。

そこで重要になってくるのは、既存の組織にとらわれないプロジェクト、自己否定するプロジェクトを推進するという発想である。パソコン事業に将来性がないなら、それをどう否定し、どの方向に新しいレールを敷き直すのか、ということを考えなければならない。そういうプロジェクトが、新大陸では絶対に必要になってくる。それを仕切ることができる能力、すなわち「プロジェクト・マネージメント力」を持っているかどうかが〝新大陸サラリーマン〟の「自活・自衛」の条件となってくるはずである。

この能力は、道路地図のないジャングルや砂漠の中で新しい天地を求めて人々をリードしていく能力、と言い換えてもよい。今までには経験してこなかった新しい能力を開発しなくてはならないし、また、いきなり大遠征というよりも、平素から極限状態を想定しながら訓練しておかなくてはならない。

「人事の天才」幸之助が語ったリーダー選びのコツ

プロジェクトというと、多くの経営者はうまくいくことばかりを考える。だが、企業が新たに立ち上げるプロジェクトというのは「千《せん》三《み》つ」の世界である。とりわけ新製品開発などの場合は、文字通り1000のプロジェクトのうち三つぐらいしか市場では成功しないものだ。プロジェクト・マネージャーはそれを前提に選ばなければならない。

ここで示唆《しさ》に富むのが、松下幸之助さんの人材登用法である。幸之助さん自身、戦後日本の焼け野原の中から松下電器産業を創り上げた偉大なプロジェクト・マネージャーだが、彼は人事の天才でもあった。私は経営コンサルティングの仕事を通じて、何度となく幸之助さんの人事哲学に接してきた。

そのやり方は、何か新しいプロジェクトを立ち上げる際、必ず三人の候補者をピックアップして話を聞く。そして、その中から自分の感覚に一番近い発想をする人間を呼んで「あんたに頼むわ」とやる。選ばれた人間が「なぜ私なんですか？」と聞いても、「あんたしかおらへんわ」といって、あとは人事も予算も全部任せてしまう。

なぜ、そんな選び方をするのか？　幸之助さんにいわせると「そうやって選んだ人間なら失敗した時に許せる」からだ。もし自分が一緒にやったとしても、発想が同じなので結果的に同じ失敗をするだろう。だから、あいつがやって失敗したのなら納得がいく、というわけだ。逆に、どんなに優秀な社員でも、プロジェクトに対する考え方やセンスが自分と異なる人間に任せたら、失敗した時に許せない。そういう基準でプロジェクト・リーダーを選んでいた。

実際、１９７０年代から80年代にかけて松下電器産業が絶好調だった時代は、海外進出も含め、全部このパターンで成功している。それは、偉大な〝はみ出し者〟でもあった幸之助さんと同じセンスを持った人材を積極的に登用したからである。経営者が新たなプロジェクト・マネージャーを選ぶ場合、この幸之助さんの発想は大いに参考になるだろう。

企業の中で解決できない問題はない

ただし、企業を立て直すプロジェクトをやる時は、さらにいくつかの〝技術〟が必要だ。赤字続きで会社の業績が上がらないとなると、往々にして社内の他の部署に責任を押し付けがちだ。たとえば、開発部門は自分たちは良い商品を開発しているのに販売が働かないといい、販売部門は広告宣伝が不十分だから売れるものも売れないという。これは最悪で、全く問題の解決にならない。

私はマッキンゼーで23年間、企業の問題解決を生業《なりわい》として働き、1994年に退社して以降も経営コンサルティングの仕事を続けている。その経験からいえば、解決できない問題は存在しない。マッキンゼー時代から今日まで、私は数千件に及ぶ経営コンサルティングを手がけてきたので、壁にぶつかっても必ず抜け道を見いだせる自信がある。

企業が高いフィーを払って経営コンサルタントに問題解決を依頼するのは、その企業が自分では解決できない問題を抱え、にっちもさっちもいかなくなった時である。その問題を解決するためには、原因を分析・解明し、それを解消しなければならない。解は論理的に考えれば必ず導き出せるものなのだが、多くの日本企業にはそういう思考回路がない。実は会社の一部の人がわかっていても、皆がそれに合意し、解決策まで含めて持ち上げる組織能力がない、といったほうが適切かもしれない。私から見れば当たり前のことが、なぜか企業の中では見逃されてしまうのだ。

私は企業からコンサルティングの依頼が入ると、まず自分でその企業に乗り込んでいく。そして、問題解決にあたるプロジェクトチームを作るために、各セクションから最もフルタイムで引き抜き難い優秀な人材、将来の社長候補になりそうな若手のエースを1人ずつ選び、総勢7人のチームメンバーを集めてくれ、と要求する。余人をもって代え難い〝7人の侍〟を招集するわけだ。

その理由は、コンサルティングがスタートした初日の段階では、私はその企業のことや業界のことを、ほとんど何も知らないからだ。私にあるのは問題解決の「プロジェクト・マネージメント力」だけである。だから〝7人の侍〟には会社のこと、業界のことを担当してもらうのである。

これに対しメンバーたちは、たとえば、そもそもうちの業界は低迷しています、だからうちの会社も業績が下がっています、と一般的なデータに基づいた分析を提示してくる。しかし、私が視点を変えて調べてみると、たしかに業界全体の売り上げは落ちているが、なかには伸びている商品分野や成長している会社もあることがわかる。そこで、こういうデータを加えてもう一度分析してみろ、と指示を出す。そうすると、最初に彼らが提示してきた企業分析・業界分析とは全く違う結果が出てきて〝7人の侍〟は青ざめ、自信を喪失する。ここまでの1か月が、マッキンゼーリポート第1章「恐怖への招待——このままいくとどうなるか?」である。

マッキンゼー流「組織シミュレーション」の極意

マッキンゼーリポート第2章は、社内インタビューだ。もともとのアメリカのマッキンゼー方式は、社長から部長、課長など30人に対して「今、この会社の問題点はどこか？」という現状分析を個別にインタビューするというやり方だった。すると、みんな自分の立場で実にいろいろなことをいう。しかし、それらを全部合わせると〝足し算〟が成り立たない。つまり、誰かが嘘をついている、もしかすると全員が嘘をついている、あるいは間違った現状認識をしている、ということになる。

しかし、ここでプロジェクトチームが、誰が正しいのかを探って1人の立場を支持するような結論をまとめようとしてはいけない。あとの29人が反対に回って必ず組織が割れるし、1人だけの言い分が正しいということはありえないからだ。そこで私がマッキンゼー・ジャパン方式として独自に編み出したのが「組織シミュレーション」である。

そのヒントになったのは、日立製作所の原子力技術者だった当時の経験だ。高速増殖炉は、燃料を入れてナトリウムの冷却水で実働する前に、水で「ドライラン」を行なう。すべてを整えたうえで、水でうまくいくかどうか試運転をするのだ。

それと同様に、会社の平常時、緊急時、新商品を出す場合のプロセスなどをシミュレートして「ドライラン」をするのだ。つまり、インタビューした30人を一つの部屋に集めて、もう一度同じことを聞く。すると、みんな相手がいる前では、個別インタビューの時のように威勢よく他人の批判はしない。それで問題点を一つずつ詰めていくと、この人とこの人の間に話し合いがなかったところに原因があるな、といったことを全員が認め始める。そして面白いようにその場で結論が出てしまうことが多い。

たいがいの会議は問題点や解決すべき目標が不明確だから、いつまでたっても結論が出ない。しかし「組織シミュレーション」の場合は、事前に〝7人の侍〟を使って様々な側面から分析して万全の準備を整えておき、異論反論に対しては論理的な証拠を突きつける。したがって誰もが納得せざるを得ない状況になり、一気にまとまるのだ。私は第三者として問題解決力だけを提供するわけだが、このプロジェクトを1回経験した企業は、よほどの大問題でない限り、もはやマッキンゼーも大前研一も要らない、自分たちでやろう、というところまで成長する。

このやり方を私が手法として確立したのはもう30年も前のことだが、その後GE（ゼネラル・エレクトリック）の名経営者ジャック・ウェルチ氏が、この手法と似たものを編み出し、会社に定着させた。

彼の場合は「コンフロンテーション・マネージメント（葛藤経営《かっとう》）」と呼んでいる。A部門とB部門が対立した場合、ほとんどの会社は社長が両者の言い分をよく聞かないまま、おまえがあいつのいうことを聞け、などとやっている。だが、ウェルチ氏は速やかに問題を解決するためにあえて葛藤を起こし、全く別の部門から第三者のCさんを呼んできてレフェリー役をさせる、という仕組みを作った。Cさんは問題解決力のある将来の経営幹部候補で、ウェルチ氏の分身のようなもの。その人が両者の言い分を聞いて判定を下すのだ。それで問題が解決すればCさんの業績評価が上がり、レフェリー役に呼ばれた回数が多ければ多いほど昇進していく。

これは「プロジェクト・マネージメント」を進めるうえで、非常に示唆的な仕掛けである。会社の中の葛藤は部門間の利害対立が原因になっていることが多く、コンサルタントであれ、レフェリーであれ、第三者が論点を整理して当事者間の議論を冷静にほぐしてやれば氷解することが多い。経営能力の向上を目指す新大陸の管理職は、こうしたレフェリー的役割を果たしていく能力にも磨きをかけなくてはいけない。

プロジェクトチームには対極的な人間を組ませる

新大陸で生き抜いていくためには「プロジェクト・マネージメント」の能力がいかに大切か、ということを、これまで述べてきた。プロジェクトチームを作る時は余人をもって代え難い優秀な人材、すなわち〝7人の侍〟を招集しなければならないわけだが、そのメンバーを選ぶ際には何が重要なポイントなのか？

たとえば、シャープはプロジェクト・マネージャーを決めたら、メンバーの人選はその人に任せる。FA機器用部品や金型部品をカタログ通販で売る購買代理店ミスミの場合は社内公募する。企業によって方法は違うが、最悪なのは上が人間と役割分担を全部決めてしまうケースで、これは必ず不協和音が出てきてプロジェクトは失敗する。また、大学の同好会のノリで仲の良い人間同士でチームを組むというやり方もありがちだが、こちらはなあなあになってしまうので、やはりうまくいかない。自分が好きな奴や自分のいうことを聞く奴ばかり集めたり、余っている人間や同じタイプの人間だけでチームを作っては絶対にいけない。

プロジェクトは、対極的な発想をする人たちが仲良くやっていった時に最も成功するものだ。つまり論理思考の強い人とエモーショナル型の人、発想型の人と数字の分析に強い人、というように全く違うタイプの人間を組み合わせることが一番大切なのである。俗説の血液型でいえば、論理思考のA型と自由な発想のB型を組み合わせる、という要領だ。

企業が革新的な商品開発に成功した事例やノーベル賞を複数の研究者で受賞したケースは、例外なくそういう対極的な人の組み合わせになっている。生産設備を2倍にする、というような場合は2倍努力すればよいから、同類の人間だけでもやれる。しかし、それはプロジェクトではなく作業である。プロジェクトは、立ちふさがっている問題が明確に存在し、それを解決して答えを出すためにやるもの、社内の既存組織ではなかなかできないことをやるためのものだ。その場合は従来路線から発想が飛ばなければ絶対にブレークスルーできないので、同類項や既存の人間だけを集めてもダメなのだ。

その意味で、プロジェクトチームはオーケストラによく似ている。経営と音楽は相通じるところがあり、実際、名経営者だったソニーの大賀典雄氏（名誉会長）は東京芸術大学音楽部卒の音楽家だ。あるいは、アメリカでは今、企業の経営者を集めた講演会で人気ナンバーワンの講師が、ボストンフィルハーモニック管弦楽団の指揮者、ベンジャミン・ザンダー氏である。最近、私が海外へ講演に出かけると行く先々でザンダー氏と一緒になるのだが、彼はオーケストラの指揮を例として、組織の動かし方や人心掌握術といった経営の課題について、舞台上に置いたピアノを使ってとてもわかりやすく説明する。

異なる楽器が一体となってハーモニーを生み出さねばならないオーケストラは「あうんの呼吸」が重要で、演奏者は指揮者のほうを見ているようで見ていないし、弦楽器以外は2人として同じ旋律を演奏しない。それでいて、いかに全体のハーモニーを生み出しながらテンポをそろえ、聴衆にとって感動的な音楽を創り出していくか、ということが課題となる。プロジェクトチームはそれと同じで、役割の違うメンバーがそれぞれのパートをきっちりこなしながら、全体としては調和してうまく着地点を見いだし、目標を達成しなければならないのだ。

社内の「食わず嫌い」人間とメシを食え

では、具体的なメンバー選びはどうすればよいのか？　第一歩は、社内で自分と最も相性が悪そうな奴、嫌いなタイプの奴、意見が合いそうにない奴、社員食堂で会っても口もきいたことがないような奴を見つけること。そして彼（あるいは彼女）らと積極的に接触してメシを食い、話をするのだ。

なぜなら、プロジェクトには「葛藤」が必要だからである。日本のサラリーマンは「同病相憐れむ」で、同じタイプの人間同士でつるみがちだ。しかし、これが一番いけない。忌み嫌わねばならない。同類項と付き合っていても、互いに傷口をなめ合うだけで何も進歩しないからだ。

その逆に発想、意見、経験、出身、年齢、性別、宗教、国籍など、あらゆる面で自分と違う人間、対極的なタイプを、まず5人ぐらいリストアップする。サラリーマンには何らかの理由で、ほとんど付き合ったことがないのに毛嫌いしている人間、つまり食わず嫌いの人間が必ず社内にいるはずだ。その人たちと付き合うことを向こう半年間は優先し、異質なものとの巡り合いに時間を割くのである。

メシを食い、話をするといっても、もともと発想や意見が違うのだから合意する必要はない。ただ、理屈がはっきりしていて、方針や方向性が自分と違う人間を見つければよいのである。そういう人たちと意見を戦わせることはアウフヘーベン（止揚）に役立つから、そのプロセスで「葛藤」を越えて意気投合したら、共同でプロジェクトを考案してみる。そうすることで人間的な度量が大きくなるし、1人でやるより数倍の力がつくのである。

その時に除外すべきは、波風を立てることを嫌う縮み思考の人間と、「メシを食ってる時ぐらい、仕事の話はやめようや」という人間である。とりわけ後者は永遠に生産性がない。麻雀やカラオケには付き合うし、ゴルフに誘えばなお喜ぶだろうが、そういう相手はいくつになっても大勢いる。これから何かひと仕事しよう、戦闘集団募集、という30代後半〜40代の大事な時期にわざわざ付き合う意味はない。

以上が、まだ上司から声がかかっていない段階で自分ができることの第一歩である。

第二歩は、いま会社の中で自分が何をできるかを考えること。先に作った社内ネットワークを使って、常に会社の改革や新事業についてのプロジェクトプランを三つ四つ文書で書き出したうえで温めておくのである。豊臣秀吉が織田信長の草履を温めることで出世のきっかけをつかんだように、そういうチャンスは必ずくる。

マッキンゼーの場合も、新しいプロジェクトは自分から手を挙げてイニシアティブをとった人間にしかやらせない。社長に「うちの会社をどう思う?」と聞かれて「満足しています」と答えるようではもってのほか。その時すぐにプロジェクトを提案できるよう準備しておくことが大切なのだ。

プロジェクトは3パターンに大別される

企業のプロジェクトには様々な目的がある。たとえば、コストダウンする、新商品を開発する、新しい事業形態を考えるなどだが、大別すると三つのパターンに集約される。同じことや類似のことをより良くする「Do More Betterプロジェクト」、新しいものを生み出す「新規開発・新規事業プロジェクト」、起死回生のために極めて難しい問題を解決する「ブレークスループロジェクト」である。その目的によって、プロジェクトチームのリーダーやメンバーに求められる資質、顔ぶれも違ってくる。社内だけでやるべきか、社外のスタッフも入れるべきか、何か国の人間を集めるべきか、男女比やチームメンバーの年齢差、といった使い分けをしなければならない。

では、リーダーやメンバーに求められる資質をタイプ別に説明しよう。まず、従来の延長線上でやれる「Do More Betterプロジェクト」。これは日本企業もうまくなってきた。たとえば、電機メーカーがメキシコで新工場の立ち上げに成功したとする。そのプロジェクトメンバーの１人を、今度はチェコに派遣して新工場の立ち上げにあたらせる。この場合は非常に成功確率が高い。全く新しい環境だから本人は緊張するだろうが、同様のプロジェクトを一度経験しているのは大きな強みだ。

好例はトヨタ自動車だ。今や押しも押されもせぬ世界企業だが、海外生産を始めたのはわずか20数年前。１９８４年にアメリカ・カリフォルニア州でＧＭとの合弁企業ヌミ（NUMMI = New United Motor Manufacturing）を立ち上げたのが最初で、それまでは国内でも三河以外では製造した経験がほとんどなかった。

しかし、ヌミ以降はその経験を生かして海外生産を拡大し、今や世界中で製造するようになった。その一つひとつを遂行しているのは既存の組織ではなく、製造、購買、財務、労務など様々な部門の人間による事業部も国境も越えた機能横断（クロスファンクション）のプロジェクトチームである。ただし、プロジェクトの性格は前よりもっとうまくやるだけの「Do More Better」型なので、リーダーにそれほどの天才や発想の飛躍は必要ない。計画通り着実にやり抜くタイプが適している。しかし、全社的にはそうしたプロジェクトが数十もあるわけで、これをマネージし、販売組織などに引き継いでいく仕事は指数関数的に難しくなる。２００７年の経営陣の一斉若返りはまさにそうした仕事のプロたちをトップに据えて「グローバル化」こそ常態、というトヨタの強い決意を表わしている、といえよう。

次は「新規開発・新規事業プロジェクト」。これは先ほど少し触れたシャープやミスミの手法が参考になる。既存組織に新しいことをやれ、といってもなかなかできるものではない。そこでシャープの場合は、20年ぐらい前から様々なバッジを付けたプロジェクトを社内で走らせている。たとえば社長からプロジェクトチームのリーダーに指名された人は「金バッジ」を着用する。そのバッジを付けた人が白羽の矢を立てた人材の招集については直属の上司も拒否することはできない。予算や人選に関しては社長の権限を擬似的に付与されている、という仕組みだ。一方、ミスミの場合は、新しいプロジェクトを考えた人間が社長に対するプレゼンテーションを全社員の前で行ない、投票で採否を決めると同時にメンバーを公募する。このように人事権が縦串ではなく横串になるシャープ型、ミスミ型のやり方を採用する企業が最近は徐々に増えている。

逆にうまくいっていないのは、既存のピラミッド型組織の中で形ばかりのプロジェクトチームを作り、いちゃもんをつけそうな人間や一家言ありそうな人間を週1～2回のパートタイムで寄せ集めたケースである。フルタイムのメンバーは事務局1人ぐらい。よくあるパターンだが、これはプロジェクトチームといいながら実態は委員会にすぎない。政府の戦略会議や諮問委員会と同じで、それでいいんかい（委員会）、というお粗末な結論しか出ない。

自己否定から新しい発想が生まれる

最後は「ブレークスループロジェクト」。これは先の二つとは根本的に異なり、会社の現状を自己否定するものだ。典型的な例は、アスクルとワールドである。アスクルの岩田彰一郎社長は、文具の店舗販売で自社のプラスはコクヨにかなわない、ならば通販・宅配事業をやろう、という発想からプラスの新事業として提案した。つまりプラスという会社を自己否定し、更地に新会社を作る、という方法でスタートしたわけだ。

ワールドの寺井秀蔵社長も、これからアパレル系の問屋は将来性がない、という自己否定から、自分のブランドを持ち自分の店で売るＳＰＡ（※）事業に転換することを提案し、それを自ら実行に移して大成功を収めた。

こうした「ブレークスループロジェクト」のリーダーには、会社の庇護の下であっても起業家と同じ資質が求められる。アスクルの岩田社長は30人で練り上げたプロジェクトの実行段階になってトップが決断できず、事業部ではなく別会社にしてわずか3人でスタートしたという。それでも顧客志向のアスクルをゼロから立ち上げ、自分の考えが正しかったことを証明した。

ワールドの寺井社長も、ＳＰＡの採用を提案した当初は社内で大反対された。しかしチャンスを見事にものにして、問屋だったワールドを自社ブランドの売り上げが全体の7割以上を占めるアパレル業界のトップ企業に成長させた。

つまり「ブレークスループロジェクト」には、創業者型の際立った1人がリーダーとして必要なのだ。そして、その人は労務から技術やシステム、顧客まで全部自分で考えられるアタマを持っていなければならない。また、失敗したら戻ってくればよい、という条件で分社独立させるのは絶対にダメだ。その事業を会社を辞めてもやりたいという強い希求を持ったリーダーが、退路を断ってリスクを取り、背水の陣で臨んだケースしかブレークスルー型のプロジェクトは成功していない。

さらに新大陸では、プロジェクトチームに外国人も必要となる。新大陸はボーダレス経済でサイバー経済でマルチプル経済だから、プロジェクトを日本人だけでやると海外での成功確率が低くなってしまうのだ。したがって新大陸の「ブレークスループロジェクト」では、年代、国籍、言語、宗教・カルチャー、男女の性別を越えた〝世界最強のドリームチーム〟を作らなければならない。そういう時代になっているということを、日本企業は肝に銘じるべきだろう。

※SPA／アメリカの衣料品小売大手GAPのドナルド・フィッシャー会長が1986年に発表した「speciality store retailer of private label apparel」の頭文字を組み合わせた造語で、素材調達、企画、開発、製造、物流、販売、在庫管理、店舗企画などすべての工程を一つの流れとしてとらえ、サプライチェーン全体の無駄、ロスを極小化するビジネスモデル。

検索エンジン競争でわかる「インプット力」の重要性

新大陸における「プロジェクト・マネージメント」の基本的な考え方が理解できたら、次は、今後求められる個人の能力について説明しよう。

新大陸でビジネスマンが生き残っていくためには、まず「情報戦」に勝たねばならない。そこで必要になるのは情報の収集力、整理力、分析力だ。これらは全部含めて情報の「インプット力」といえるだろう。

いま新大陸で起きている〝情報の入り口〟を巡る熾烈な覇権争いを見れば、「インプット力」の重要性がわかる。検索エンジンのナンバーワン・ポータルサイトとなるため、時価総額17兆円のグーグルと4兆円のヤフー、そして28兆円のマイクロソフトという三つの〝ゴジラ企業〟が血みどろの戦いを始めているのだ。

この三つ巴の戦いは、おそらくここ数年で第1ラウンドの勝負がついてしまうだろう。その結果、検索エンジンがどういう方向になっているかといえば、どんな形で検索しても知りたいことが出てくるような進化を遂げていると思う。

たとえば、いまマイクロソフトが試作品を無料で配っている米国版の新しい検索エンジンは、キーワードとして単語ではなく文章を入れる。日本語版ができるようになれば「4月の終わり頃に桜の満開が見られる公園を教えて」などと自然言語で打ち込めば、答えがパッと出てくるようになる。さらに「うちに一番近い所」と絞り込み検索すれば、そのパソコンがある場所から一番近い公園だけをリストアップしてくれるのだ。トップのグーグルに対抗するためにはそのぐらい精度を上げ、機能を高めて、痒いところに手が届くような検索エンジンにしなければならないということを、マイクロソフトはわかっているわけだ。

これは、数年前にすでに東芝などの研究グループがモビートという名前で試験的に出しているものと同じコンセプトだが、私の使ってみた感じでは、今のグーグルぐらいの使い勝手で出来上がれば一気に普及するだろう。すでに現在はオール・アバウト（All about）などがカテゴリー検索をしてくれる。また、コンセプトサーチ（ジャストシステム）は曖昧言語でもコンセプトで検索できる。こうした「本当に探している情報をいかに直接見つけ出すか」という競争は始まったばかりだ。

一方、グーグルはテレビに特化した検索エンジンを開発している。まだ米国版だけだが、日本語版ができれば、たとえば「喜多郎のこういう曲が流れていたシルクロードの番組は？」と打ち込んだら、「それはNHKのシルクロード○巻で、次の放送予定は○月○日です」と出てくるようになる。テレビに特化した理由は、広告が入りやすいからだ。つまり、シルクロードの番組を検索した人に対してシルクロードの旅の広告を出せば、それをクリックする確率が無差別に出すブロードキャスティングのバナー広告よりも飛躍的に高まる。クリックする確率が高まれば、おのずと買う確率も高まる。このナロー・キャスティングの広告を「検索エンジン連動型広告」というが、それをさらにテレビ番組と連動させれば、いっそうナロー・キャスティングになって広告の価値が膨れるのだ。今、流行りのユーチューブ（You Tube）を買収したグーグルとしては、映像をふんだんに見せることができる。これで検索→映像→広告というモデルがより効果的に働くようになった。

広告というものはキャスティングの範囲が狭くなればなるほど、購買率が高くなる。すでにSEO（検索エンジン最適化）という技術によって、形容詞の入った検索をした人は買う確率が高い、ということがわかっている。たとえば、キーワードを単に「デジタルカメラ」と入れた人よりも、「薄型のデジタルカメラ」と入れた人のほうが目的がはっきりしている分、出てきた商品に注文票がついていれば、購買に至る確率が高いのである。

グーグルは、試験的に自分のパソコンの中を検索するデスクトップというソフトも提供し始めた。今では自分のパソコンのどこに何を入れたかを見つけ出すほうが、世界中のコンピュータを検索するよりも難しい。これまた超便利なものだが、グーグルが将来これを自分のサーバーに集めてデータ・マイニング（※）しないように、個人情報保護の面から見張っておかなくてはならない。

※データ・マイニング／膨大なデータの中から意味のある情報を抽出・サンプリングし、規則性を探り出してマーケティング等に活用する分析手法。

グーグルの時価総額が17兆円になった理由

今後はヤフーもグーグルもマイクロソフトを追撃するのは間違いないから、これから先、検索エンジンはどこまで進化するかわからない。

では、なぜこれら3社が、検索エンジンの覇権を巡ってこれほど激しくしのぎを削っているのか？　新大陸のサイバージャングルでは検索エンジンという「水先案内人」が非常に重要であり、そこに〝宝の山〟がたくさんあるからだ。

いわば検索エンジンは私が大学時代にやっていた外国人観光客相手の旅行ガイドのようなもの

である。外国人観光客が日光や箱根でお土産を買いたいといったら、私は顔見知りの土産物店が並んでいるところに観光バスを停める。土産物店のほうは私が連れてきた客だということがわかっているので、彼らが買い物をした総額の10％がバックマージンとして、お中元の季節に半年分、お歳暮の時に半年分ずつ私のフトコロに入るという仕組みになっていた。

検索エンジンはそれと同じ。新大陸のサイバージャングルで「水先案内人」をやり、店にお客さんを連れていくことでコミッションを取っている。お客さんを連れていけばいくほど、たくさんコミッションが入る仕組みになっているわけだ。

なにしろインターネット上では、1兆ページもの膨大なサイトがあるといわれている。ひとたびそのサイバージャングルの中に迷い込んだら、なかなか目的地にたどり着くことができなくなってしまう。だから検索エンジンという「水先案内人」が絶対に必要なのである。

新大陸では、検索エンジンの提供者ならコミッションを取る側に回り、商品やサービスの提供者なら検索結果の最初に出てくる側に回ること。それが生き残っていくための最大の条件なのである。だから、その生死を決する検索エンジンに主戦場が移っているのだ。無料検索サイトのグーグルに途方もない時価総額がつくということは、これが最大の広告収入を取り込むだろうという期待値でもある。

ところが、日本の経営者には、サイバージャングルの「水先案内人」がそれほど重要なものだということを理解できる人がほとんどいない。グーグルの時価総額が17兆円になった理由がわかっていない。

しかし、検索エンジンの覇権争いを見れば、新大陸でいかに情報戦がビジネスのカギを握るのかがよくわかる。自分が欲しい情報、必要とする情報を的確かつ効率的に手に入れてインプットすることが極めて大切なのである。

大前流「三つのインプット術」

では具体的に、私が実際に行なっている「三つのインプット術」を公開しよう。

一つ目は、新聞記事からのインプットである。私は新聞記事を中心に1日平均500本のニュースをチェックしている。しかし、新聞は1紙も購読していない。では、どうやって新聞記事を読んでいるのか？　インターネットのクリッピングサービスを利用しているのだ。

ただし、既製のクリッピングサービスではない。私は、かつてのパソコン通信の技術を改良して再利用し、RSS（※）という技術を使って、ロボットエンジン「エアキャンパス」を独自に開発した。この「エアキャンパス」が、日本経済新聞、朝日新聞、読売新聞、BBC、CNNなど、あらかじめ私が指定したウェブサイトを巡回し、最新ニュース記事を自動的に集めてくるのだ。すべての指定サイトを回ってくる「全巡回」の所要時間は3分程度だ。

しかも「エアキャンパス」は、2ページ目の記事本文を取ってくるという優れもの。普通はホームページを個々に開くと見出し一覧しか出ていないため、記事を読むのが大変だ。いちいち見出しを一つずつクリックしなければ、本文を読むことができないのである。このソフトなら、すぐに2ページ目の本文が整列して出てくるので、従来のクリッピングサービスより格段にスピーディかつ効率的に、しかも世界中どこにいても読むことができる。

二つ目は、クラスディスカッションからのインプットである。よく「なぜ、大前さんはそんなにいろんなことを知っているの？」と聞かれるが、それは私が主宰・運営している『経営管理者育成プログラム』『アタッカーズ・ビジネススクール』『ボンド大学－ＢＢＴ　ＭＢＡプログラム』『ビジネス・ブレークスルー（ＢＢＴ）大学院大学』の授業、あるいは『平成維新フォーラム』などを通じて毎日３０００人の人たちとサイバースペースで〝会っている〟からだ。各学校のクラスやフォーラムの中では、いつも一つのテーマでとことん議論している。私はそれを毎日何回も巡回して読み、ときには議論に参加することで、自分とは経験、年齢、性別、場所、国籍が違う人々の意見を集め、その問題に通じた人の見解や解釈も知ることができるのだ。

たとえば、中国に関する何らかの問題について議論が始まると、いま中国に駐在している人や中国とビジネスをしている人から「最近の中国はこういう状況になっています」と現地発の生情報がリアルタイムで入ってくる。こんなことは旧大陸では不可能だった。新大陸ならではの情報源である。こうしたサイバーディスカッションはもう10年以上続けているが、今や私にとって欠くことのできない貴重な財産になっている。

※ＲＳＳ／リッチ・サイト・サマリーまたはＲＤＦサイト・サマリーの略ともいわれ、各ウェブサイトで最新情報の見出しや要約などを特別な書式にまとめたもの。ニュースサイトやブログなどで最新

記事を読者に配信したり、サイトの更新状況を知らせたりするために使われる。

先入観を捨て「素直な心」で現場を見る

三つ目は、自分の足で歩き回るインプットだ。これは経営用語でいうとMBWA（Management By Walking Around）。『エクセレント・カンパニー』の著者トム・ピーターズが創り出した言葉で、一時流行したが、この「自分の足で歩き回らねばならない」という考え方だ。

だから私は海外に出かけると、時間が許す限り、その都市、その国のいろいろな場所に行く。そして、ショッピングセンターや市場などのベンチに座り、現地の人たちがどこで何を買っているのか、どういう所に人が集まっているのか、といったことを定点観測している。そうすると、庶民の生活の様子や消費動向などがわかるのだ。また、フィールドインタビューをしながら、あちこち動き回る。貴重な生情報である。

ただし、ここで気をつけなければならないことがある。それは「先入観によってしか物事は見えない」ということだ。つまり、人間は先入観を持っていると、目の前に見えているものを素直に見ることができず、先入観に基づいて「解釈」してしまうのだ。

現場主義という言葉があるが、現場にいても何も見えない人がたくさんいる。つい先日もアメリカで、１９９０年代前半に日本に3年間も駐在していた『エコノミスト』誌の記者と会った。彼は当時、日本では携帯電話が全く使われておらず、秋葉原にはウォーキートーキー（携帯用無線電話機）しか売られていなかった、と主張した。そこから彼は、閉鎖市場・日本ではアメリカの優れた携帯電話を閉め出すために、あえて不便な無線電話機を使わざるを得なかったのだ、と結論づけているのだ。当時の日本は電話機がリースになっていて、売り切りではないから秋葉原に行っても売っていなかっただけなのに、そこまで解釈を広げて世界に発信してしまうのだ。

偏見なら日本人も負けてはいない。たとえば、ハリウッド映画にあこがれていた人がアメリカに行くと、何もかもが華やかに見える。一方、アメリカは暴力と人種差別の国だと思っている人は、貧しい黒人と裕福な白人というアメリカ社会の断片だけを見てきてしまう。

あるいは、日本人の中には「中国は日本よりずいぶん遅れた国だ」と思っている人がいる。そういう人が中国を旅行してゴミだらけの路地裏や下町の貧民街を見ると、しょせん中国なんてこの程度だ、まだまだ日本の足元にも及ばない、と〝確認〟することになる。せっかく中国まで行っているのに、そういう部分しか見てこないから、先入観をますます固めるだけの旅行で終わってしまうのだ。

日本人の観光旅行は、たいがい確認旅行である。だから、絵葉書になっている超定番の観光名所で必ず記念写真を撮る。たとえばオーストラリアに行くと、シドニーのオペラハウス前で、エアーズロックで、コアラを抱いて、というやつだ。そうやって見たオーストラリアは、行く前のオーストラリアと同じである。それは100％確認旅行だから、何も新しい物は見えない。行っても全く新しい情報収集にはならないし、ましてや人々がどのような生活をしているのか、など現地ならではの知識にはつながらないのである。

自分の足で歩き回る時に最も重要なのは、自分はこういう視点で見てこよう、というスタンスを決めたうえで、先入観を払拭《ふっしょく》してニュートラルな気持ちで行くことだ。松下幸之助さんがいうところの「とらわれない素直な心」が、真実を知る何よりも大切な心構えなのである。

現場感覚を磨くには定点観測とインスピレーション

私は、お台場のショッピングモール「ヴィーナスフォート」の経営に参加しているので、小売業の人たちと話す機会がよくあるが、彼らよりも私のほうが小売りの現場や消費動向に関する新しい情報、すなわち「現場感覚」を持っているな、と感じることが多い。

では、どうすれば先端の動向をインプットして、現場感覚を磨くことができるのか？

私が20年前からやっているのは「定点観測」をして「インスピレーション」を働かせる、という方法だ。つまり、休日にショッピングモールやデパートに行き、出入り口周辺のベンチに座って、行き交う人々を1時間ぐらい眺めながら考えを巡らせる。そうすると、実にいろいろなことが見えてくるのだ。

たとえば、六本木ヒルズで森タワー前の通路のベンチに座って定点観測していると、お店の紙袋を提げて出てくる人が少ないことに気づく。紙袋を提げている場合は、たいがいスペイン発の人気カジュアルブランド「ＺＡＲＡ」のそれである。人の流れを見ているだけで、六本木ヒルズ内でどういうことが起こっているのか、透けて見える感じがする。もちろん高級ブランドでは1

日1人客が来ればよい、といわれているので、紙バッグの数だけで判断できるわけではないが、ドアを開けて入っていく人と外を歩いている人の数を比較すれば、店舗ごとの活況などはおおむね知ることができる。

あるいは、一つの店をしばらく観察していれば、お客さんはどんな年代が多いのか、洋服であれば試着までするのか、実際に買うのか、といったことも知ることができる。そうやって現場を見ながらインスピレーションを働かせて、なぜA店は流行っているのか、なぜB店は流行っていないのか、ということを仮説を立てて検証していくのだ。これは統計だけを見ていたら、絶対にできない。

なぜなら、たとえば洋服の場合、売り上げは外を歩いている人が店に入る「入店率」→陳列棚に近づいて商品を見る「壁寄り率」→商品を手に取る「手持ち率」→商品を選んで試着する「試着率」→試着した商品を買う「購買率」（洋服以外の商品は「試着率」を除いた指標）という順序で決まってくる。つまり、店の外を歩いている人を100として、そのうち何%が店に入るのか、店に入った人の何%が陳列棚に近づくのか……という、それぞれの数字がわからないと、売り上げを伸ばそうにも対策の立てようがないのである。たとえば、外を歩いている人はたくさんいるのに入店率が低ければ、店の知名度やブランドイメージに問題があるのかもしれない、あるいはドアやショーウィンドーの設計が悪いのかもしれない。入店率は高いのに壁寄り率が低ければ、商品の展示に問題があるのかもしれない。壁寄り率は高いのに手持ち率が低ければ、商品のコンセプトに問題があるのかもしれない。手持ち率は高いのに試着率が低ければ、値段に問題があるのかもしれない、となるわけだ。

かつて私はこの定点観測によって、カリフォルニア州ニューポートのショッピングセンター「ファッション・アイランド」で、入店率から購買率まですべての指標が群を抜いて高い店に出合ったことがある。女性用ランジェリーショップからスタートして現在はアパレルメーカーに成長した「ヴィクトリアズ・シークレット」（VictoriasSecret.com）だ。日本でも人気が出ると踏んで「ヴィーナスフォート」への出店を交渉したほどである。結果は断られてしまったが、そのようにして自分の目で現場をじっくり見て、どこに問題があるのか、と常に考えることで現場感覚は磨かれていくのである。

人だかりする理由は、現場に行かないとわからない

たとえば、100円ショップも最近は大きく変化してきている。今や従来の、いかにも100円ショップという安っぽい商品は受けなくなっている。

その一方で「ナチュラルキッチン」のような食器や台所用品を中心とした生活雑貨の100円ショップが女性の人気を集めている。商品の素材はプラスチックやポリプロピレンではなく、木や竹、ガラスや陶磁器だ。デザインはシンプルで、それなりにファッション性もあるから、ついあれもこれもと買ってしまう。

人だかりしている店が、なぜ人だかりしているのかを研究することは非常に重要だが、それは

自分で現場に足を運ばなければわからない。統計を見ていても、決してわからないのだ。自由が丘の「私の部屋リビング」なども定点観測に値する店だ。

統計によると、GMS（総合スーパー）は年率5%ぐらいずつ売り上げが落ちている。その時、統計ばかり見ている経営者の心理は、自分の会社だけでなく競合他社も5%ずつ落ちている、ということは業界全体が悪いんだ、ああよかった、となって自分は何も反省しない。

もし、その経営者が常日頃から最先端の小売業の現場やお客さんの動きに目を凝らして現場感覚を磨いていれば、「うちもナチュラルキッチンのような商品を開発しよう」という発想が出てくるはずだ。

統計の偏重による現場感覚の喪失は、実は小売業だけでなく、日本の様々な業界で見受けられる。優良企業だったソニーが一時おかしくなったのも、EVA（※）というアメリカで流行した経営指標を導入したことで、現場を忘れ、お客さんから目を離して、株主価値ばかり追求する体質になってしまったからである（今はかなり改善してきている）。同じような指標が、シーメンスやメルセデス・ベンツなどでも導入され、顧客志向や技術が遅れてしまった、といわれている。

ただし、問題は指標を導入したことにあるのではなく、トップがどこに重点を置いているのか、事業部段階で混乱してしまうことにある。また、指標を越えて大切なもの（イノベーションや顧客志向などのマインド）が数値に置き換えられてしまい、会社の染色体がトップに管理しやすいものになる半面、下が自発的なリスクをとらなくなることにある。

経営指標はたしかに重要だ。しかし、それが目的になってはいけない。現場で何が起きているのか？　お客さんの財布の使い方はどう変わっているのか？　現場でじかにお客さんと接し、現場で考え、現場から発想することが大切だ。旧大陸から新大陸へとあらゆる業界の方向が大きく変わる今だからこそ、現場に出て曲がる方向をしっかり見極めなければならないのだ。

※EVA／経済的付加価値。税引き後営業利益から、投下資本にかかる資本コスト相当額を差し引いた経済価値。投資した資本に対して、一定期間でどれだけのリターンを生み出したかを事後的に計測し、株主に対する収益還元をみる。

「できる人」と「できない人」の違いはすぐわかる

インプット力というのは、単に情報量の問題ではない。

私は『ビジネス・ブレークスルー（BBT）大学院大学』をはじめ、国内外の学校で実際に教えているが、その授業でクラスディスカッションをすると「できる人」と「そうでない人」の違いはすぐにわかる。後者は30～40代で、働き盛りでやる気もあり、おそらく実力もあるのだろうが、自分の仕事に関係がないテーマだと頭をブロックしてしまうのだ。

たとえば、私が日本の消費者の収入構造の変化に関して議論をしようとすると、「私は産業機械の商社に勤めているから消費者市場は関係ないんです」といって途端にそっぽを向く。それだけならまだしも、そういう人は逆に自分の得意分野が議題になると、やたらと饒舌《じょうぜつ》になって議論の邪魔をする。「そもそも、その経緯は……」などと、こちらが結論を急ぎたい時に枝葉末節のどうでもいいことを話し始めて進行を妨害するのだ。

これはとくに、入社以来一つの部門だけを専門にしてきた〝仕事の鬼〟と呼ばれる人にありがちな傾向である。しかし、そういう態度では、情報が勝敗を分けるビジネス新大陸で生き残っていくことは難しい。

私は情報のインプットに際しては、現在の仕事に必要な分野に限らず、全方位に興味を持って目配りするクセがついている。もともと理科系で音楽ぐらいにしか興味のなかった私がそうなったのは、前述した大学・大学院時代に6年間やった通訳案内業のアルバイトがきっかけだ。

通訳案内業は、外国人観光客から日本の歴史や文化や風俗などについてどんな質問がきても、その場で答えられるように準備しておかねばならなかった。もともと私の専門分野は化学だったが、森羅万象《しんらばんしょう》、文字通り日本という国に関しては何を聞かれてもいちおう大丈夫なように常に準備していた。それが仕事だということもあるが、実は収入アップに直結したからである。

たとえば、アメリカなどではマスクをする習慣がないため、お客さんは日本人が冬にマスクをして歩いているのを見て「あれは何だ?」と聞く。私が「風邪をひいている人が周りの人たちに迷惑をかけないようにしているんです」と答えると、「日本人は奥ゆかしい」と感激する。あるいは、皇居前広場で松の木の幹に藁《わら》が巻いてあるのを見て「あれは何だ?」と質問する。私は事前に調べておいた知識で「ああしておくと虫が木の中に入らず、藁の中に逃げ込みます。春になったら藁を外して燃やします。殺虫剤を使わずに虫を駆除する、日本古来のやり方です」と説明する。すると「オーッ、これまた奥ゆかしい。生活の知恵だ」となる。

　このように私が良い答えをしてお客さんが満足すれば、たくさんチップが入ってきた。つまり私は純粋な利潤動機から、いざという時のために様々な情報を仕入れて勉強しておくことが習い性になったのである。

　また、マッキンゼー時代には多種多様な業界のお客さんを担当した。経営コンサルティング会社には、どんな業界から仕事がくるかわからない。マッキンゼーも会社が大きくなるにつれて業界別の専門家が増えたが、私は業界を選り好みしない方針だったので、航空機、造船、自動車、コンピュータ、金融から小売業まで、あらゆる業界のコンサルティングをやっていた。だからこそ常に全方位に興味を持ち、様々な業界の情報をインプットして蓄積しておくことが必要だった。

　しかし、すべてのコンサルタントがそうするわけではない。ダメコン（私はダメなコンサルタントをそう呼んでいた）は、仕事が割り当てられると、すぐにその企業と業界に関して集中的に調査しようとする。だが、そういう付《つ》け焼《や》き刃《ば》では「カン」みたいなものはなかなか働かないから、実際に出てくる提言は、かなり狭い視野に基づいたものとなる。顧客に対してソフトな面からの助言がどうしても弱くなる。

　また、今でこそ私は中国問題の専門家として扱われているが、10年前までは素人同然だった。しかし2000年に深圳で工場を見て、これは従来の中国とは違うぞ、この変化には腰を据えて研究しないとついていけないぞ、と感じ、2年ぐらい中国に通い詰めて、自分なりに一所懸命インプットして考えた。その結果、今では前述したような私の中国関連書が現地でも翻訳され、中国の経営者やビジネスマンの間でもよく読まれるようになっている。

ワインセラーのような情報の整理棚を持て

なぜ、そういうことができたのか？　それはアンテナを全方位に張っていて、自分の頭の中に集めた情報の「整理棚」ができているからだ。いつか何かの役に立つかもしれない、ワインでいえば熟成して飲み頃の年代になるかもしれない、ということでそこに〝貯蔵〟してあるのだ。それはあなたがコンサルタントをしているからで自分には関係がない、とは思わないでほしい。たとえば、世界的な経営者やビジネスマンも、実にたくさんの情報量をインプットしているのだ。

例を挙げれば、私の旧知の友人、モルガン・スタンレーの投資銀行部門のジョー・ペレラ元会長とは、1年に1回会うのだが、その時の話題は最新ニュースを含め多岐にわたる。欧米や金融に関係のないことでも、すんなり話が通じる。ペレラ元会長に限らず、ビジネス新大陸で活躍している世界の一流経済人は、たいがいそうだ。

私は人に教えなければならないし、物を書かねばならないから、情報のインプットは商売だが、彼らは商売ではない。にもかかわらず、世界的に重要な情報は自分の商売に関係があろうがなかろうが、きちんと「整理棚」に入れてある。歳はとってもまだまだ現役。「おぬし、やるのう」という感じである。

ところが、ビジネスマンの中には（学んでいる途上の30～40代の管理職でも）目の前にある情報を自分の今の仕事に関係ない、という理由で遮断したり拒否したりしてしまう人がいる。これは非常にもったいないことだ。いつどこでどんな情報が役に立つかはわからない。だからこそ、まずはあらゆる方面にアンテナを張り、情報の棚を持つことから始めてほしい。

中年から伸びるためには「総合力」が必要だ

「できる人」と「そうでない人」の違いは、どのような差になって現われてくるのだろうか。

実は、30～40代でも自分の仕事に関係ない話には全く興味を示さず、頭をブロックして情報を遮断してしまう人、すなわち情報をインプットできない人は、いざ中年になって転職したり、新しい分野の仕事をしなければならなくなると、非常に苦労する。これまでもそうだったが、21世紀のビジネス新大陸では、なおさらそうなる。なぜか？　そういう人は自分の専門分野しかわからないからだ。言い換えれば、柔軟な頭を持ったゼネラリストではないからだ。

これは〝中年の使用価値〟とは何なのか、という問題である。世の中には、どうあがいても若い人にはかなわない商売というものがある。たとえば、ＩＴ関係のＳＥ（システム・エンジニア）やコンピュータのプログラマーは、いつか必ず知識が陳腐化し、若い人に取って代わられてしまう。用済みになった中年は転職せざるをえなくなったり、同じ会社の中でも営業や販売などの現場部門に行かされるケースが多い。その時、たとえばＧＭＳ（総合スーパー）のお客さんを担当することになったり、そういう会社に転職したりしたら、消費市場やコンシューマ・マーケティングのこともわからなければならない。私はプログラミングのことしかわかりません、なんていっていられない。

しかし、30～40代の時に多様な情報をインプットしてこなかった人は、頭が固くて応用や機転が利かない。仕事環境の変化にうまく対応できないので、ほとんど役に立たない。これは先ほど述べたように、入社以来一つの部門だけを専門にしてきた、いわゆる〝仕事の鬼〟と呼ばれる人にありがちな傾向であり、中年になって伸びない人＝使用価値が少なくなる人は、たいがいこのタイプである。

逆にいうと、中年から伸びるためには「総合力（経営力）」が必要なのだ。たとえば、経理一筋でやってきた人には、４桁目の数字の間違いはすぐに見つけられても、１桁目の数字についてはわからない、という人がけっこういる。しかし、それだけでは中年になったら辛い。「鬼に金棒」というが、〝仕事の鬼〟も「総合力」という〝金棒〟を持たねばならないのだ。

よく考えてみてほしい。たとえば、生産技術一本で仕事をしてきた人でも、定年まで生産技術をやり続けることは、まず日本企業ではありえない。仕事というものは、一つの分野で10年やれば、その道の専門家になる。では11年目から何をやるのかといえば、やはり「総合力」をつけてゼネラリストにならねばならない。いくら〝仕事の鬼〟であっても〝金棒〟としての経営全般がわからなければ人を使えないし、人を使えなければ部下を持たせることもできない。となると、出世も急減速する。それをすねている間に歳をとり、時代が過ぎ去っていることにも気づかず、最後は「使用価値ゼロ（場合によっては他人の邪魔をするのでマイナス）」になってしまう。

第二の人生が開ける〝ゼネラリスト〟になれ

しかし、この〝中年力〟が低いと企業も困る。ある会社の社長さんが「海外で次々と工場を立ち上げているけれども、専門家ばかりで工場経営を任せられる人材がいない。短期養成できる方法はありませんか？」と私に相談を持ちかけてきた。たとえば、新しいチェコの工場長候補は品質管理次長だが、人事のことも、お金のこともわからない。ましてや言語はチンプンカンプン。でも、その人を送らざるを得ない、というのである。

他の日本企業も、内情は似たり寄ったりだ。なぜ、そんなことになっているのか？　理由は二つある。一つは日本企業が大きくなって機能が専門細分化したこと。会社が小さい時は、1人で様々な仕事をやっていた。育つ過程でいろいろな仕事を任された。だから今の60代以上の人たちは、大半が異なる分野の仕事をいくつも経験している。一方、今の40代から下の人たちは、入社以来「その道一筋」の人が多い。海外に工場を作ったら、その年代の人たちが行かなければならないのだが、現地では40年前の日本企業と同じ状況になる。人事から現地政府との交渉まで、すべて1人でこなさなければならない。ところが、たとえば購買一筋でやってきた人は、それ以外のことはできません、となるわけだ。〝購買の鬼〟ではあっても〝金棒〟を持っていないのである。

また、最近は大企業で早めに肩叩きにあったり、リストラされたりして、中小企業に出向あるいは転職するケースも多い。中小企業では、海外の工場を任された場合と同じように、いくつもの仕事をこなさないといけない。それを期待されてもいる。しかし「その道一筋」でやってきた〝仕事の鬼〟は専門分野しかわからないから、さっぱり役に立たない。理屈ばかりこねて、人やお金の扱いさえ知らない、となる。ましてや顧客の動向、満足度向上をどうすればよいか、などどこから考え始めたらよいのかわからない。インプットしてきた情報の種類も量も少なすぎてゼネラリストになっていないから、いわゆる〝つぶし〟がきかないのだ。そういう人に、明るい「第二の人生」が開ける可能性は低いだろう。

もう一つの理由は、経済がサイバー化、マルチプル化していることである。新大陸のサイバー経済やマルチプル経済に対応するためには、新しい情報をどんどんインプットしておかねばならない。それを怠ったら、新大陸で生まれ育った若い人たちに太刀打ちできないのだ。

この時代についていくためにも、30〜40代のビジネスマンは日々いろいろな情報を集めて自分の「整理棚」に収納し、そのうちのいくつかを反芻《はんすう》して意味合いを考える、という作業を継続しなければならない。つまり、インプットした情報をプロセッサーにかけて自分なりに〝醸成〟し、いつでも「整理棚」の引き出しを開けてアウトプットできるようにしておく。世の中の森羅万象に常日頃から関心を持つ。会社内の他部門にいつ配置転換されてもやっていけるような幅広い関心を持つ。それが〝中年力〟を高めることにもつながるのだ。

「上にモノをいう」「付和雷同しない」のも重要な能力

相変わらず、企業の不祥事が後を絶たない。原因は、いずれの会社にも「上にモノがいえる人」「付和雷同しない（長いものに巻かれない）人」がいないからだ。

「上にモノをいう」「付和雷同しない」というのは、企業の中で非常に重要な能力である。みんなと同じことをいわないで、上司に「ちょっと待ってください。それはおかしいんじゃないですか？」と苦言を呈することのできる人、直言できる人がいないと会社はおかしくなってしまうのだ。36年間にわたって経営コンサルタントをやってきた私にいわせれば、ふだんからそういう心構えのある人でないと、中年以降は絶対に活躍できない。言い換えれば、その能力こそが先ほど述べた「中年総合力」の一つなのである。

そして、この「中年総合力」は偏った知識だけでは発揮できない。付和雷同しないためには、常日頃から幅広い知識をインプットし、世間常識とデータベースを蓄積して判断力を磨いておかねばならないからだ。

加えて、中年になったら人を理解し、人を上手に動かす能力が必要になる。年をとって役職が上がれば上がるほど、自分1人では処理できない仕事が多くなるので、人をしてなさしめなければならない。そのためには人間の心理を理解しなければならない。

アメリカでは、人間の心理は大脳生理学まで含んだ巨大な学問領域として非常に研究が進んでいる。その気になっていない人をその気にさせるにはどうすればよいのか、集団を動かすにはどうすればよいのか、といったことだ。

たとえば、ペンシルバニア大学ウォートン・スクールのジェリー・ウインド教授の研究によれば、「百聞は一見に如かず（Seeing is believing＝見ることは信じることである）」という諺《ことわざ》は間違いだという。つまり、偏見や先入観を持っていると、ありのままには見えないで、偏見や先入観の通りに見える、というのである。

無論、自分の足で現場に立ち、自分の目で現場を見ることの大切さを踏まえたうえでの見解だろう。ただ、中年になったら、そういう人間の心理や集団心理を理解していないと、人の上には立てないのだ。いくら実物を見ても信じないで、結局はすべて偏見と先入観で判断・解釈してしまう、というのがウインド教授の主張である。だから、頭にこびりついた偏見は何なのか、古いモノの見方（メンタル・ブロック）を捨てるとどういう景色が見えるのか、ということを意識的にやらなければ、新しい考え方、新しい戦略、新しい構想は生まれない。消しゴムをどのくらい用意しているか、ということが経営に携わる人間には問われている、といってもよい。

権限をふりかざす上司は会社をダメにする

〝仕事の鬼〟と呼ばれる人が、人間の心理や集団心理を勉強しないまま上司になると、「権限」や業務知識をふりかざして仕事をしようとすることが多い。これが一番いけない。

「俺のいうことが聞けないなら辞めてもらおう」などといって、自分に従順な人間ばかり集めてくる。その結果、周りは上司の顔色をうかがうイエスマンだけになる。これは企業にとって大きな不幸である。

往々にして〝仕事の鬼〟は自分の狭い知識と経験でしか物事を見ることも判断することもできないし、取り巻きはそれに異を唱えることができない。専門分野だけの話ならその人のいっていることも正しい場合がある、などとして放置された結果、大きな過ちにつながってしまうのだ。

権限で仕事をする上司の最大の問題は、その上司がいる時しか部下が動かないことだ。会社というのは、上の人間が眠っている時でも動く人がいないとうまくいかない。とくに最近の日本では、誰も見ていないとサボる人間が増えている。たとえば、マンガ喫茶に行くと、午前中から外回りのセールスマンが時間をつぶしている。セールスのピークは午前10～11時と午後2～3時のはずだが、その時間帯がマンガ喫茶のピークだ。営業日報には「訪問件数：午前6件、午後12件／実績：不調」などと書いているが、実際には1日に2～3件、挨拶程度に顧客あるいは潜在顧客先に顔を出しているだけ、というセールスマンが結構多い。

日本人が働き蜂でなくなったのは、1980年代半ばぐらいからだと思う。というのも、20年ぐらい前のある時期から、私の行きつけの理容店が突然、昼休みに混まなくなったからである。不思議に思って聞いてみたら、理容店の親父さんが答えた。「最近は自分の時間でうちに来るお客さんは少なくなりましたね」と。要するに、昼休みは堂々と食事休憩できるから髪を切りに行くのはもったいないということで、みんな就業時間中にこっそり仕事をサボって行くようになったわけだ。

同じような現象を、私はアメリカで70年代後半に経験した。アメリカの「ミスタードーナッツ」を見学に行った時のことである。工場のすぐ近くにある「ミスタードーナッツ」の売り上げのピークが、午前9時5分から9時半だった。つまり、その工場の従業員たちは朝食を食べずに大急ぎで職場にやってきて9時までにパンチカードを押す。それからいったん外に出てドーナッツを食べ、コーヒーを飲んで再び職場に戻っていくのである。それで正味45分ぐらい無駄になっていた。今や日本のサラリーマンも、当時のアメリカの工場労働者と似たり寄ったりの勤務態度になってしまったのである。

最近の日本人は、いわれたことしかやらない、自発的には何もしない、上司が見ていないと働かない、今の自分の仕事と関係ないことは勉強しようとしない。しかし、それでは新大陸では通用しない。とくに40歳を越えたら「使用価値」が限りなくゼロに近づいていく。

旧大陸では、一つの会社に長くいて何かしらその道一筋の〝仕事の鬼〟になれば、会社自体が成長していたから、基本的に年功序列で一定の役職までは出世できた。しかも、そうした知識は蓄積があるほど役に立っていた。しかし、弱肉強食の新大陸では、そうはいかない。大半の人はすぐ若い人たちや自己鍛練してきた人に陳腐化され、最後は肩叩きやリストラの憂き日に遭う。いわゆる「アップ・オア・アウト（上がるか外に出るか）」の世界である。

「アウト組」になりたくなかったら、いわれなくてもやる、自ら進んで難しい仕事にチャレンジする、上司が見ていなくても自分のために働く、世の中の森羅万象に興味を持って常に勉強する。そういう努力を30代から続けて「中年総合力」を高めなければならないのだ。

新大陸世代の若者をいかに〝戦力〟にしていくか

「中年総合力」が要求されてくる年齢層を30代後半～40代とすると、その年代のビジネスマンに私が勧めたいのは、自分の年齢プラスマイナス15歳の人を研究することだ。35歳であれば上が50歳で下は20歳、45歳であれば上が60歳で下は30歳の人である。

このうち15歳上の人は〝反面教師〟として研究する。つまり、会社の中を見渡せば「ああはなりたくないな」と思う15歳上の人、我が身に置き換えて「15年後になりたくないモデル」が必ずいるはずだ。そこで、その人がこれまでどのように仕事をしてきたのか、ということを研究して、同じ轍《てつ》を踏まないようにするわけだ。

ただし、より大切なのは15歳下の人たちである。彼らが自分とは違うどんな能力や価値観を持っているのか、ということをよく研究しなければならない。とくに新入社員の研究は、どの年代の人にとっても重要だ。30代後半～40代の人からすれば、新入社員は頼りなく見えるだろうが、実は子供の時からテレビゲームやパソコンやインターネットを使いこなしてきた彼らのほうが、新大陸のことを知悉《ちしつ》しているからである。それに、今の世の中の消費や需要の動向においては、その年代の若者たちが持っている価値観や費用対効果に対する考え方などが非常に大きなウエートを占めているからである（彼らの中には「物欲喪失世代」「ミニマムライフ世代」と呼ぶべき新たな消費傾向があるのだが、それについては後述する）。

これまで私は、新大陸で生き残っていくためにはインプット力を高めなければならない。しかし30代後半～40代の〝仕事の鬼〟には、今の自分の仕事に関係がないとメンタルブロックを起こして全く興味を持たない人、勉強しようとしない人が多い。そういうタイプは中年になってから「使用価値」がなくなって苦労する、と述べてきた。そういう旧大陸世代の人たちにとって、新大陸のサイバー社会で育ってきた新入社員は柔軟性という面でも格好のお手本なのである。

ほかにも、新大陸世代の若い人たちは、旧大陸世代とは全く違う特質を持っている。たとえば、組織と個人のコンサルティング会社・リンクアンドモチベーションの小笹芳央社長によれば、最近の企業では「七五三のルール」が悩みの種になっているそうだ。つまり、新規採用してから3年以内に辞める若者が、中卒で70％、高卒で50％、大卒で30％に達している、というのである。せっかく時間とお金をかけて採用し教育した人材に、それほどさっさと大量に辞められてしまったら、企業にとっては大きな損失だ。

その原因は、基本的に今の若者たちが「我慢をしない」ことにある。彼らが我慢をしなくなった（できなくなった）のは、テレビゲームの世界で育ったからだと思う。つまり、ゲームが思い通りに運ばなくなったら、すぐにリセットボタンを押してオールクリアしてしまう〝リセット文化〟が、このセグメントの特徴なのである。ちょっとイヤになったら御破算にして、もう1回最初から始める。それが当たり前というか、どうってことのない世代なのである。そんな新大陸世代の若者たちをいかに動かして戦力にしていくか、自分の心強い味方に育てていくかということが30代後半～40代の課題になっている。

「指示」や「命令」よりも「ヒーロースポット」

実は、彼らは我慢をしない（できない）一方で、自分の好きなこと、のれることには異常なエネルギーを出し、徹夜仕事も厭わない、という面を持っている。今、うまくいっている会社、うまくやっている上司は、その特質がわかっていて、彼らをのせて仕事をさせることができているのだ。

これはアメリカの経営学でも「オーナーシップ」という重要なジャンルになっている。オーナーシップとは「自分がやらなければ」というメンタリティのことであり、それを増大させるのは、私の言葉でいえば「ヒーロースポット」（自分がヒーローになれる場所）である。

このヒーロースポットは、ピラミッド組織の会社の場合には、全権を掌握している社長（もしくは会長）にしかない。しかし、うまくいっている会社は、たいがい小さなヒーロースポットがたくさんある。それは20人に一つでも、10人に一つでも、5人に一つでもかまわない。どんなに小さくてもヒーロースポットさえ与えられれば、若者たちはオーナーシップを発揮して積極的に動くのだ。

前出のベストセラー『エクセレント・カンパニー』では、これを「オルガナイズ・スモール」という言い方で指摘している。つまり、会社の組織は絶対に大きくしてはならない、どんなに無駄が発生しても組織は小さくしなければならない、と述べている。その理由は、外の景色（競争相手や顧客）が見えなくなると――言い換えれば、自分の会社の中しか見えなくなると――人はやる気を失うからである。

そこでポイントとなるのは「収益責任」だ。収益＝（価格－コスト）×ボリューム。収益は単純な三つの関数で決まるわけだが、大きな会社だとトータルの収益責任は社長にしかない。しかし、オルガナイズ・スモールやヒーロースポットという場合には、収益責任＝業績評価が小さなグループに帰属するように組織化する。つまり、君のおかげで利益がこれだけ出た、お客さんから君への感謝状をもらったよ、とわかるようにする。そうすると組織は非常に活性化するといわれている。

話を戻そう。とにかく新大陸世代のビヘービアは、旧大陸世代とは全く違うのである。たとえば、今の40代以上はフェイントがうまい。先にも述べたように、上司が見ているところでは一所懸命、仕事をしているふりをするが、上司が見ていないとすぐにサボる。あるいは、上司が帰るまで自分も帰らない。しかし、上司が帰ったら5秒後に、鉢合わせしないよう別のエレベーターで帰る。残業していても、新聞を読んでいたり、同僚とだべっていたりする。本当に仕事があって残業しているわけではなく、上司が帰るのを待っているだけ、あるいは奥さんに残業代を稼いでこいといわれて残っているだけだからである。旧大陸世代には「建前を行動に移せる」という不思議な癖がついている人が多いのだ。

しかし、新大陸世代の若い人たちはそれができない。彼らは「自分に忠実でいたい」と考えている。だから、指示命令系統だけで仕事をさせようとしても動かない。しかし、自分の価値観やライフスタイルと一致する反逆児のような上司がいると、尊敬してとことんついていく。そういう新大陸世代の特質を理解し、うまく戦力化して成果を上げることが、「中年総合力」の一つとして必要になっているのである。

35歳を過ぎたら「プロデューサー」能力が問われる

若い部下を持つ上司の側に求められるのは、世代を超えて「情熱製造機」になることだ。つまり、若い人たちのオーナーシップに火をつけて勢いよく燃やす役割である。

30代後半～40代の中間管理職世代は、決して自分1人で頑張ったり、仕事を抱え込んだりしてはいけない。20代の人たちを取り込み、うまく能力を引き出して成果につなげていかなければならない。なぜなら、サイバー時代に育った20代の人たちは、すでに10～15年、パソコンでインターネットやメールを使っている。一方、30代後半～40代がそれらを使い始めたのは、10年に満たない。若い人たちのほうが新大陸のサイバー社会では先達であり、サイバージャングルの環境に適応していて生存能力がある、ということを肝に銘じるべきなのだ。

そして「このプロジェクトのオーナーは君たちだ」「プロジェクトの成否は君たちの双肩にかかっている」「この問題解決は君たちにしかできない」とオーナーシップをかきたてながら動かしていく。そういう「情熱製造機」の役割を果たせるかどうか、ということが30代後半～40代の中堅世代に問われているのだ。

さらに、この「情熱製造機」の役割は、社内の若い部下だけでなく、社外のいろいろな世代の人たちに対しても発揮できなければならない。というのは、今の時代は自分の部下が少なくても、派遣やアウトソーシングなどで社外の人を使うことができるし、実際、そういうケースが増えているからだ。

とくに今後は日本企業でも、アメリカ企業のように外部の会社を三つも四つも組み合わせた5～15人規模の多国籍軍みたいなコンカレント（並行的）なプロジェクトチームを作って仕事をする機会が多くなる。その場合、おのずとチームメンバーは世代の幅が広がる。したがって、世代を超えて人を動かしていく能力が必要になる。

旧大陸のピラミッド組織では、自分1人でどこまでやれるか、ということが重要だった。しかし新大陸では、外部の人たちを集めたプロジェクトチームを自分1人で組織できるか、その中で「情熱製造機」となってチームからヒーローを生み出すことができるか、ということが「中年総合力」の一つとして重要になってきているのだ。

この能力があれば、アイデアや創造力の乏しい人も落胆する必要はない。アイデアが豊富な人を外から連れてくればよいからだ。自分はその人のアイデアをビジネスプランにまとめ、実行段階では再びチームメンバーに個々の得意な分野で活躍してもらえばよいのである。

言い換えれば、これは「プロデューサー」あるいは「オーガナイザー」の能力である。自分でやるのではなく、人を能力に応じて活用し、一つのものにまとめていく力である。若いうちは駒の一つとして与えられた仕事、決められた役割をきっちりこなしていくことが大切だが、35歳以上になったら、プロデューサーやオーガナイザーの能力が最も要求されるのだ。

基本的にピラミッド組織の企業は、もはや活性化しない。私の経験談になるが、かつてアメリカ東部でしか通用していないマッキンゼーをいかに世界化するか、となった時、我々は「手を挙げた者が事務所長になれる」という新しい組織制度を導入した。すると、続々と志願者が現われた。それまでの業績が良ければ、どんどん志願者を新しい任地での事務所長にした。つまり戦略中心ではなく、人間中心に世界展開を図ったわけだ。理由は極めて単純。「情熱を持っている」ということだ。そうやってスペイン、ポルトガル、インドネシア、メキシコ、ブラジル、アルゼンチン、さらには東欧圏と、猛烈なスピードで世界化していった。

その結果、私が入った1972年当時は10か所ぐらいしかなかった事務所が、22年後の94年に辞めた時は70か所ぐらいに増えていた。世界70か所のヒーロースポットができたわけだ。同時に我々は戦略、組織、コストダウンなど、コンサルタントとして売り物になる専門分野ごとにも手を挙げさせた。すると10年ぐらいの間に50以上の専門分野別ヒーロースポットができた。それらがさらに地域別に分化して最終的には数百人分のヒーロースポットができ、その数だけ若い人たちが脚光を浴びるようになった。つまり、マッキンゼーが急成長した最大の理由は、ヒーロースポットを「地域×専門分野」というマトリックスで非常に細分化したことにあるのだ。

スピードが命の新大陸企業は出世も速めよ

新大陸では若い人の出世スピードを速めることも重要だ。ヒーロースポットで成功したら、みんなで祝福し、従来の3〜4倍の速さで昇進させる。それが企業を活性化し、マンネリズムに陥らないようにするコツである。たとえば、同期入社で最初に課長になるのが35歳、部長になるのが45歳、役員になるのが50歳とすると、そのペースで育とうとするバカげた体のリズムができてしまう。だから日本のすべての会社は、出世スピードを大幅に速める必要がある。

新大陸の企業経営はスピードが命であり、スピード経営では若い人たちの成長をいかに加速するか、ということがカギになる。かつて私はマッキンゼー日本事務所の出世スピードをアメリカ並みにうんと速めた。マッキンゼーの場合、27歳でMBAを取得して入社したら、標準は12年後にディレクターになる。39歳で一国一城の主になるわけだが、当時は日本でそんなに出世スピードを速めると組織に歪みが出るといわれた。しかし、結果は何の歪みも出なかった。

会社を変革する時に組織全体を変革することはできない。なぜなら、古い人たちは変われといっても変われないからである。だから変われる若い人たちだけに変わってもらう。とくに新入社員のポテンシャルをフルに引き出して速く成長させれば会社の変革につながる。その〝触媒〟となることが、30代後半〜40代の中堅世代の重要任務なのである。

構想力――チャンスは旧大陸の枠組みの外にある

会社に入って20年前後の中堅世代には事業構想が苦手な人が多い。その最大の理由は、会社の中で事業計画が〝年中行事〟になっているからだ。

たとえば、毎年秋になると事業計画会議があって、来年度の予算や事業計画を決めろといわれる。そうすると、どうしても先に述べた「Do More Better」という考え方、すなわち従来と同じ方向の中でより良くしていくという考え方に陥りがちになる。

電機メーカーのパソコン事業部であれば、競合他社が重さ1キロを切る商品を出したから、うちは800グラム台の商品を開発しようとか、それにDVDドライブも搭載しようとか、これまでの延長線上でほんの少し改良する、という発想しか出てこなくなってしまうのだ。

そういう人たちの問題点は二つある。一つは、ふだん付き合っている人間が同じ会社や同じ業界の同じ人間ばかり、ということ。だから、おのずと発想が凝り固まってしまう。もう一つは、予算が決まっていること。昨年の予算が2億円だったとすると今年は2億1000万円、あるいは経費節減の折だから2割カットで1億6000万円、といった枠の中で事業計画を考える癖がついてしまっている。これは蛸壺の中に入っているようなものだから、発想は絶対に飛躍しない。

そして新大陸の事業機会は、そういうところにはない。従来の伝統、つまり旧大陸の枠組みの外側にあるのだ。

典型的な例は、いま大人気のアップルの携帯音楽プレーヤー「iPod」だ。これは「Do More Better」で、従来のMDプレーヤーをもっと軽薄短小にしよう、もっと安くしよう、といった発想の会社には作れなかった商品である。過去の延長線上で物事を考えていると、画期的な商品は生まれてこない。

たとえばテレビひとつをとっても、日本のリビングルームを前提とした従来の発想で作っていたら、世界では売れなくなる。国によってニーズが全く違うからだ。

アメリカでは大型テレビの前でビールやコーラ、ポップコーンを片手にわいわい騒ぎながら、アメリカンフットボールや野球を観戦するスタイルが好まれる。日曜の午後は友達も集まってきて、リビングルームがプライベートなスポーツバーになる、という感覚だ。

一方、ドイツではテレビを見せないのが礼儀である。少なくとも中流以上の家庭では、テレビはクローゼットの中に隠されていて、扉を開けなければ見ることができないようにしている。つまり、ドイツではクローゼットに収まらない大型サイズのテレビは売れないということだ。

このようなお国柄の違いを理解していなければ、それぞれの市場で売れるテレビは作れない。日本のリビングルームだけを前提に考えていても、世界に通用する商品は構想できないのだ。狭い日本のリビングルームに40インチ以上の大型テレビがあったら、アメリカ人やドイツ人には異様に映るに違いない。

また、会議室や研究所の中だけで考えていると、根本的な方向性を間違えることがよくある。私が某電機メーカーの依頼を受け、台所で使う家電品の開発に協力した時の話である。技術者たちは会社の中にモダンなシステムキッチンを設置した実験室を作り、そこに主婦を集めて、ああでもない、こうでもないとやっていた。しかし私は、その商品は日本の一般家庭の狭い台所には入らないのではないか、と疑問を持った。そこで、団地など500軒分の家庭の台所写真をカメラで撮影してきて、床に並べた。それを見て技術者たちは全員絶句した。どの台所も、まるで飛行機のコックピットのようにびっしりと台所用品や食器が積み上げられたり、ぶら下げられたりしていて、新たに家電品を置くスペースは全くなかったのである。その後、この家電品は商品設計を組み込み式に全面変更して大ヒットしたのだが、ことほどさように商品が実際に使われる環境（現場）を知ることは大事なのだ。

事業構想に必要なのは「5年後のライフスタイル像」

加えて新大陸の事業構想で重要なのは、日米欧の5年後のリビングルームや家族のライフスタイルの絵が見えるかどうか、である。

日本の電機メーカーは「次世代ＤＶＤ」をめぐって「ブルーレイ・ディスク（ＢＤ）」陣営と「ＨＤ－ＤＶＤ（ＨＤ）」陣営に分裂して激しい規格争いを続けた。結果はＢＤ側に軍配が上がったが、私にいわせれば、どちらも5年後にはお呼びじゃない。なぜならＢＤやＨＤは現行のＤＶＤと比べて『風と共に去りぬ』が全部入るぐらいしかメリットがないからだ。そんな中途半端な商品が今後も売れ続けるとは思えない。

さらに、ＢＤやＨＤの映画ソフトが1枚5000円で売られたとして、日本の消費者にそれを買う余裕があるのか、という疑問もある。家庭の可処分所得の余裕は1か月約5000円しかないし、アルバイトの稼ぎで父親より小遣いの多い若者も収入の半分は携帯電話代に消えている。実際、すでにＤＶＤの売れ行きは鈍り、レンタルビデオ店の売り上げも減少している。

その一方で復活しているのがシネコン（シネマコンプレックス＝複合型映画館）で、お客が5年前の倍ぐらいに増えている。最近のシネコンはスクリーンが八つあったら、三つで同じ大ヒット作を上映していたりする。映像のデジタル化によって少し時間をずらせば一つの作品を三つのシアターで上映できるようになり、客単価も安い。それで客足が戻ってきているのだ。しかも、今や日本では4800万人がブロードバンド環境にあるといわれている。その人たちは映画をダウンロードできるわけだから、DVDの映画ソフトを買う必要はどんどんなくなっていく。つまり映像も「iPod」と同じく必要に応じてダウンロードするか、映画館に行ってしまうのである。こうした状況も踏まえると、BDの行く手には暗雲が重く垂れ込めている、といわざるを得ない。

私は5年後には大容量のホームサーバーが家庭の中心になり、パソコン、テレビ、ステレオなどIT機器とAV機器は無限に一体化してハードディスクに一時的に収納されるようになる。それを長期保存するのはホームサーバーのI／O（入力／出力）機器になると考えている。つまり、買ったBDもあまり出番はないと見ているのである。そういうイメージを持たないまま事業や商品を構想しても、空振りするに決まっている。もはや会社の中で、秋だから来年の事業計画だ、予算だといっている時代ではないのである。

ましてや従来の事業部の枠組みで考えていてもあらゆる枠を乗り越えて進行するデジタル革命を正しい方向で把握する構想は出てこない。まずは世の中の大きな構造変化に伴って、自分たちの事業の将来も従来とは全く違うものになっているということに気づき、ゼロベースで新大陸の事業戦略を作らなければならないのだ。

10年に一度の大変化が、新大陸では毎日起きている

新大陸に突入した今の世の中では、これまでのような縦割りの事業部制では対応できない状況が、あちこちで生まれてきている。

たとえば、私は10年近く前から、携帯電話は電子財布になり、カメラになり、音楽プレーヤーになり、チケットになる、と予測し、あらゆるところで公言していたのだが、今やそれが当たり前になった。

次は携帯電話がカーナビのGPS（全地球測位システム）と連動して自動車のキーになるだろう。携帯電話をキーの代わりに差し込めば、音声認証によって所有者が「動け」といった時だけエンジンがかかる。もちろん、ハンズフリーで電話もできる。さらに衛星からいろいろな情報や音楽などのコンテンツを降らせてGPSでダウンロードし、自動車からのアップリンクは携帯電話のパケット通信によって行なう。それをラジオ局がインターネット環境でやれば、世界2万4000局の番組がボタン1個で聴けるようになる。「レゲエ！」と口でいえば、カリブ海の専門放送局のインターネット放送が聞ける。そういう技術開発を、日本の自動車メーカーはすでにほぼ終えている。

だが、それに対応する端末機器を、携帯電話やGPSを作っている会社が総合的に開発できる

かというと、実はできない。事業部制になっているから、携帯電話は作っているが「ｉＰｏｄ」は知らない、ＧＰＳは作っているが携帯電話は知らない、となってしまうのだ。

しかし、携帯電話とＧＰＳという二つの島がくっついて一つの島になり、さらにパソコンという島ともつながって巨大な新大陸が形成されつつある。それらの中から自分の会社はどこを切り取って得意分野として事業にするのか、というところまで構想が及ばないと、正しい方向性の事業計画にはならないのである。

新大陸では、どんな商品でも一度ゼロに戻って、ユーザーの立場に立ったら本来どうあるべきなのか、と考えることが重要だ。たとえばテープレコーダーは、旧大陸の発想だと、1時間しか録音できなかったものを2時間録音できるようにする、というように過去の延長線上で改良してしまう。日本の得意技「軽薄短小、性能アップ」である。

だが、ゼロに戻って考えると、テープレコーダーの目的は録音ではない。再生である。再生の方法は、音声で聞くか、文字データ（文書）にするか、のどちらかだ。後者であれば、録音したものをパソコンの音声認識によってデジタル化し、トランスレーターを通じて書き出してくる機器と連動させれば、とても便利になる。サマリーを作りたい場合は、ジャストシステムの自然語検索システム「コンセプトベース」を使えば、長文を短い文章に要約することも簡単にできてしまう。

しかし、そういう発想はテープレコーダーの事業部からは絶対に出てこない。なぜなら、自分のところの商品が部品になるようなことを考えるはずがないからだ。

このような大きな変化は、旧大陸では10年に1回ぐらいのサイクルで起きていたのだが、新大陸では毎日起きているといっても過言ではないのである。

携帯でチケット予約できない人に商品計画は無理

正しい方向性の事業構想を考えるためには、5年後の世の中の動きや家庭の財布の動向などを予測しながら、口に出してシナリオを書いていく「シナリオ・プランニング」が効果的だ。これをやると、ありえないことが非常にはっきりしてくる。たとえば、うちの会社の商品力や営業力では、このまま事業を続けてもジリ貧になる一方で競争相手に勝てる見込みはないな、ということがすぐにわかるのだ。

ところが、これまで私が見てきた事業計画書の大半は、去年より今年のほうが良くなり、今年より来年のほうが良くなっていた。その理由はといえば、コストが下がって価格が上がって売上量が増加する、だから利益も増える、という楽観的どころか非現実的な予測に基づいていた。

また、競争相手が突然変わる、という現象も見逃す。「ウォークマン」の競争相手がパソコンメーカーのアップルになると誰が5年前に予想しただろうか？　任天堂はソニーの「プレイステーション」参入を過小評価していたし、そのソニーも欧米ではマイクロソフトの「Ｘｂｏｘ３６０」に手こずっている。また、任天堂は「ＤＳ」と「Ｗｉｉ」で大復活し、世界中で売り上げを伸ばしている。

なぜ、そんなことになるのか？

会社の中で仕事を一番よくわかっている30代後半～40代の中間管理層が会議室や企画室や研究室に閉じこもり、天井を眺めながら鉛筆をなめなめ事業計画を立てているからだ。しかし、それでは蛸壺の中に入っている蛸と同じで壺の外が見えないから、過去の延長線上でほんの少し改良をしていくという発想しか浮かばないし、新規事業や新商品のアイデアもろくなものを考えつかない。

たとえば、そうした中年の世代の携帯電話の使い方をみても、航空チケットを予約できる人、赤外線でデータの送受信ができる人は皆無に等しい。通話以外に使っている機能はメールとカメラだけ。そういう人たちが事業計画や商品計画を立てているのだから、予測が外れるのは当たり前なのである。

彼らが間違いの少ない事業計画や当たる確率の高い商品計画を立てたいなら、蛸壺から外の世界に出て、年代、世代、性別、国籍、宗教の違う人たちを集めてこなければならない。携帯電話関係であれば、10代後半～30代前半の若者が不可欠だ。携帯電話のアプリケーションは日本が世界で最も進んでいるが、それを開発しているのはNTTドコモなどの大会社ではなく、渋谷ビットバレーの若い起業家や秋葉原キッズだからである。アプリケーションをオープンにしたことで、ユーザーと非常に近い若手の会社が、占い、ゲーム、着メロ、オークション、eコマースといった面白いサイトをどんどん組み込んでいき、今や携帯電話がパソコンとほとんど同じ機能を持つようになった。これは日本独特の現象である。

つまり、新大陸で発想を拡散・飛躍させて新しい構想を練り上げるためには、自分とは異質な人、とりわけ〝新大陸の掟〟を本能的に知っている若い人たちの「集団知」を借りざるを得ないのだ。それを一つにまとめて成果につなげていくことが30代後半〜40代の中間管理層に求められる指導力や管理力なのである。「指導」よりもやる気を引き出す仕掛け、「管理」よりもイニシアティブをうまく成果につなげてあげる触媒の働き。そんな新しい経営スキルが必須となってきているのだ。

発想力向上には「会社の外に出よ」「右脳を刺激せよ」

新大陸で発想を拡散・飛躍させて新しい構想を練り上げるためには、自分とは異質な人、とりわけ〝新大陸の掟〟を本能的に知っている若い人たちの力を借りざるを得ないわけだが、やはり自分自身の発想力を高める努力も怠ってはならない。ここでは私が発想を豊かにするためにふだんから使っている方法を紹介しよう。

まず、環境を変えること。会社の中で自分の席に座って企画書を書くのはナンセンスだ。自分の発想の枠を超えることができないからである。発想を広げるためには会社の外に出なければならない。だから私は国内外を問わず、できるだけいろいろな場所に行き、いろいろな人に会うようにしている。

もう一つは創造力や感性を司《つかさど》る右脳を刺激すること。たとえば、私がマッキンゼー時代に考案したプランニングのやり方は、新聞紙ほどの大きな企画専用紙を横長に使い、その左下から書き始める、という方法だ。そうすると左目に一番近いので、右脳が刺激される。しかも、紙の左上と右側に大きな思考空間が広がるから、不思議と発想が豊かになるのだ。

模造紙を使う人は多いが、たいがい縦長に使って上から下に書いている。横長に使っていても左上や右上から書き始めている。しかし、紙を縦長に使ったり、上から下に書いたりしたら、決して発想は広がらない。

そもそも新しい構想や発想というのは24時間、根を詰めて考えに考え抜いていなければ出てこないものである。ただし、それでもストレートにアイデアが出てくることはほとんどないので、壁にぶつかったらいったん別のことをする。そして、しばらくしたら、また根を詰めて考える。このプロセスを繰り返さなければならない。そうやって自分で自分にプレッシャーをかけ続けて頭の中に強い意識を持っていると、人と何か話している時や景色をぼんやり眺めている時など、ふとした拍子にアイデアが浮かぶことが多いのだ。

たとえば、私は夜汽車に乗る時は必ず進行方向に向かって左側の窓際に座り、斜め前方の外を見ながら物事を考える。そうすると、窓の外の光が左目に入って右脳を刺激するので、パッとアイデアがひらめくことがよくあるのだ。もしかすると人によって違うのかもしれないが、私の場合は通路側の席や進行方向に向かって右側の席に座っていたら、決していいアイデアは湧いてこない。

モーツァルトは作曲する時、隣で妻に小説を読ませていたといわれている。つまり、小説はロジカルなものだから、それを聞いていると論理を司る左脳がフルに働き、右脳は空っぽになる。その状態だと左脳に邪魔されず、右脳だけで作曲に没頭できたというわけだ。モーツァルトのような天才でも、発想を豊かにするためには、右脳を刺激する工夫が必要だったのである。

プレゼンを成功させるコツは「三つの質問」

30代後半～40代に必要な能力の一つに「プレゼンテーション能力」がある。いくら良い企画を考えても、上司やお客さんに認められなければ、実行することができないからだ。

プレゼン能力が弱い人の典型例を見てみよう。たとえば、企画書が30ページあったら、それをまるまるプレゼンしてしまう人がいる。しかし、それでは聞いている人のほとんどは寝てしまうだろう。インパクトがゼロだからである。

では、どうすればよいのか？　30ページの企画書からエッセンスを抽出して15行のサマリーにまとめ、「社長、この企画のカギはこれです」「その理由はこうです」とロジカルにわかりやすく説明すればよいのである。

その際のポイントは、最初から企画に対する疑問点が三つ出てくるようにして、その答えとなる三つの理由を用意しておくことだ。そうすれば質問を浴びても、十分、耐え抜くことができる。なぜなら、ふつう人は三つ以上質問しないからである。プレゼンは相手を説得してその気にさせて意思決定をしてもらうためにやるのだから、三つの質問に答えられるようにしておけば、相手を納得させることができるのだ。

逆にいえば、三つの質問が出てこないようなプレゼンは、反論もされないかもしれないが、実は企画そのものが過去の延長線上だったり、当たり前すぎたりして、面白味のないものであることが多い。プレゼンを聞いた人から質問が三つぐらい出てくるようでなければ、良い企画とはいえないのである。

「結論をひと言でいう」トレーニング法

よくプレゼンをして相手から質問を受け、それに答えられず「1時間あれば説明できるんですが……」とか「出直してくるので、またお時間をください」という人がいる。だが、それでは相手を納得させることはできない。「じゃあ、結論は？」「これはどういうこと？」と聞かれた時に、すぐ立て板に水で答えられなければならないのだ。

質問された時に立て板に水で答えられない人は、例外なく30ページの企画書を15行のサマリーにまとめられない人である。サマリーにまとめられないから、結論をひと言でいうこともできないし、結論に至った理由を手際よく三つに絞り込むこともできないのだ。したがって、プレゼン能力を高めるためには、サマリーを作る練習を繰り返さなければならないのである。

具体的にはどうすればいいのか？

私は、ベストセラー小説や文学賞を受賞した小説を読んで、それがなぜベストセラーになったのか、自分なりの論理で説明する、という訓練を奨めたい。大ヒットしている映画を観て、なぜ大ヒットしているのかを説明する、というのでもかまわない。あらすじを説明するのではなく、これがベストセラーになった理由です、こういうところが大ヒットにつながった理由だと思います、と説明する癖をつけるのだ。

ここで重要なのは「自分なりの論理で」ということ。日本人は、すぐ他人の論理に影響を受け、周囲の意見に付和雷同してしまう。だが、それでは良い企画を作ることも、プレゼン能力を高めることもできない。あくまでも自分でデータや証拠を集め、それを裏づけにして結論を導き出していく。そういう訓練を繰り返せば、必ずプレゼン能力は高まっていくのである。

プレゼンは簡潔に、最後は相手に意思決定させる

先ほど私は、プレゼンの目的は上司やお客さんに意思決定をもらうことであり、意思決定をもらうためには質問が三つ出てくるようなプレゼンをしなければならない、と述べた。質問が出てこないのは、相手がそのプレゼンの内容に「たいした企画じゃないな」、あるいは「これはすごいが、我が社にはすぐには当てはまらない」などと感じているからだ。相手に質問をさせるためには、結論をわかりやすいサマリーにまとめ、「それって、要はどういうこと?」「うちで使う場合には、この点はどうなの?」という疑問を感じさせなければならない。そして質問に対して「実はこういうことなんです」「ここさえ直せばすぐにでも適用できます」と理由を手際よく説明

できなければならない。それに3回耐え抜くことによって、意思決定がもらえるのだ。

逆にいえば、今の企業のトップたちは、たいがいそういう思考回路で頭の中を組み立てて意思決定をしている。

たとえば、工場の海外展開について提案する場合、工場を造る候補地はこの10か所です、順番にご説明します……こんなプレゼンをしたら、「おまえはバカか。俺はそんな勉強するヒマはないんだぞ」と一喝されてしまうだろう。

このケースの正解例はこうだ。

「社長、私が10か所の候補地を調査・分析した結果、工場を造るならチェコかトルコです。この2か所は甲乙つけ難いので、社長が決めてください。では、なぜ他の地域がダメでチェコかトルコがよいのか、その理由を説明します」

これなら社長はその気になる。自分のために絞り込んでくれたな、と思って、他の地域がダメな理由、チェコとトルコがよい理由に聞き耳を立てる。自分が意思決定をしなければならないから真剣になるのだ。すると、チェコとトルコについて、もっと知りたくなる。たとえば「じゃあ、トルコがEUに加盟する可能性はどのくらいあるんだ？　加盟しなかったら、どうなるんだ？」と質問する。もちろんそれは〝想定内〟の質問で、用意していたデータを示し「5年以内の加盟の可能性は2割ぐらいです。加盟しなかった時は14％の関税を払わなくてはEUに輸出できませんが、逆に当社にとってはEUのルールに縛られずに域外のメリットを追求しやすくなります」といったように、立て板に水ですらすらと答えられなければならない。もし〝想定外〟の質問であっても、うろたえずに何らかの答えをひねり出し、きっぱりといい切らなければならない。そうすれば、社長は「よし、わかった。トルコに展開しろ」となる。この瞬間に当該プロジェクトの責任は社長が負うことになる。プレゼンとはそういうものなのだ。

あとで自分が間違っていることに気がついたり、あるいは新しい状況が発生したりした場合には「社長、先日の件ですが、新たにこういう状況が発生しています。当社にとっての意味合いはかくかくしかじかです」とすぐに報告する。そうすると社長は、すでに本件に関して意思決定の当事者になってしまっているので「そうか、では、このように対処しろ」と自分と同じ側に立ってモノを考えるようになっている。決して「お前はバカなことをいって、俺を騙したな！」とはいわない。新しい事実を最初に社長に知らせておけば、他から聞いて「お前、どうなっているんだ」と詰め寄られた場合とは雲泥の差なのである。

プレゼン能力を高めるためには、とにかく論理的でわかりやすいサマリーを作る練習を繰り返さなければならない。しかし、どうも日本人、とりわけ30代後半〜40代の中間管理層にはこれが苦手で、結論を他者に委ねてしまう人が多い。たとえば、テレビでニュースを見ていても、自分の頭で考えず、解説者の説明を聞いて「なるほどね」とうなずく癖がついてしまっている。これでは紋切り型の考え方しかできなくなる。

プレゼンとは、データに基づいてすべてを自分の頭で組み立て、トップが最後はどう意思決定すればよいのかということを、ひと言でいわなければならない。だから、解説者が出てきたらテレビの音をオフにして、自分がもし解説者席に座っていたらどう答えるのか、と考えたり、自分が社長ならどう考えるのが正しいのか、トップの視点で考える訓練を平素から積んだりしておくことが必要なのだ。

相手の顔色を見る癖は絶対につけるな

私は昔から「リサーチャーはよいコンサルタントになれない」といってきた。なぜなら、リサーチャーというのは気象予報士のようなものだからである。つまり天気予報は、今日の天気は晴れのち曇り、ところによっては雨、雨の降る確率は……という。これはリサーチのやり方と同じで、シンクタンク（総研）などの経済予測リポートの類はたいがいそうなのだが、結局なんでもありで「要はどういうこと」なのか、結論がわからない。

しかし、意思決定者が知りたいのは「では、傘が要るのか、要らないのか」ということだ。したがって、プレゼンでは二者択一の結論が必要なのである。

ところが、プレゼンの大半は、傘は要るのか要らないのかわからないふりをして「みなさん、どちらにしましょうか」とやる。これが一番いけない。もっと自分を追い込んで、傘は要らないという意思決定をその場で引き出さなければ、プレゼンの意味はない。要は、自分のカネならどうするのか、会社のことであっても、自分の家を建てる時のように考えられなくてはならないのである。

私はマッキンゼーの経営コンサルタントを全員このやり方で育ててきた。君は社長の前でどちらをいうのか、その理由は何なのか、と徹底的に問い詰めるのだ。すると、なかには大前さんなら社長になんていいそうかな、と私の顔色を見ながらリポートを作ってくる奴がいる。そういう奴は最も危険なコンサルタントだ。相手の顔色を見る癖は絶対につけてはいけない。実際、私が何といおうが、自分はこういいます、自分が社長ならこうします、と自説を曲げなかった奴しか伸びてこなかった。

要するに「私が考え抜いた結果はこれです」ときっぱりいえる訓練をとことん積んだ人間しか、トップから見て頼りにならないし、優れたトップにもなれないのだ。本来、この訓練は若いうちから始めるべきだが、30～40代からでも遅くはない。「イエスかノーか」と相手に意思決定を迫ることができる訓練を、今すぐ始めていただきたい。

世の中、「選択と集中」というが、それはまさに選択し資源と情熱を集中したほうが、成功の確率が高くなるからである。自分の思考形態もそういう時代にマッチしたものに変えていかなくてはならない。

なぜマッキンゼーでは人材が短期間で伸びるのか？

ビジネス新大陸で生き残っていくためには、どんな会社や業界でも通用するスキルを身につけなければならない。

その点、私が勤めていたマッキンゼーの出身者は、世界中あらゆる業界の様々な会社で30代から活躍している。有名企業、大企業の経営トップも数え切れないほど輩出している。なぜ、マッキンゼーでは人材が短期間で伸びるのか？

答えは「入社後○年目にはこういう人間になっていないといけない」という目標を細かく定め、その物差しに沿って厳しくトレーニングするからだ。その物差しをマッキンゼーは「グリッド（格子）」と呼んでいる。

おそらく、マッキンゼーにはそのグリッドを詳しく公開する気はないだろうから、ここでは私がいた時代に用いられていたものの概要だけを紹介しよう。

格子の横軸には勤続年数、縦軸には要求されるスキルが書いてある。

たとえば「コミュニケーション能力」というカテゴリーがあり、それは書く能力と口（言葉）で伝える能力に分かれている。

次の「プレゼンテーション能力」は、プレゼンテーションの資料を作る能力、それをプレゼンして顧客を納得させる能力、さらにプレゼンした内容にお客さんが難色を示した時、お客さんの言い分をきちんと聞いたうえで提言を修正する柔軟性――などに細分化されている。

そして「チームをマネージする能力」は、マッキンゼー内部のチームをマネージする能力とお客さん側のチームをマネージする能力に分かれる。

最後が「人を育てる能力」。これは何か困ったことがあったら誰もが相談をもちかける、というリーダーシップやコーチングのような能力だ。

たとえば、お客さんを説得する能力は2年目までは重視されないが、3年目からはマネージャーを補佐しなければならないので、そうした項目がプラスされる。また、そのために要求されるスキルは、数字ではなく言葉でコラムに具体的に記述されている。だから、それらの目標を達成したか否かの判定がすぐにできる。

一つのプロジェクトが終わる毎にそれを見て、その入社年数のコラムに書かれている目標が達成できていなかったら、こうアドバイスする。君はここが問題だ、3年目だったら少なくともこれぐらいはできるようになっていないと困る、ここがクリアできない限りマネージャーに昇格することはできない、いつまでたってもヒラのアソシエイトのままだよ、と。

私が在籍していた頃のマッキンゼーでは全世界的に入社した時点で「あなたが5年後に生き残っている可能性は20%ですよ」と通告して毎年20%ずつ人を削っていた。つまり、マネージャーに早ければ入社から2年後、遅くとも4年後になれなかったら辞めないといけない。したがって入社後3年たっても、まだグリッドでマネージャーの条件をクリアしていない場合は、他の仕事を探したほうがいいよ、と忠告する。

その時点で本人が退社を決意した場合は、再就職先を探すために時間の猶予が与えられる。出ることを前提にしているから恨みっこなしで、いきなり出ろとはいわない。再就職には、マッキンゼーの肩書があったほうが有利だからである。会社も再就職先の紹介に努力する。

グリッドに基づいたフィードバックがあるから、自分はグリッド通りに伸びているのかどうか、あと何を強化すれば少なくともマッキンゼーが考えている理想的な上級コンサルタントになっていくのか、ということが自他ともに明確にわかる。だから社員の側から見ても成長しやすい。たいがいの人は、弱いと指摘されたところを集中的に強化すれば直る。実際、私はマッキンゼー時代に通算５４０人も採用したが、ものにならなかった人間はたったの1人しかいなかった。

マッキンゼーが考えている理想的なコンサルタントの姿とは、6年目まで生き残った20％の人間が、頼まれれば明日からでも社長をやれるぐらいの総合的なスキルを身につけることだ。

逆にいえば「何はともあれ最後は社長、または社長の補佐」という目標を立てたとすると、マッキンゼーのグリッドになると思う。なぜなら、前述したように、マッキンゼー出身の社長が現に山ほどいるからだ。マッキンゼーのグリッド通りに成長すれば、経営コンサルタントとして世界中で通用するようになり、社長もできるというレベルにまで到達するわけだ。

「大器晩成」の人は最初にサボっている人

日本には「大器晩成」という言葉があるが、実際にはそういう人はあまりいないと思う。私にいわせれば、それは最初にサボっているだけだ。

22歳で入社した人と28歳で入社した人に、さほど能力差はない。優れた人事制度と教育システムを持っている会社では入社後の年数に比例して能力の差がつく。したがって、4年目のグリッドを比べて26歳の人が32歳の人よりも高いレベルになっていたら、間違いなく前者のほうが仕事を安心して任せられる。

こうしたキャリアパスに当てはまらないのは、10年以上、上司の顔色ばかりうかがいながら過ごしてきた人だ。そういう人は、どんなに学歴が高くても、知識が豊富でも、マッキンゼーみたいなところに入ってくると、グリッドが設定したスピードでは伸びない。10年もたつと前の会社の悪い癖がついてしまっているから、いくらアドバイスしても直らないのだ。その場合は最初からゼネラリストではなく、その人の得意技に着目してスペシャリストとして取り扱うしかない。

つまり、入社から10～20年たっている中間管理職世代は、まず自分についた癖を真摯《しんし》に把握し、それがどんな会社や業界でも通用するものなのか、それとも他の会社や他の業界に行ったら全く通用しないものなのか、ということを自己分析しなければならないのだ。

会社に勤めた以上は、社長になれるゼネラリストとしての能力を磨くことが重要であり、社長になるのが無理だとなったら、専門分野を一つ選び、その分野では余人をもって代え難いといわれるスペシャリストを目指すべきだと思う。ただし、前者の場合は会社が倒れたら運命共同体で死なばもろとも。後者なら転用が利くかもしれない。そこのところは自分で判断するしかないのである。

「交渉力」とは「技術」ではなく「5年後を読む力」

新大陸の時代はM&Aや合弁事業、業務提携などの交渉事が多くなり、サラリーマンも交渉力を問われる場面が増加する。それに伴い、「本当の交渉力を身につけよう」などというセミナーが流行っている。しかし、その多くは教える中身が的を外れている。そういうセミナーはビジネスなどの交渉力を一つの「技術」として教えようとするが、交渉力は「技術」ではないからだ。

実は、交渉のうまい人は、自分で交渉しているという意識がない。逆にいえば、交渉は「これは交渉だ」と意識した途端にうまくいかなくなるのである。なぜなら、交渉には最終目的があり、それに向かって相手を誘導していかねばならないわけだが、最初から目的が見え見えだったら、男性が女性を口説く時と同じで、相手は交渉の土俵に上がってこないからだ。

また、交渉がうまいという評判は、プラスには働かない。とくに企業間の交渉では、かえってマイナスになる。むしろ口下手な人が訥々《とつとつ》とやったほうが、うまくいくことが多い。相手が、交渉を自分がコントロールしていると思ってくれるからだ。

交渉でYESといってもらうためには、本題に入るまでのプロセスが極めて重要である。私は経営コンサルタントを30数年やっているから、M&Aや合弁事業の交渉も山ほど手がけてきたが、いきなり本題に入ったことは一度もない。1回目の交渉では「誰それの代理人で来ました」ということさえいわない。「そろそろこういうことを考える時期ですかね」と遠回しに感触を確かめる程度にとどめておく。それからしばらくして「この前の件、たまたまアメリカに行ってこんな人に会ったんですけど、興味はありますか？」と探りを入れ、反応がよかったら少し話を進める。そこから先はまたしばらく時間をおき、場合によっては全く違うテーマで話をしたりもする。交渉というものは絶対に先を急いだり、焦ったりしてはいけないのだ。

大切なのは、交渉相手の人間に興味を持つことだ。相手が経営者だったら、会う前にグーグルなどでその人のプロフィールを調べてキーワードをいくつか覚えておく。たとえば、出身地、最終学歴、社歴、社長になった経緯、尊敬する人物、趣味、最近の発言録などである。

ただし、会った時にそれらのことを自分から積極的に話してはいけない。まず、相手の話に耳を傾けるのだ。どのように育ってきたのか、どんな仕事をしてきたのか、前任者はどうだったのか、あと何年ぐらいトップをやるのか、その間にどんなことをしたいのか、後継者は決まっているのか、といったことを相手に主導権を持たせて語らせる。その中で覚えていたキーワードが出てきたら、「そういえば○○さんは△△の出身でしたよね」「尊敬する人物は××でしたよね」と話を広げていく。そうすると相手は警戒心を解くので、本題に入りやすくなる。

要するに「相手の土俵に乗る」のである。このプロセスは時間がかかる。労働集約型である。だが、それを厭《いと》うていたら、交渉はまとまらないのである。

もう一つ交渉で大切なのは、3~5年たった時に双方から感謝されるようなこと、双方がお互いにハッピーで「よかった」といえることしかやってはいけない、ということだ。とくに30代後半~40代の中堅世代のサラリーマンは、自分の中に「これは双方のためによいことだ」という信念がなかったら、交渉役を引き受けるべきではない。

交渉はこじれるもの——その原因分析を楽しめ

そもそも交渉事というのは、そうやすやすとうまくいくわけがないものだから、今がよければそれでいい、あとは野となれ山となれ、では単なる投資銀行業務である。それでは会社対会社の関係事は絶対にうまくいかない。

現に、日本の会社で投資銀行からの話に乗っかってしまった場合、5年後には大半の会社が後悔する状況になっている。後腐れができると困るので、嘘をついたり、駆け引きをしたりしてもいけない。そういうことをすると、いつか必ずそのツケが回ってくる。必ず亡霊のように蘇ってきて、人生に禍根を残すことになる。

自分がよいと思ってやったことでも結果的にはよくなかった、ということが世の中にたくさんある。だから自分の胸に手を当て、良心にかけてよいと思った交渉しか引き受けないことが重要なのである。それでも、5年後に後悔するケースが多いのが交渉事なのである。

また、相手がその気になった段階では、バッドニュースというか懸念事項についても、きちんと説明しなければならない。つまり、万一うまくいかなかった時にはどうするか、ということを、あらかじめ話し合い、取り決めを作っておくのである。これは日本企業が最も苦手なところで「そんな想定をしているのか」と懐疑的になってしまう場合が多いのだが、欧米企業との交渉・契約では最悪事態を想定するとか、想定外の状況になった場合にどうするか、などを文章に落としておくことが絶対に必要である。

さらにいえば、交渉には撤退も大切だ。私の経験では、交渉の5割以上は途中で中止している。山登りと同じで、危険だと思ったら引き返す勇気と自制心が不可欠だ。

交渉は往々にしてこじれるものだが、こじれる時は必ず原因がある。交渉役は、その原因分析を楽しむぐらいでなければならない。

たとえば、相手が会社から任されている権限では妥協することができないからＮＯといっているのか、それとも個人の信念としてＮＯといっているのか、ということを見極め、その担当者に恥をかかせない方法で次の突破口へのアプローチを考えねばならない。交渉役には、最後は自己リスクだということを相手に認識させ、修羅場になっても双方を納得させられる意見や考え方を提示できる冷静さが求められるのだ。

ビジネスの世界は、最終的にはロジカルでなければならない。ということは、交渉も論理的に考えて成り立つものでなければならない。欧米の場合は論理的に整理されていれば、あとはそれを受け入れるかどうかという判断なので、ＹＥＳ／ＮＯがはっきりする。一方、日本の場合は論理的に成り立っても、感情的にこじれることが多い。論理的に整理されていても感情的に整理されていないと、ＹＥＳだけれどもＢｕｔ、Ｈｏｗｅｖｅｒ、となることがよくある。しかし、今後はそれでは通用しない。新大陸の時代は、感情的に整理されていなくても論理的に整理されて筋が通っていれば、原則的には受け入れて、スピードをもって実行したほうが勝ち、ということが多いからだ。

Phase 4

第4章［事業分析編］

〝新大陸エクセレントカンパニー〟の条件

トルコの工場、フィリピンのコールセンターに学ぶ

日本のビジネスマンは、役職が上になればなるほど、時間がない人が多い。たとえば、経営者にミーティングを申し込むと、社内の会議や対外的な付き合いや接待でスケジュールがびっしり詰まっていて、アポイントメントが取れるのが4週間も5週間も先、ということがよくある。しかし、会社全体のことを考える人間、経営戦略を練る人間こそ、時間は自分のものにしておかなければならない。

私はマッキンゼー時代から、絶対に「自分の時間」を会議や付き合いでは犠牲にしない。どんなに忙しくても、毎年年末、次の年に自分が研究したい外国への視察旅行やリフレッシュするためのバケーションのスケジュールを最初に決めてしまうのだ。

たとえば、2003年は北欧、04年は中欧に出かけ、05年はトルコに行ってきた。06年はインドとドバイ、07年はロシア、08年はウクライナとルーマニアという具合である。

まだ日本では全く注目されていなかったトルコやルーマニアに行ったのは、イタリアン・ファッションの供給基地になっていると聞いたからだ。それを見ておけば、トルコやルーマニアの現在の位置づけ、今後の可能性、EUとの距離感などを知ることができると考えたのだ。

実際にトルコに行ってみたら、名前は伏せるが、イタリアの高級ブランドの製品を作っている工場がたくさんあった。中国は普及品を作れるローコストの国だが、トルコはハイエンドのブランド品を作れるミドルコストの国であり、したがってお金を稼ぐ潜在能力が非常に高い、という

ことがわかったのである。そこでその年、私が主宰している経営者の勉強会（向研会）で40人もの経営者を案内してトルコにこうした会社を見に行ってきた。高級品を普及品の値段で売る力をつけることは今の日本では死活問題だ。だからこそ、今なぜトルコなのか、ということが理解されると思うのだ。

また、先だってフィリピンのマニラに行った時は、アメリカ・ペンシルバニア州に本社を置く企業のコールセンターを見学した。そこで働いているオペレーターは全員フィリピン女性なのだが、オフィスの入り口に「ここから先はペンシルバニアです」と書いてあり、室内にはハーシーのチョコレートやハインツのケチャップなどペンシルバニアの有名な産品がいっぱい天井からぶら下がっていたり、机の上に置いてあったりした。その部屋の中に入ったらタガログ語は禁止。英語しか使ってはいけない。つまり、そこはペンシルバニアでフィリピンではない、というわけだ。

実際にオペレーターの対応を聞いていたら、顧客はオペレーターがマニラにいるフィリピン人だとは全くわからない。ペンシルバニアにいるアメリカ人だと信じて疑わないのである。

世の中の景色が違って見える三つの新大陸型企業

私は新大陸で急成長した三つの会社を見たら、それまでの認識が一変すると思っている。

一つは世界1、2のシェアを争うパソコンメーカーの「デル」だ。この会社はNEC、富士通といった従来のパソコンメーカーと概念が全く違う。会社の組織もシステムも、似通ったところは何もない。たとえば、どちらもコールセンターのオペレーターはいるが、従来のパソコンメーカーは単なる苦情修理・受付係で、デルのほうは注文受付係が苦情も受け付け、同時に部品などの発注係にもなっている。

初めてデルのアイルランド工場を見た時、私はカルチャーショックを受けた。デルが普通の会社の形をしていなかったからである。

新大陸の経営用語でいえば、顧客側のＣＲＭ（顧客関係管理）システムと製造側のＳＣＭ（Supply Chain Management／供給連鎖管理）システムを合体し、ＥＲＰ（経営統合）システムの上に載せたもの。つまり、会社のためにシステムがあるのではなく、システムの上に会社ができている。この画期的なデルの概念は、世界第3位だったＩＢＭがパソコンの生産を断念したほど、いくら考えても追い越す方法が見つからないという優れものなのだ。

もう一つはルーター（ネットワーク上を流れるデータを他のネットワークに中継する機器）メーカーの「シスコシステムズ」だ。この会社の場合、ウェブのホームページに匹敵する「シスコ・コネクション・オンライン」というものがあり、そこに注文の7割が来るので、大手法人担当以外は営業がいない。製品が故障した場合も、原因の7～8割がハードではなくソフトウエアのトラブルなので、オンラインで自動的に診断してネット経由で修理してしまう。これに対し旧大陸の会社は、たとえば修理マン3000人をフィールドに配置して2時間以内に駆けつけるという体制を整えている。そのコストの違いはいうまでもないだろう。

また、シスコシステムズには1万4000人の従業員がいるが、総務部は数人しかいない。全従業員にアメックスのクレジットカードを配っていて、出張旅費などはすべてそのカードで精算させる。つまり、総務の業務をアメックスにアウトソースしているから、数人で1万4000人を管理できてしまうわけだ。

そして、アパレルブランド「ZARA」を世界展開しているスペインの「インディテックス」。後述するように、この会社の工場と物流倉庫を見たら、まさに世の中の景色が違って見える。出来上がったシャツやパンツは自動的に世界2000店の店別のカゴに仕分けされ、ドレスはハンガーに掛かったまま流し素麺のごとく店別のクローゼットに収納され、それが国際宅配便DHLのコンテナに流れていって世界のどこでも48時間以内に配送されるのだ。

こうしたことはインターネット上に情報があふれている新大陸といえども、自分の足で歩き回らないとわからない。ボーダレスワールドとはそういうものだ。先端的な業界や会社の現場を自分の目で見て、そこからヒントを得ることが重要なのである。逆にいえば、自分の会社と自分の業界にしか関心がない人は「現場力」を喪失し、時代から取り残されてしまうのだ。

「業界」の枠がない世界で〝商い無限〟のデル

新大陸の時代は、どんな質問をすればいいのか、ということさえわからない時代である。だから、どんな家電商品を作れば売れるのか、ということを知りたければ、たとえば500軒の家を訪問してリビングルームを見たり、500人の消費者と自分で直接話をしたりしないといけない。前に述べた「現場力」だが、そうやって初めて適切な質問をすることができ、その結果として新しい商品のヒントを得ることができるのだ。

こうした作業では、スピードや程度は重要ではない。重要視されるのは「方向」である。すなわち広大な新大陸の時代に伸びる人は、時代や未来を想像できる鋭敏な「方向感覚」を持っている人なのだ。

私はマイケル・ポーターやジェイ・バーニーら経営戦略の大家と呼ばれている人たちの理論はもう陳腐化している、といっているが、その理由もそこにある。彼らのやり方は、方向がすべて決まっている時にそれをいかに効率よく間違いなくやるか、競争相手が見えている時にそれに対していかに有効な戦略を打つか、という話である。しかし、今は方向が定まらず、競争相手が誰かということさえもわからない時代だ。

たとえば、5年前のソニーにマイクロソフトが競争相手になると予想していた人は誰もいなかった。マイクロソフトも5年後にソニーが競争相手になるとは想定もしていなかった。ウォークマンを持つソニーもアップルがダウンロード型の携帯音楽プレーヤーで席巻するとは予想していなかっただろう。

「業界」という言葉があるが、今やこの「業界」こそが会社のトップの目をおかしくしている元凶である。もはやカメラ業界はなくなった、と私はいっている。従来のフィルムカメラはデジタルカメラの登場によって趣味の道具になり、そのデジタルカメラもすでにパソコンの入力機器や携帯電話の部品になった。いわばデジタルカメラはパソコン業界や携帯電話業界の一部になってしまったわけである。

まだ日本企業は従来の業界の枠にこだわっている。だが、先ほど新大陸企業の象徴として紹介したデルは、これから従来の業界の枠をどんどん超えていく可能性がある。

パソコンメーカーとしてスタートしたデルは、今やプリンターやサーバー、プロジェクター、PDAなど、いろいろな周辺機器を提供している。その延長線上で何をやるのかといえば「あなたのパソコンと最も相性のいいプリンターはこれです」「デジタルカメラはこれです」「インクが切れてます。お届けしますか?」というように、パソコンを核として顧客を囲い込むことだろう。

このビジネスモデルでいくと、デルは〝商い無限〟である。今までデルは究極のテーラーメードのパソコンを作っていたわけだが、これからは周辺機器はもちろん、DVDプレーヤーやオーディオコンポ、あるいはホームサーバーなどについても同じことができてしまうからである。

デルは、商品を買ってしばらくすると「ご機嫌いかがですか?」「何か問題は起こっていませんか?」と連絡してくる。つまり、デルはパソコンをハードウエアではなく、顧客との双方向コミュニケーションの道具と見ているのだ。

もし、私がデルのマイケル・デル会長だったら「データセンター」をやり始める。あなたのパソコンのデータを全部こちらでバックアップを取って預かっておきます、というサービスである。そうすれば、新しいパソコンに買い換えた時や急にパソコンが壊れた時も、すぐに同じデータを遠隔で入れてもらうことができるので安心だ。携帯からも自由にアクセスできるようにする。自宅のパソコンと会社のパソコンに同じデータを置いておく（同期する）こともたやすくなる。

デルにとって業界の枠はないも同然だ。一方、多くのパソコンメーカーや家電メーカーは、まだ業界の枠にとらわれ、こだわっている。自分たちはハードウエアのメーカーだと思っている。だから、業界の中で強そうな競争相手を見ながら、変わりばえのしない事業計画や商品計画をそつなく立てていれば、「仕事ができる奴だ」といわれていた。しかし、これからはそれではダメだ。デルのような新大陸企業を相手に自分の会社が生き残る道を見いだすことのできる人、言い換えれば、更地に建物を設計できる人、他の人とは違う絵が見える人でないといけない。

もっとも、デル自身がこうした変貌を遂げられるかという点では疑問も残る。多くの社員がオーダーメードのＰＣ屋になりさがってしまっている危険があるからだ。クリスチャンセン教授のいう「成功のジレンマ」である。デルがＰＣを通じた「よろず御用聞き」になれるか、世界一のデータセンターになれるかということは、まだまだ未立証の領域の話なのである。

見えない大陸は「数字」よりも発想とコンセプト

旧大陸企業と新大陸企業では、コミュニケーションの方法が根本的に違う。

旧大陸企業は、数字がコミュニケーションの基本である。たとえば「売上高1000億円を目指す」「3%コストダウンする」といった具合である。まず数字を示して目標を立て、その目標に到達するための行動計画を作り、それに必要なヒト、モノ、カネを手当てしていく。数字がすべての物差しになっている。

しかし、その数字は全部アナログの数字である。つまり、旧大陸はアナログ社会なのである。だから発想が飛ばない。方向転換できない。同じ方向でスピードと程度を変えるだけだ。

一方、新大陸はデジタル社会であり、見えない世界である。見えない世界は数字にならない。たとえば、デルのマイケル・デル会長が1984年に同社を創業した時、数字の目標はあったのか？　おそらくなかったと思う。まず、消費者に選択肢をほとんど与えていなかった既存のパソコンメーカーに対する憤りがあって、それなら消費者から電話（現在はインターネット）で直接注文を受けてテーラーメードのパソコンを提供すればいいんじゃないか、と考えたのである。これは「発想」と「コンセプト」であり、「数字」ではない。

ルーターメーカーのシスコシステムズがインターネットで注文が来て遠隔修理もできる「シスコ・コネクション・オンライン」というシステムを作った時も、動機は数字ではなく、発想とコンセプトだったと思う。つまり、セールスマンが商品を売ってサービスマンの修理網を全世界に張り巡らせるという従来通りのやり方では、大企業が強いに決まっている。後発で小さい当時のシスコシステムズが先発の大企業を追い越すためには、全く違うやり方をしなければならない。ならば、インターネットで注文を受ければいいじゃないか。修理についても、ルーターの故障は7～8割がハードではなくソフトのトラブルだからネット経由でやれるはずだ。そういう仮説から出発して、インターネットを活用した全く新しいシステムの構築に取りかかったのである。その結果、大手法人担当以外はセールスマンもサービスマンもいない「シスコ・コネクション・オンライン」が出来上がり、シスコシステムズは圧倒的に強くなった。

要するに、旧大陸企業は規模が2倍になればヒトやモノも2倍にしなければならない。だが、デルやシスコシステムズのような新大陸企業は違う。システムが出来上がっているから、規模が10倍になってもヒトやモノを2倍にすらする必要はない。それで組織は歪まない。したがって、成長すればするほど利益が出てきて時価総額が高くなる。その時価総額を利用して競争相手を次々と買収していく。

買収のやり方も、新大陸企業は旧大陸企業のようにデューデリジェンス（資産評価手続き）や買った時のリスクなどの数字ばかりを重視することはない。では、どうするのか？

シスコシステムズのジョン・チェンバース社長兼CEOは、朝食ミーティングで経営者同士が話をして気が合えばそれでOKだ、といっている。これを英語では「ケミストリー（化学反応）が合う」という。「我々の化学成分は同じだ。一緒にやりましょう」となる。つまり、数字ではなく「相性」を重視する。なぜなら、買収で一番まずいのは〝抗体反応〟だからだ。いわば輸血できる血液型かどうかをチェックするわけだ。これは数字による事業戦略ではなく、コンセプトによるコミュニケーションである。

日本の異業種交流会は全く意味がない

新大陸では、会社のケミストリーを的確に嗅ぎ分ける嗅覚がないとM&Aなどでも投資銀行のカモになり、粗悪な代物をつかまされてしまう。日本企業の場合、投資銀行が持ってきたパーフェクトな数字を信じて買収したが、フタを開けてみたら全部嘘だった、というケースがよくある。サイバージャングルの住人でない旧大陸企業が新大陸に入っていくと、ケミストリーを見ずに数字だけで買収するから、投資銀行のカモになってしまうのだ。

見えている人と見えていない人がいる新大陸の世界では、コミュニケーションの道具は数字でなく「絵」である。自分が見えている絵を、わかりやすい言葉で語る。このスキルが、新大陸のコミュニケーションでは最も重要だ。これができるビジネスマンは、日本には極めて少ないが、アメリカには多い。その理由は、グーグルが生まれたスタンフォード大学をはじめ、異質な人たちの〝出会いの場所〟がたくさんあるからだ。

スタンフォード大学では、ビジネススクール、電子工学、コンピュータ・サイエンス、経営学など異なる分野の学生がカフェテラスに集まって気軽に声をかけ合い、新しいビジネスチャンスと起業について熱心に意見交換している。キャンパスに、業際《ぎょうさい》のコラボレーションを積極的に後押しする雰囲気と環境があるのだ。教授陣も触媒の働きをして、あわよくば優れた学生の創業者利益に与《あずか》ろうとする。自分で起業するよりも優れ者を見つけたほうが、はるかに成功確率が高いからだ。

旧大陸の住人は同質な人を集めてやるが、新大陸の住人は異質な人のコラボレーションやフュージョンでやる。ただし、事業を実現するためには、ヒト、モノ、カネという旧大陸の手法が必要になる。この新大陸と旧大陸のコミュニケーションは中間に〝通訳〟がいないと、なかなかうまくいかない。〝通訳〟の役目は、新大陸の住人が頭の中に描いている絵を、旧大陸の投資家が理解できるような数字や事業計画に〝翻訳〟すること。それに長《た》けた橋渡し役（多くは大企業に勤めた経験のある人たち）がアメリカには大勢いる。リストラで1980年代に大企業を辞めた人々が90年代に果たした役割は計り知れない。だが、そういう人は日本にはまだまだ少ない。

しかも、そもそも日本には異質な人たちの出会いの場所がない。一時、異業種交流会なるものが流行したが、あれは全く意味がない。業種は異なっても、似た者同士が多く、異質な人たちの出会いの場所にはなっていないからだ。

アメリカには異質な人たちの出会いの場所がたくさんある。とくにカリフォルニア州のベイエリアは、サンフランシスコ郊外にUCバークレー（カリフォルニア大学バークレー校）、シリコンバレーにスタンフォード大学があり、その間のサンノゼにはIT企業が集積している。また近隣にはクライナーパーキンスやセコイヤなどのベンチャーキャピタルの成功組が密集しており、彼らが触媒の役割を果たしている。そういう出会いの場所＝ケミストリーを誘発する環境（場所と組織）が、日本にも必要なのである。

バンガロール発世界企業を支える「ミキシング」

21世紀のキーワードは「ミキシング」である。たとえば、スタンフォード大学を語る時に、1960年代のシリコンバレー革命の主役の1社となった半導体メーカー「フェアチャイルド」が果たした大きな役割は欠かせない。その次は「HP（ヒューレット・パッカード）」。創業者のウィリアム・ヒューレットとデビッド・パッカードをはじめ、ジョン・ヤング、ルー・プラットら歴代トップがスタンフォード大学をバックアップした。資金援助はもちろん、自分が大学に出向いて講演もするし、相談にものる。口も出すが、技術も出す。そういうミキシングが21世紀の新大陸では極めて重要なのだ。

あるいはインド。優れたIT産業を有する新興経済大国として脚光を浴びているが、国全体がIT産業に特化しているわけではない。一部の地方都市がIT産業の中心地になっている。その代表的な例は〝インドのシリコンバレー〟と呼ばれるバンガロールで、IIT（インド工科大学）があり、「インフォシス」「ウィプロ」「HCLテクノロジーズ」などのIT企業が集積している。キャンパスが起業を目指す異なる分野の学生たちの〝出会いの場所〟になっているスタンフォード大学やMIT（マサチューセッツ工科大学）と同じように、大学の複数学部と産業界のミキシング、学生と教授陣、ベンチャー・キャピタリスト、既存の企業を巻き込んだミキシングが起きているのだ。マイクロソフトが選んだインドの都市はハイデラバード。ここもIT企業「サティアム」を中心としたミキシングがカギとなっている。

日本も東京のどこかでミキシングを起こす必要がある。異なる分野の学生と産業界の〝出会いの場所〟は、サイバー上ではなくリアルでなければならない。大きなテーブルに相席でコーヒーを飲みながら、わいわい話せる環境が必要なのである。スタンフォード大学の場合、それはキャンパス内のカフェテラスやハンバーガーショップの2階（サン・マイクロシステムズの発祥地！）だが、イギリスのケンブリッジ大学トリニティカレッジの場合は近所のパブだ。アマデウスという有名な投資集団がいて、よくパブに現われるので、「ちょっと俺のアイデアをぶつけてみるか」とビールを飲みながらチャンスをうかがうという環境がある。

グーグルが登場して世界は一変した。暗記で詰め込むだけの勉強、答えがわかっていることを覚えるだけの勉強では価値が出てこない。今や携帯から親指一発で何でもわかるし、義務教育で覚えるすべてのことは100円のチップの中に入ってしまう。ビジネス新大陸では、東大の教授でも答えがわからない領域の世界にしか、金儲けのチャンスはない。

ところが日本の学校教育は、東大に合格すればよいというような、昔ながらの先入観を上塗りしているだけである。そういう育ち方をした人間は世の中の見方がみんなと同じになるから事業チャンスはない。会社に勤めてエスカレーターに乗るしかないが、それは21世紀で最も不幸な生き方だ。なぜなら、もはやエスカレーターは自動的には2階、3階に行かないからである。中2階で止まるかもしれないし、途中で下りになるかもしれないのだ。

さらに進化するグーグルに学ぶ「自由な組織」

世界中のビジネス新大陸の住人たちは、インターネットの検索エンジン「グーグル」を研究している。なぜグーグルは注目されるのか？

私のこれまでの定義では、グーグルは〝サイバージャングルの水先案内人〟だった。もちろんこれは最も基本的な機能であり、今も変わらない。しかし、その検索機能だけでもグーグルの技術はライバルを圧倒している。

グーグルの特徴は、ロボットエンジンが「暇な時に巡回する」ことだ。つまり、世界中で1兆ページもあるといわれるインターネットの公開されているホームページ、すなわちサイバージャングルの中にロボットエンジンが入っていって情報を収集し、常に自分のサーバー上に蓄積している。だから検索すると0・3〜0・35秒で答えが出てくる。これは同社が起業された1998年当時としては比類ない革新的なものだった。

たとえば、かつて東芝などが考えていたモビートというシステムは、キーワードを曖昧言語で指定すると、グーグルと同じくロボットエンジンが探しに行く。ただし、指示してから検索をスタートするから、世界中のホームページを回り終わって検索結果が出てくるまでに1〜2時間かかることも珍しくなかった。その長い検索待ち時間の問題を、ロボットエンジンが暇な時に世界中のホームページを巡回して情報を自分のサーバー上に蓄積しておくという全く新しい発想によって、グーグルはブレークスルーしたのである。

一方、ヤフーの場合は、もともとエディトリアル方式だった。つまり、無機質なロボットではなく、生身の〝編集者〟がいて人海戦術で編集作業をやっていた。孫正義社長によると、ソフトバンクがヤフー・ジャパンを立ち上げた時は東大の学生アルバイトを大勢雇い、その当時開いていたホームページをくまなく探した、という。そしてそれを渋谷→レストラン→フランス料理というように手作業で並べ替え、その並びでクリックしてくれたら渋谷のフランス料理店が出てくるという仕掛けになっていた。もちろんその後はロボットエンジンが発達したので、当初の構造を失わず自動的に情報収集と並び替えが行なわれるようになっている。

だが、グーグルはさらなる進化を続けている。その原動力は二つの領域から生まれている。

まず、グーグルの社員約2万人は全員が週に1日、与えられた仕事をやらずに新しいことを考えなければならない。つまり、全社員の20％が毎日、グーグルはこういうことをやるべきだ、やれたらいい、という仮説を立てる。それを創業者で経営トップのサーゲイ・ブリン（技術部門担当社長）とラリー・ペイジ（製品部門担当社長）が見て、面白いと判断されたら予算がつくのである。

もう一つの原動力は、社外からも「こういう機能があったら便利だ」という情報が入ってくる仕掛けである。今、グーグルの最初のページでキーワード入力欄の上部右端にある「more」をクリックすると、「アラート」「ニュース」「マップ」「ローカル」などの他に「Google Labs」という先進的な実験室が出てくる。いわゆるベータ版（開発途上の機能）である。それを誰にでもオープンに使わせることによって情報を収集すると同時に改善案を入手し、次の開発につなげているのだ。

さらに、ＯＳ（基本ソフト）のリナックスと同じく、グーグルは使用しているＡＰＩ（アプリケーション・プログラム・インターフェース）をすべて公表しているので、能力のある会社は自分でインターフェースを作ってアプリケーションをくっつけ、グーグルの外側で商売にすることができる。だが、基本的なエンジンの部分はグーグルにぶら下がる。グーグルは無料で利用できる広告モデルだから、ぶら下がるアプリケーションが多ければ多いほど、集まってくるお客さんが増えて広告も繁盛する。つまり、グーグルはトラフィックさえ増えればよいわけだ。

「予測不能」「組織をフリーズさせない」のが強み

ソフトウエアを作っているマイクロソフトなどの会社には、グーグルのようなことはできない。ＡＰＩを公表せず、すべて自分で作るというモデルだったからである。

それが原因で１９９０年代には独禁法の訴訟がマイクロソフトを悩ませ、しぶしぶ一般公開に踏み切ったことは記憶に新しい。言い換えれば、ベータ版とＡＰＩの公開という他社とのモデルの違いこそが、グーグルの最大の強みになっているのだ。

こうしたグーグルの戦略から見えてくるものとそれがもたらす影響は何か？　グーグルは他に類を見ない巨大な〝情報帝国〟になり、マイクロソフトをも凌駕するダントツの新大陸企業になる可能性がある。マイクロソフトはピラミッド組織になっているので、会長がどう考えているのか、いま発売している『ウィンドウズＶｉｓｔａ』や『オフィス』などと整合性があるのか、といったことを常に考えなければならない。いきおい動きが遅くなる。

一方、１９９８年にスタンフォード大学のキャンパスでサーゲイ・ブリンとラリー・ペイジが出会って誕生したグーグルは、時価総額17兆円の大企業に成長した現在も、創業当時の自由で開放的なカルチャーを失っていない。若くて優秀な技術者が世界中から続々と集まってきている。組織をフリーズさせてはいけないということを、どこの会社よりもよく知っている。これはドッグイヤー並みのハイスピードで変化するビジネス新大陸においては、極めて大きな強みである。マイクロソフトのビル・ゲイツ会長は「思考スピードの経営」を旗印にしているが、巨大なカバがどれほど流線形になって泳いだところで、イルカのスピードと運動能力にはかなわないのだ。

グーグルの怖さは、これから何をやらかすかわからないことである。だから世界中にグーグル・ウォッチャーがいて、次に出てきそうなものに目を凝らし、少なくとも自分の国では最初にやろうと狙っている。

だが、そんなグーグルにもアキレス腱はある。あまりにも多くのことをやり過ぎて、徹底を欠く現象がいくつか出てきている。グーグル・チェックアウトというお財布機能やマップなどの商業目的がボケてきているし、最近導入された「ストリートビュー」（実際の街並みの写真）などにいたっては、「何のために？」という疑問の声が次々に上がっている。

グーグルの良さは何でも実行に移してみることだ。問題はアメリカ以外の国では深く浸透する執着心が見られないことである。

新商品を2週間で開発し世界に届けるスペイン企業

ビジネス新大陸のエクセレントカンパニーに必要なのは、何といっても前述した「現場力」である。この「現場力」が、最近の日本では失われてきているような気がしてならない。それはどういうことなのか、小売業の世界を例に説明しよう。

たとえば、アパレルメーカーは、毎年夏ごろに翌年の春物商品を企画している。どんなデザインのどんな色の商品をどれくらい作ればよいのか、どのサイズをどれくらい作ればよいのか、ということを見極めている。その基礎になっているのは、前年までの統計である。

ところが、前述したように、いま若い女性に人気の高いスペイン生まれのカジュアルブランド「ZARA」では、全く別の方法を使っている。

たとえば、東京・六本木ヒルズ店の店長から、うちの店ではこういうジーンズが売れていて在庫が足りなくなりそうだ、と本社に連絡が入る。すると、わずか48時間以内にその商品が届くというオンデマンド・システムを構築しているのだ。そればかりか、全く新しい商品でも2週間あれば作れるというから驚きである。これから流行しそうなパンツやドレスが競争相手から出てきたら、それに沿った物をすぐに作って店に並べられる。要するに、アパレル版の「ジャスト・イン・タイム」方式なのだ。

日本のZARAの場合、私が経営に参加しているお台場のショッピングモール「ヴィーナスフォート」の店も、六本木ヒルズ店も、表参道店も、渋谷店も、銀座店も、みんな毎週火曜日と金曜日に新商品が入荷する。それを女性のお客さんはよく知っていて、新商品の在庫が豊富な火曜日と金曜日に来店する人が多い。

それにしても、なぜこんなに短いサイクルで商品を作って配送し、手ごろな価格で売ることができるのか？　私はＺＡＲＡの秘密が知りたくて、スペイン北西部ガリシア地方のラ・コルーニャにあるＺＡＲＡの本社（インディテックス社）を見に行った。

「現場力」を生かした生産・配送システムで成功

ＺＡＲＡの秘密は、本社ビルと道路を挟んでそびえている巨大な工場と物流倉庫に隠されていた。東京ドームの何倍もある倉庫の中に入ると、世界２０００店の店別にずらりとカゴが並んでいた。そこに超高速のベルトコンベアで商品が運ばれてきて、目にも止まらぬ早業で自動的に仕分けされ、次から次へとカゴの中に入っていく。隣接する工場で縫製されるドレスは最後に人の手でアイロンがけがなされ、ハンガーに掛かったままヒューッと国際宅配便ＤＨＬのコンテナの中に流れていく。工場がそのまま物流センターにもなっているのだ。

商品を満載したコンテナは、そのままラ・コルーニャのアルベドロ空港に運ばれて飛行機に積み込まれ、すぐ成田空港に飛んでいく。成田に着いたら、コンテナのまま東京の各店に直行する。だから、箱から出してアイロンをかけたり、ハンガーに掛け直したりする必要もない。この仕掛けが、スペインの工場で作った商品を48時間で世界各国の店頭に並べるという離れ業を可能にしているのだ。ちなみにEU内の店には、トラックで24時間以内に配送される。

現場の店長が注文を出せば、5着でも10着でも、すぐに作って配送する。ユニクロのように大量のロットをまとめて中国でドーンと安く作るのではなく、ジャスト・イン・タイム方式の多品種少量生産とオンデマンド・システムによって、世界のどこでも24〜48時間以内に商品を届ける。だから店頭在庫もない。これこそが「現場力・現場感覚」を生かしたZARAの強みであり、〝アパレル業界のデル〟と呼んでもいいだろう。

とはいえ、それを全世界2000店に対してやっていくのは、ものすごく大変なオペレーションだ。なぜなら、国や地域によって気候が違うからである。

たとえば、日本が夏物の時、オーストラリアは冬物だ。東南アジアはいつも夏物で、北欧はいつも秋冬物。ドバイは砂漠気候だ。そういう複雑な商品企画や生産をスムーズに動かしていく仕組みをトヨタ自動車とフェデックスから学んだという。そのうえで世界中にある店舗の店長を中心に受発注する、という現場優先で構築したシステムを持つからこそ、ZARAは新しいビジネスモデルとして成功したのである。

質実・高品質で急成長したスウェーデン企業

もう1社、ZARAと同じく急成長しているアパレルメーカーが、スウェーデンの「H&M

（ヘネス・アンド・モーリッツ）」だ。

ＺＡＲＡほどファッション性は高くないものの、スウェーデンの会社らしく質実で品質が良く、価格はＺＡＲＡより少し高いぐらい。すでに世界28か国に１４００以上の店舗を展開し、ヨーロッパではＺＡＲＡを抜いてトップになっている。日本では２００８年９月、東京・銀座に１号店をオープンした。

このＨ＆Ｍは最近、クリスチャン・ディオールなど高級ブランドの有名デザイナーに期間限定でデザインしてもらうという、いわば〝イベント戦略〟で売り上げを伸ばしている。05年には、歌手のマドンナや女優のグウィネス・パルトロウの服をデザインしているステラ・マッカートニー（元ビートルズのポール・マッカートニーの娘）を起用し、その商品が飛ぶように売れているという記事を『ＴＩＭＥ』誌が掲載していた。限定商品が出ると、それを目当てに来店するお客が他の商品も買うから売り上げが12～13％も増加するそうだ。Ｈ＆Ｍは、ＺＡＲＡとは異なる「現場力」を持った企業といえるだろう。

それにひきかえ、日本の小売業は「現場力」が完全に不足している。その理由は、統計に頼りすぎているからだ。今や衰退産業になったＧＭＳ（総合スーパー）をはじめとする小売業の人たちの間では、セブン＆アイ・ホールディングスに象徴されるように、統計さえマネージしていけばよい、という考え方が主流になっている。

しかし、ＺＡＲＡやＨ＆Ｍを見ればわかるように、今や小売業の世界にも新大陸が誕生しているのだ。ＺＡＲＡは現場の体温を感じながら店別にフォローできる体制を確立し、Ｈ＆Ｍはスポット的に有名デザイナーを起用するという企画性を前面に打ち出している。しかも、両社はお客さんとの接点でそれを実現している。

一方、日本の小売業の場合は、本社部門に立て籠もって販売データだけを頼りに現場感覚をおろそかにしている、といわざるを得ない。それが「顧客との接点」を失っている最大の原因だと思う。日本の小売業はもっと現場を大切にして、統計よりも現場感覚に重きを置き、それに本社部門が対応していくべきではないだろうか。

「電子調達」で仕入れコストが半分以下になる

今、小売業で最も大事なのは現場と購買である。

実は、GMSの業績が低迷している一方で、高い収益を上げている中堅スーパーも存在する。たとえば、埼玉県を中心に千葉県、群馬県、栃木県、茨城県に店舗展開している食品スーパー「ヤオコー」、広島県をはじめとする中国地方を基盤として兵庫県、香川県、九州地方に大型ショッピングセンターや食品スーパーのネットワークを拡大している「イズミ」、福島県を中心に宮城県、山形県、栃木県、茨城県に店舗展開しているイトーヨーカ堂グループの食品スーパー「ヨークベニマル」などである。

これらの企業に共通しているのは、経営者に鋭い現場感覚があって経営指標よりも現場のぬくもりを重視し、お客さんから目を離していないことである。だから、お客さんの財布の使い方の変化を敏感に察知し、それに応じて地域別、店別に商品をクリエートすることで高収益を維持しているのだ。大手スーパーや外資系の巨大企業が攻めてきても、あたふたしていない。顧客に目線が行っているからである。

さらに今、世界の小売業の購買には二つの大きな特徴がある。

一つは「電子調達」だ。これは新大陸の話でもあるのだが、世界で最も良くて最も安いものを電子商取引によって調達することをいう。従来のように取引慣行に則って旧知の問屋や商社から買うのではなく、見たことも会ったこともない世界中の相手から買うという、ある意味で非情なシステムだ。

それに世界で最も長けているGMSがアメリカの「ウォルマート」とフランスの「カルフール」で、この電子調達を駆使すれば、商品の仕入れコストは半分以下になることもある。しかし、見えない相手から買うということは、信用情報や支払い条件などで相当のノウハウを積んでいなくてはならず、一朝一夕に電子調達のメリットを享受するわけにはいかない。

もう一つは、味まで含めて世界の供給の現場を知り、自分でグローバルに調達する、ということだ。たとえば、スペインのイベリコ豚、ポーランドのハムやベーコンなど、世界で一番美味しいといわれているものを、今までのように商社任せではなく、自分で見つけて直に調達する時代になっているのだ。

それで成功したのがアメリカの「フレッシュディレクト」である。ニューヨークで急成長している食品の宅配会社で、牛肉、サーモン、野菜、果物などの生鮮食品を生産者、あるいは「コンチネンタルグレイン」や「コンアグラ」のような穀物メジャーから直接仕入れ、非常に安い値段でお客さんに届ける。コーヒーもコロンビアから自分で買い付け、自分で焙煎して宅配している。これは市価の半値で売っても、利益率が75％もあるという。日本のGMSも、そういう世界の調達の現場を見て、世界の味を自分の舌で判断し、日本人の舌に合っているものを生産者からグローバルに直接調達してくる必要があるのだ。

ところが逆に日本では、商社や問屋の役割がここに来て増しているのが実情だ。ダイエー再建にも丸紅が参加しているし、西友には住友商事が、ローソンには三菱商事が資本参加している。

「生活提案力」をつければ、収益は高められる

世界を探せば、美味しくて安いものが山ほどある。とくに、肉や乳製品、ジャムなどのパンまわりにはあふれている。

よく「日本人の舌は特別にデリケートだ」という人がいるが、それは嘘だ。

たとえばチーズ。かつて日本人は雪印の『北海道チーズ』しか食べなかった。ところが、今やフランスなど外国から輸入したクセの強いチーズを平気で食べている。

あるいはドーナツ。日本のミスタードーナツは最初、シナモンを少なくして作っていた。当時の日本人はシナモンの匂いを嫌がったからだ。それから10年かけて少しずつシナモンを加えていき、最後はアメリカと同じレベルまで到達したのだが、その間、日本人は全く気づかなかった。

要するに、日本人の舌は確実に国際化し、世界標準に近づいているのだ。そのことに日本のGMSは気づかなければならない。

日本のGMSの経営者は一度、普通の主婦30人を連れて世界のスーパーマーケットを回り、いろいろな食品を味見して主婦たちの意見を聞いてみるべきだと思う。そのくらいのことをやって現場から組み立て直さなければ、日本のGMSは甦らないだろう。

今から20年ほど前のアメリカでは、小売業のトップ10に、GMSが6〜7社入っていた。それが今やウォルマート1社だけ（ウォルマートはディスカウンターでGMSではないという意見もあるが）。トップ10の大半はディスカウンター「オフィスデポ」のようなスペシャリスト（専門店）になった。

日本でも家電量販店のヤマダ電機が売上高1兆7000億円を超え、2兆円に迫る勢いだ。約5兆8000億円のセブン&アイ・ホールディングスや約5兆2000億円のイオンとはまだ差があるが、両社のGMS部門は収益が極めて低い。セブン&アイはコンビニで、イオンはモールで稼いでいるというのが実態だ。いくら売上高が大きくても、収益を出せない企業は存続できない。今や衰退産業となった日本のGMSが生き残っていくためには収益力を高めるしかないのだ。

これまで日本のGMSの調達はほとんど商社任せ、問屋任せだった。しかし、今後は電子調達を駆使して世界で最も良くて最も安いものを直に引っ張ってこれるかどうか、値段は少し高くても抜群に美味しいものを世界から自分で見つけてこれるかどうか、ということが問われている。

つまり、電子調達という新大陸の無慈悲なシステムと、自分の目や舌という感性を組み合わせなければならない。そういう提案力――私は生活提案力と呼んでいる――をつければ、日本のGMSも（ヨークベニマルやヤオコーのように）再び収益を高めることができるはずだ。まさに商売の基本に立ち返って「現場力」を磨いていくことが求められているのである。

ウェブ2・0型企業は「世界の最適地」を知っている

ビジネス新大陸における経営者とエクセレントカンパニーの条件は何か？

昔の経営者がなすべきことは、目の前に見えている人たち――たとえば従業員が1000人の工場だったら、その1000人――をどうやってマネージするか、ということに尽きていた。みんなをやる気にさせて、上意下達で動かせばよかった。すべて口頭で伝えられる世界であり、先輩が教えられる世界だった。しかし、ユーザーがネットを通じて相互につながり合い、世界中にアクセスできる「ウェブ2・0」時代の経営者は「見えないものを全世界ベースで見る力」がないと絶対にうまくいかない。

一例を挙げると、いまシステム開発について世界で最も安くて最も優れたものを持ってこようとしたら、日本企業ではなくインド企業に頼まなければならない。その時、どのインド企業がいいのか、そこに発注するためにはどうすればよいのか、という段階からスタートしていたら間に合わない。こうしたことに熟達した人を見つけて、その人にやらせるしかないのである。

中国から輸入するにしても、中国のどの会社に何を作らせたらよいのか、ということがわかっていないと競争にならない。ウォルマートは1社でアメリカ全体の中国からの輸入の10％ぐらいを占めているが、それができるのは、中国のどこの誰に何を頼んだらよいのか、というデータベースを10年以上にわたって蓄積してきたからである。そうした人脈と企業の世界地図が全部頭の中に入っていることが、ウェブ2・0時代の経営者には求められるのだ。

さらに、ボーダレスでサイバーな「ウェブ2・0型企業」の場合、今や製造や部品調達だけでなく、様々な業務を世界の最適地で行なわねばならない。

たとえば、住友信託銀行と松下電器産業（パナソニック）と花王は、企業の壁を越えて一緒に人事シェアードサービス会社を設立している。シェアードサービスとは、複数の組織で共通的に実施されている業務（とくに間接部門）を個々の組織から切り離し、集中・統合した別会社で共有してサービス提供を受けること。経営の効率化はもとより、独立事業体化によるコスト削減や生産性の向上、専門化によるサービスの向上が期待される。対象となる業務は、財務・経理、人事、総務、法務、広報、購買、情報システムの運用・保守など多岐にわたる。しかも業務のアウトソーシング（BPO＝Business Process Outsourcing）は、国境を越えて最適地で行なわれるのが普通である。

私も大連で業務の請け負い会社「ジェネラル・サービシーズ」（www.gsij.co.jp）を経営しているが、こうした業務を国境を越えて安く迅速にこなしていくことが世界的には常識となっている。ヨーロッパ企業は中欧・東欧、モーリシャスなどで、アメリカ企業はアイルランド、インド、メキシコ、フィリピンなどで、そして日本企業は主として大連など日本語人材の多い中国東北部でＢＰＯを展開している。

アメリカ企業の場合は、研究開発や法務までインドでやるケースが増えている。ビジネスシステムも、出来合いのパッケージソフトで事足りる時はそれを活用している。ＥＲＰ（経営統合システム）とＳＦＭ（Sales Force Management／営業支援管理）の分野はＳＡＰやオラクル、ＳＣＭ（供給連鎖管理）とＣＲＭ（顧客関係管理）はオラクルとシーベル、購買はアリバのパッケージを使っている会社が多い。そのほうが安くつくうえに良いシステムができるからだ。営業は伝統的にオラクルやシーベルのＳＦＡ（営業支援）を使っていたが、最近はセールス・フォース・ドットコムのようなネット経由で提供される「ＳａａＳ《サース》」と呼ばれるプラットフォームで間に合わせる会社が多くなってきた。

もはや「国別」の組織は成り立たない

ところが、日本企業は未だにそのつど、富士通やＩＢＭ、ＮＥＣ、日立製作所、ＮＴＴデータなどにテーラーメードで作らせているから、システム開発費が膨大にかかる。しかも、出来上がったシステムはウェブ１・０時代のシステムなので、ウェブ２・０時代にはスムーズに対応できない。日本の銀行（全銀システム）や東証のシステムのように世界から10年は遅れてしまう。

研究開発や設計、ビジネスシステムまで、世界の最適地で最も能力のある会社に最も安い値段でやらせて、顧客のインターフェースだけは絶対に離さない——そういう「スティッキーな（ねちっこい）経営」に到達している企業は、私の知る限り、日本にはまだない。旧大陸時代から生き残っている大手企業は、まだサイバーがわかっていないし、サイバーだけでやってきたIT関連企業は、部品をどこで買ってきたらよいかというようなリアル形態が全くわからない。

しいていえば、キヤノン、リコー、パナソニックなどの事務機メーカーや家電メーカーが、総合的には世界の最適地をよく知っている。問題は、会社のどこかに知っている人がいても、経営者や全事業部が知っているわけではないことだ。

購買部門は中国の安くて良い部品会社を知っているが、システム開発部門は中国の現状を知らなかったり、知っていても使い方がわからなかったりする。設計部門はインドの会社を使っているが、間接業務は自社内に抱えていたりして、全体的に見るとコスト競争力がなくなっている会社が多い。そして、中国を使い切っている台湾の鴻海《ホンハイ》（後述）や英達などの巨大EMS（電子機器製造受託サービス）に手も足も出なくなっているのだ。つまり、世界企業はクモの巣状（Web－shaped）になってきており、もはや単純な事業部制や国別の組織は成り立たなくなっているのだが、大半の日本企業は10年以上前の組織運営形態から進化していないのである。

日本の事務機メーカーや家電メーカーのコストの内訳を見ると、製造原価は平均30％、競争力のある会社でもせいぜい25％だ。あとの70～75％は販売経費、広告宣伝費、流通経費、サービス経費などである。しかし、今やそれらの業務をコストの高い日本国内に残していたら、国際的な競争力はつかない。70％を60％、50％、40％に圧縮できないと、「ウェブ2・0型企業」にはなれないのだ。

そしてもう一つ、ウェブ2・0時代に入ってマーケットに大きな変化が起きている。海外で売れている商品は日本でも売れ、日本で売れている商品は世界でも売れるようになったことである。したがって、グローバル企業は日本の1億2000万人のマーケットだけでなく、世界の約20億人のマーケット（先進国＋途上国の富裕層）に対してスプリンクラーモデルで〝瞬時に売る力〟を持っていなければならない。象徴的な例は液晶テレビだ。プラズマに拘《こだわ》っていたソニーが液晶の『ブラビア』を出したら、瞬く間にシャープやサムスンを抜いて世界シェアでトップに躍り出た。シャープやサムスンは、ソニーに比べると海外で売る力が弱いため、ソニーが同じような商品を出したら、その途端に後塵を拝してしまったのである。

ユニクロはまだ「ウェブ1・0」型経営

では、世界市場で〝瞬時に売る力〟を持っていない会社はどうすればよいのか？　持っている会社を買うか提携するしかない。

その意味では、海外に「出ると負け」のユニクロ（ファーストリテイリング）が、アジアを中心に約1700店舗を展開している香港のカジュアル衣料専門チェーン、ジョルダーノを買収しようとしたのは、理にかなった戦略といえる。販売網の構築は時間がかかり、リスクも高いからである。

しかし、今は超優良企業となったユニクロもまた「ウェブ2・0型企業」には程遠い。LVMH（モエ ヘネシー・ルイ ヴィトングループ）と同じように、いくつかの有望ブランドは買収で手に入れたが、それらを統合的に経営する仕掛けがまだできていない。売り上げ、および収益の大半が日本国内というマルドメ（まるでドメスティック）企業である。

世界のアパレル業界で「ウェブ2・0型企業」を実現しているのは、前述したスウェーデンのH&MとZARAを展開しているスペインのインディテックスの2社だ。両社についてはすでに紹介したように、他社の売れ筋商品などを参考に新商品をデザインして製造し、世界中の店に届けるまでの「ターン・アラウンド・タイム（TAT）」が2週間でしかない。

したがって、H&MとZARAは在庫を抱える必要がない。需要予測をする必要もない、というか需要予測という概念さえない。さらにいえば、シーズンも関係ない。北半球と南半球を問わず世界各地に店があるから、年中フォーシーズンズ。どこかは夏で、どこかは冬、どこかは春で、どこかは秋なので、どの季節にも「ジャスト・イン・タイム」で対応できる。これは店舗を顧客に見立てた、完全にウェブ2・0型の経営である。

一方、ユニクロのターン・アラウンド・タイムはおそらく1年近いだろう。つまり1年先の流行を予測・計画して何万着も一気に注文・製造する方式である。つまり、まだウェブ1・0型の経営なのだ。

需要予測を間違えると在庫の山となるので、売れそうな安全牌を狙うことになる。いきおい、ファッション性を犠牲にしないとリスクが高くなる。したがって商品は品質は良いがコモディティばかりのデザインだ、という判断を下される。これは今のリードタイムを前提とした場合の宿命である。

一方、H&MやZARAの商品はデザインがけっこう斬新だ。もちろんユニクロも手をこまぬいているわけではなく、リードタイムの短縮に努め、有名デザイナーの起用も発表している。しかし、デザインから製造、物流、店舗などにまたがる全体のシステムが変わらなければ、部分的に真似してみてもうまくいかない。要は、ビジネスシステムの構築力の差が世界化できるかできないかの差となっているのである。

〝サイバー車座〟ができない日本の経営者

要するに「ウェブ2・0型企業」と「ウェブ1・0型企業」の違いは、顧客ニーズの変化をすぐに感知して対応できる企業体質になっているかどうか、ということである。たとえば、日本の主要パソコンメーカーは、需要予測をして半年に1回のサイクルで新しいモデルを決め、あらゆる機能を詰め込んだ商品を出している。だから値段が高い。いくら大々的に宣伝・販売しても、思うように売れない。残った在庫はアウトレットで叩き売り。その繰り返しで体力を消耗し、かつては日本国内で8割のシェアを占めていたNECでさえ、世界に出て行く力がなくなった。

ところが、世界トップレベルのパソコンメーカーであるデルの場合は、すべての顧客からダイレクトに注文を受けてオーダーメードで作った商品が10日で届く。だから需要予測は必要ない。

つまり、日本のパソコンメーカーとはビジネスモデルが全く違う。デルにとって重要なのは顧客との関係だけである。デルやH&Mのような顧客とのインターフェースだけ押さえて、あとは世界で最も安くて最も優れた所にやらせる「ウェブ2・0型企業」では、見たことのない協力者が自分の会社のために働いている。その協力者はインド人かもしれないし、中国人かもしれないし、チェコ人かもしれない。となると「ウェブ2・0型企業」の経営者は、そういう見たことのない協力者を自社の正社員と等距離で見ることができ、鼓舞できるようでないといけない。

しかし、日本企業の経営者はそれが苦手である。車座になって話し合う日本的経営は目の前に見えている人を鼓舞することはできても、目の前に見えていない人をウェブ上で鼓舞する〝サイバー車座〟は、どうやって管理・運営したらよいかわからないのだ。業務のやり方も世界標準から見ると19世紀的で、国境を越えたアウトソーシングなんかできようがない。経営トップが歳を取りすぎていることもあって、ウェブ1・0で出来上がった頭をウェブ2・0にするのは極めて難しい。

それに、そもそも「(せいぜいインターネットを使う程度の)ウェブ1・0型企業」と「(ネットで集団知を誘発できる)ウェブ2・0型企業」は染色体が違う。いわば猫が犬になるようなものだから、もしそういう企業になりたいと思っても、絶対にスムーズには移行できない。私にいわせれば、ウェブ1・0型の日本企業がウェブ2・0型のシステムに移行することは、ほとんど不可能だと思う。むしろ、ウェブ2・0時代に対応する新しい会社をゼロから更地に作ったほうが賢明だろう。

iPodもWiiも独占製造する台湾「鴻海」の底力

いま世界の電機業界で再編が加速している。その主役は日本企業でも欧米の会社でもない。韓国勢と台湾勢だ。なかでも〝台風の目〟となるのは、おそらく「サムスン」と「鴻海工業《ホンハイプレシジョン》（通称フォックスコン）」だろう。ただし、単なる韓国のサムスンと台湾の鴻海ではなく、中国本土を取り込んだサムスンと鴻海である。〝ビジネス新大陸〟における電機業界は、中国本土を制した会社が世界も制するのだ。

2社のうち知名度の高いサムスンはさておき、日本で鴻海という会社を知っている人は非常に少ないと思う。だが、今や鴻海を知らずして電機業界は語れない。

鴻海は1974年に台湾でOEMメーカーとして創業した。つまり、日本企業などの製品を相手先ブランドで製造する下請け会社だった。ところが、中国本土に進出して急成長し、世界最大のEMS（電子機器受託製造サービス）メーカーとなった。2006年の連結売上高は10年前の95倍の約4兆8000億円に達し、中国に設立した子会社の「鴻富錦精密工業」は中国の輸出企業ランキングで第1位。工場は中国を中心にアメリカやEU、インドなどにも展開し、最大の生産拠点である広東省・深圳の主力工場は約30万人もの従業員を雇用している。中国全体では実に60万人の雇用を生み出している、というデータもある。

この会社は何を作っているのか？　それを知ると、誰もが驚くはずだ。アップルの携帯音楽プレーヤーｉＰｏｄ、携帯電話ｉＰｈｏｎｅ、パソコン、ソニーの家庭用ゲーム機ＰＳ２、ＰＳ３、ＰＳＰ、任天堂のニンテンドーＤＳ、Ｗｉｉ……話題の商品は、みんな鴻海が製造している。さらにＨＰやレノボのパソコン、ノキアやモトローラの携帯電話、シスコシステムズのルーターなどもかなりの部分が「鴻海製」だ。

鴻海は、もはや単なるＯＥＭメーカーではない。かつては相手先から提供された設計図面に基づいて組み立てるだけだったが、今は設計から製造まで手がけるＯＤＭメーカーに進化した。相手先がコンセプトだけ持ち込めば、設計段階から製品開発をやってくれるのだ。しかも、日本の電機メーカーだと作るのに数か月かかるような試作品を、鴻海は１週間で仕上げて持ってくる。受注から最終商品を発注者の手元に届けるまでのリード・タイムも同業他社より圧倒的に短い。

なぜ、そんな早業が可能なのか？　主な理由としては、まず、新製品の製造において最大のネックとなる金型技術が非常に優れていること。金型製造設備と金型技術者を大量に保有して24時間体制で運用している。

次に、世界の電気・電子部品メーカー、とくに日本、台湾、中国、韓国を知り抜いていること。このため個々の製品の開発・製造においてベストメンバーの〝ドリームチーム〟を組むことができる。たとえばｉＰｏｄの場合、アップルはコンセプトやデザイン、機能の仕様を決めているだけで、ＨＤＤとフラッシュメモリはサムスンおよび東芝、ＨＤＤ用基盤は昭和電工、磁気ヘッドはＴＤＫ、小型モーターは日本電産が開発・製造し、ボディの鏡面仕上げは小林研業という新潟県の小さな会社が受け持っている。それを鴻海（鴻富錦精密工業）がまとめて最終組み立てをしているのだ。オーケストラに喩えれば、指揮者がアップル、演奏者が各部品メーカー、楽曲をＣＤにして包装までしているのが鴻海という図式である。ｉＰｏｄは発売後3年で1億台を製造したが、アップルにそんな能力はない。メーカーとしての技術も部品も製造設備もない。アメリカで製造していたら、こんなに急速な生産能力の増加は到底できない。東アジアを知り抜いた鴻海に生産委託したからこそ、できた芸当なのである。

日本の総合電機メーカーはまだ気づいていない

逆にいえば、今や電機業界では日本、台湾、中国、韓国を知り抜いた会社しか勝てないわけで、その中で鴻海をはじめとする台湾企業が世界最強になってきているのだ。なぜなら、台湾人には日本語ができる人が多く、日本の部品業界や工作機械、組み立て機械のことを知り抜いている。英語もできるから、欧米の企業と複雑な交渉ができる。しかも中国語（北京語）が母国語なので、中国本土のどこへ行ってもツーカーだ。つまり、3か国語を操って日本企業、欧米企業、中国企業とビジネスができるのは台湾企業しかないのである。

中国企業が台湾企業の真似をして世界最強になることは不可能だと思う。彼らは日本の産業、とくに部品産業や自動化装置の詳細について全く知らないからである。世界最強の電機メーカーになるためには、日本を知り抜かねばならない。たとえば、情報家電産業の素材・原材料は日本が世界シェアの3分の2を占め、半導体やＬＣＤの製造装置も2分の1、基幹部品も3分の1が日本である。半導体のプリント基板の自動装填装置にいたっては日本企業しか作っていないし、金型製造装置も大半が日本製だ。しかし、半導体チップの製造（ファウンドリ）になると韓国と台湾が日本を追い越し、最終製品の生産は圧倒的に中国だ。

つまり、上流過程の素材・原材料と基幹部品、製造装置は日本、中流過程の半導体チップなど中間部品は台湾と韓国、下流過程の最終組み立ては中国（の台湾企業）が強いのである。したがって、今後の電機業界では、鴻海のように日本、台湾、韓国、中国を知り抜き、それぞれの役割に応じたベストメンバーを探してきて〝ドリームチーム〟を組める会社しか勝てないのだ。

ところが日本の総合電機メーカーには、そのことに気づいている会社が少ない。だから未だに悪あがきをして衰退している。自分で設計し、自分の部品を使い、自分で組み立て、自分のブランドで売るという垂直統合モデルでやってきた彼らは、メーカーのプライドだけ高くて作る能力がない。コストは高いし、設計では意地を張るし、何でも自分でやろうとする。それが難しくなったら、日本勢同士で合従連衡している。

しかし、もはや日本勢同士が手を組んでも意味はない。中国本土で台頭している台湾勢、韓国勢のメーンプレーヤーと、どのように緊密な協力関係を構築していくかで勝負は決まるのだ。日本の総合電機メーカーは、鴻海の爪の垢を煎じて飲むべきだろう。

さらに、より重要な問題がある。それはサラリーマンが世界のどこに行っても通用する、といった時の「しきい値」が台湾勢の台頭で極端に高くなってしまったことだ。日本語はともかく、英語と中国語で台湾勢と勝負できるのか、という新たな命題を与えられたのである。ＥＵでは複数言語を操るのは当たり前、といわれているが、このアジアでもそうなってきているのだ。

なぜ日本の携帯技術は世界で一番進化したのか？

新大陸の世界で忘れてならないのが携帯電話だ。いわゆる〝携帯文化〟は日本が世界で一番進んでいる。これほど携帯電話で何でもできる国はない。

なぜ、この5年間で日本の携帯はそれほど進化したのか？　最大の〝功労者〟は日本の女性、とりわけ20歳プラスマイナス5歳の女性たちである。彼女たちが携帯の新しい機能をリードして技術開発を加速しているのだ。

きっかけはJ－フォン（現ソフトバンクモバイル）の写メールである。それをNTTドコモとauが追いかけてデジタルカメラ付き携帯が当たり前になり、さらに各社が新しいアプリケーション開発にしのぎを削って急激な進化を遂げてきた。最初は着メロと待受画面ぐらいだったのに、今ではiPodの向こうを張るような音楽配信サービス、ゲーム、電車の乗換案内、電車の切符や航空券の予約・購入、バンキング、ショッピング、おサイフといった多彩な機能が加わり、世界のどこにもない〝携帯文化〟が花開いている。

さらに、2次元バーコードリーダーを利用したり、携帯専用オークション「モバオク」は、携帯のカメラで撮影して情報を取り込んだり出品したりできるという〝重ね技〟になっている。携帯用のグーグルもあり、パソコンと同じようなインターネットの情報検索が可能になってきた。

もっと進んだものも開発されている。それは携帯で印鑑を代用する本人認証システムだ。クレジットカードの個人情報漏洩で大変な騒ぎになっているが、携帯を使えばより安全な認証システムができるのだ。

たとえば、携帯のカメラで自分の顔を撮影して送信し、それを事前に登録した自分の「骨相」と照らし合わせて認証するという技術が、すでにカナダで開発されている。指紋、掌紋、声紋の認証システムも実現間近だ。

私が研究に参画しているグループは声紋による〝ボイス印鑑〟で、これは携帯で「大前研一」といえば、声紋を分析して本人認証を行なうというシステムだ。つまり、100％安全な声紋認識を印鑑代わりに使うのである。私が以前から何度も説明しているように、携帯が自動車のキーになるという技術も実用段階に入っている。これとカーナビのGPS（全地球測位システム）とを組み合わせると、情報の受信は衛星で、発信はパケット（携帯）で、という双方向のインターネット通信が可能になる。

新大陸の世界を牽引するのは男性より女性

こうした携帯の進化を牽引しているのは、おそらく9割以上が女性だと思う。たとえば、携帯専用オークション「モバオク」の利用者は、大半が20代の女性たちだ。

携帯で航空券を予約・購入したり、ANAのeチェックイン、JALのウェブチェックイン

（携帯を機器にかざすだけでチェックインできるシステム）を利用しているのも彼女たちが中心だ。

あるいは、最近の携帯には赤外線機能がついていて自分の〝名刺情報〟や写真を会った相手とその場で交換することができるのだが、経営者1000人を集めた講演会で聞いてみたら、携帯にそういう機能があることを知っている人は半分以下だった。ましてや、すでに使っている人は数えるほどしかいなかった。

しかし、20歳プラスマイナス5歳の女性ならほとんどの人が知っているし、使うこともできる。日本のモバイルが世界一なのは間違いないが、そのアプリケーションの新技術開発を先導しているのは男性ではなく、あくまでも20歳プラスマイナス5歳の女性なのである。

この現象は15年前とは大きな様変わりである。15年前は日本の20歳プラスマイナス5歳の男性が、テレビゲームで世界をリードしていた。世界に冠たる1兆円のゲーム産業を生んだのは彼らだった。その後、いま30代の彼らが大人になって会社に入り、パソコンに馴染んで、日本のパソコン文化をかなり進めたのである。日本のアプリケーションの大半はゲーマー出身者が作り出してきたのだ。

逆にいえば、当時はテレビゲームで遊ばない女性がサイバー時代から取り残される危険性があった。しかし、今は全く違う。10年前、新たにパソコンを買うメーンの需要客は30代の男性だったが、現在は圧倒的に20代の女性が多い。サイバー社会の主役が完全に交代したのである。

デジタルカメラの新規需要客も同じだ。携帯からパソコンに入ってきた女性ユーザーがデジタルカメラを買ったり、デジタルカメラを買ったことでパソコンも必要になって買っている。今やパソコンやデジタルカメラの需要に拍車をかけているのも、男性ではなく女性なのだ。

その原点は、男性はテレビゲームだったが、女性は携帯である。しかも、20代の女性たちは携帯に親指で入力したほうが、パソコンのキーボードで入力するよりも速い人が多い。その〝特殊能力〟を生かしてデータ入力で中国と競争できるほどの低コストを実現し、電車やバスで移動中にアルバイトをやっている女性もいるほどだ。

彼女たちが5〜10年後には家庭を持ち、携帯にもパソコンにもデジタルカメラにもｉＰｏｄにも強い「サイバー世代」の核になるのではないか。つまり、〝携帯文化〟を牽引している（というか、携帯が身体の一部になっている）20歳プラスマイナス5歳の女性たちの消費動向が家計を動かし、経済動向を左右するようになる。このセグメントの詳しい動きを知らなければ、新大陸における成功はない、といっても過言ではないのである。

新大陸では「社員の定着率」で会社を計らない

新大陸におけるエクセレントカンパニーの特徴の一つに、社員の人員削減に対する姿勢が挙げられる。

最近、新入社員の3年以内の離職率が高まっている。たとえば、旅行代理店は毎年、人気企業の上位にランキングされるが、新入社員の離職率は非常に高い。学生はタダで海外旅行ができるとか、商品開発やコンサルティング営業などの華やかな仕事ができると思って入社してくるが、実際には支店の店頭営業で1日中端末を叩く地味な仕事だったり、団体客を連れて歩く添乗員のきつい仕事だったりするうえ、給料も高くない。それですぐに嫌気がさしてしまうのだ。

そうした学生と企業のミスマッチには理由がある。学生側に十分な企業の情報がないこと、親も良いアドバイスができないこと、そして学校側も競争率の高い企業に学生が合格すれば学校の評判が良くなるからそれでよしとして適切な指導をしないことである。

その手の初歩的なミスマッチやコミュニケーション不足は論外としても、考えようによっては、新入社員が3年以内に辞めるのは悪いことではない。企業側からの論理でいえば、むしろ良いことだ。毎年15％ずつ人員削減して18年間連続で増収増益を達成したGEのジャック・ウェルチ前会長兼CEOは、よくこういっていた。

「うちの会社でダメだったら、さっさと辞めてもらう。こんなに親切なことはないでしょう。GEで教育を受けていれば、引く手あまたですから」

しかも、毎年の大幅な人員削減は、会社にとっても残った人にとっても非常に大きなプラス効果がある。まず、コストが下がる。そして残った人は切られたくないから一所懸命に働く。人が減れば減るほど仕事の権限がどんどん増え、給料もどんどん上がる。だからみんないっそう一所懸命に働いて、個人の能力も会社の業績も上がっていく。ウェルチ前会長は、こうもいっていた。「考えることがなくなったら人を削れ。緊張するから」と。人を削れば、残る人も出る人も自分も緊張するという理屈だ。

企業の理想は、大量に採用して早めにたくさん辞めさせることである。辞めさせる割合は、GEの経験では毎年15％だが、マッキンゼーの経験では毎年20％だ。マッキンゼーの場合は入社時に「あなたが5年後に生き残っている確率は5分の1ですよ」と説明する。精鋭だけを残すからGEもマッキンゼーも強くなったのである。

また、リクルートの場合は「32歳定年」だ。入社後10年でビジネスマンとして完成させるというモットーが、この人事システムに結びついている。定年を過ぎて会社に残ってもいいが、完全能力主義だから在籍年数に比例して昇給することはない。だから20代の社員が猛烈に働く。熱気がみなぎり、どんどん新しい企画を考えて提案する。したがって、定年後も残っている人は残っている人で高い能力があるし、辞めた人も他の会社で通用する能力、とくに新規事業提案能力を身につけているから再就職先が楽に見つかる。

要するに、大半の日本企業は発想が間違っているのだ。入社した人間は全員残っているべきだと思うから、新入社員の3割が辞めると焦ってしまう。しかし、発想を逆転させれば、入社した人間が全員残っている会社は不幸である。優秀でもないのに全員を置いておくのは、そもそも無理なのだ。しかも新大陸では、その学生が優秀かどうかは、いわゆる「よい大学」を出たかどうかとは全く関係がない。だからこそ大量に採用して、不要な人間は早めに辞めさせるべきであり、定着率で会社を計るのは間違いなのだ。

経費削減〝ケチケチ運動〟をするのはダメ会社の典型

30代後半〜40代の中堅世代にとって、リストラは死活問題だ。ここ数年、日本でもアメリカでも、名だたる大企業が数万人規模の労働者を削減するリストラ計画を発表し、明日は我が身、と不安を感じているサラリーマンは多いだろう。

だが、もし、あなたが勤めている会社がリストラで希望退職を募ったり早期退職制度を設けたりしたら、それを利用して転職することをお奨めしたい。なぜなら、そういう会社は自ら将来性がないと認めたことになるからだ。そんな会社に長居する理由はない。

希望退職や早期退職を募った会社に残った人は、たいがい割を食っている。私が知る限り、辞めて後悔した人と残って後悔した人では、後者が圧倒的に多い。また、希望退職や早期退職の制度ができたら、すぐに応じたほうがいい。条件は最初のフェーズが一番良く、後になるほど悪くなっていくからだ。後から条件を良くした会社を私は知らない。最後は倒産というケースも多い。

つまり、傾いた会社が単なるリストラで甦る可能性はほとんどないのである。数百社の会社を分析してきた私の経験からいうと、反転する確率は10％以下だろう。

要するに、単なるリストラをする会社は、それなりの企業体質になっているのだ。たとえば、かつてアメリカ最大の小売業者だったシアーズはウォルマートに抜かれてリストラを始めたが、どこまでリストラしてもウォルマートのような収益性にはならない。逆に、削れば削るほど全体の体力は弱くなる。その結果は、よく知られているように、２００４年末にＫ－マートに吸収合併されてしまった。ＡＴ＆Ｔも全く同じパターンだったし、ファンドに買収されたクライスラーも、未だに〝縮小均衡点〟を見いだせていない。

そういう根本的な企業体質に問題がある会社がよくやるリストラ策は〝ケチケチ運動〟だ。たとえば、昼休みは電気を消す、紙は必ず裏も使う、ボールペンは使い切るまで新品を支給しない、といったみみっちい経費削減である。これはダメ会社の典型だ。その程度の節約は会社のムードが暗くなるだけで、全部足してみても０・１％の削減になることは、まずない。

リストラには、もう一つの問題として「エレベーターの論理」がある。エレベーターは定員オーバーになってブーッとブザーが鳴ったら、最後に乗った人が降りる。いわゆる「後乗り・先出し」というやつで、リストラも同じ。人員削減を進めていくと、後から入ってきた新しい人が先に辞めて、コストの高い古い人だけが残る。平均年齢が高くなり、組織に活力がなくなる。だから、リストラをやればやるほど会社はおかしくなっていく。

「旧大陸型企業」改造計画

リストラを始めた会社は、やたらと仕事が忙しくなる。仕事をリストラしないで人をリストラするから、残った人の仕事量が倍ぐらいになってしまうのだ。しかも、それは全部、「できる人」に回ってくるので、今度は過労死の問題が出てくる。本来は不要な仕事をリストラして効率を上げるべきなのだが、そんなことをしてくれる気の利いた経営トップは見たことがない。

そういう会社をマッキンゼー流の問題解決手法で改革する時は「間接業務削減計画（ＯＶＡ）」を実行する。

普通、会社の組織は必要な業務と不要な業務、必要な人間と不要な人間が霜降り肉のように混ざっている。分析すると、どこの会社にも4割ぐらいの不要な業務（霜降り肉の脂肪の部分）がある。たとえば、2回で十分な事業計画会議を5回も開いていたり、社長がまともに読みもしない分厚い業務リポートの提出が義務付けられていたり、といった定型業務である。

ダメな人間に限って定型業務が好きだから、ダメな人間が多い古い会社ほど、知らず知らずのうちに脂肪がたくさんついている。いわゆる「パーキンソンの第一法則」（管理部門の仕事の量は、そこにいる人間の数に比例して増える。その権化が官僚組織）だ。それを削って本当に必要な業務（霜降り肉の赤身の部分）だけにしていくと、どんどん人が余ってくる。その余った人を、もっと攻撃的な仕事、付加価値の高い仕事、富を生み出す仕事に就かせることができれば、会社は非常に強くなるのだ。

さらに、リストラはだらだらと長期間やってはいけない。その会社に本当に将来がある場合は、1年間で勝負しなければならない。逆にいえば、あなたの会社でリストラが始まっても、1年で大ナタを振るえる経営者だと思ったら、とりあえず会社に残ったほうがよいだろう。

とはいえ、そういうケースは極めて稀だ。前述したように、単なるリストラで会社が甦る可能性は1割に満たないのである。だから希望退職や早期退職には、さっさと応じるのが賢明だといったのだ。

ただし、私なら第一フェーズの応募期限ギリギリに申し出る。それまでにスキルを磨いたり、転職先を探したり、次の準備をする。そのぐらいの周到さがなければ、ビジネス新大陸では生き残っていけないのだ。

「社員の数だけ営業所がある」という発想

パナソニックは２００７年4月から、国内最大規模となる約3万人を対象に在宅勤務制度を導入した。その内容は、①在宅勤務になじみやすいシステム開発などの職種だけでなく、営業、企画、人事などホワイトカラーのほぼ全社員に週1日もしくは2日の在宅勤務を認める、②業務に必要なパソコンやテレビ会議用の機器などは会社が貸与し、会社との連絡は高速通信回線を通じて行なう、③始業と終業の時間を上司に申告し、自宅で仕事をした時間が労働時間となる——というものだ。この制度により、育児や高齢者の介護などで通常勤務が難しい社員にも仕事を継続できる環境を提供し、少子高齢化に対応した人材確保策の目玉とする、という。

実は、在宅勤務に似たフレキシブルな勤務形態については、15年ぐらい前から多くの企業が試行錯誤してきた。たとえば、日本ＩＢＭは、普通の通勤と反対方向に行ったほうが楽だということで、東京の郊外に何か所か事務所を作り、週に何日かはそちらで仕事をしてもよいという職住接近の分散オフィスを導入したことがある。また、同社が箱崎オフィスを作った時は、営業マン

1人ひとりに専用の机がなく、持ち運び可能な引き出し1個だけを与えるという方法を試みた。営業マンは会社に来たら自分の引き出しを棚から取り出し、共用机の空いている席を見つけて仕事をやり、終わったら再び引き出しを棚に戻して出て行くのである。私の記憶では、営業マンの人数に対して共用机は3分の2ぐらいしかなかったと思う。あるいは、そのIBMに買収されたプライスウォーターハウスクーパースは今から10年ほど前、「モバイル時代のオフィスはパソコンだ」という考え方で、会社そのものには事務所も机もない、という環境を作ったことがある。これらはパナソニックの在宅勤務制度とよく似た試みだが、いずれも所期の目的を果たした、という状況にはない。結局人々は群れたいのである。

私自身もクライアントに対してはオフコン（オフィスコンピュータ）が登場した20年ほど前から、社員（とくに営業職）の自宅にオフコンを入れることで基本的に社員は週1回だけ会社に集まり、それ以外の日は自宅を仕事場にするか、自宅から現場に直行直帰するようにすべきだ、と提案してきた。つまり「社員のいる所が営業所になる」「社員の数だけ営業所がある」という発想に転換する。そうすれば一等地に大きな支店を維持するなどの経費を削減することができ、そのぶん住宅手当などを充実できるわけだ。しかし、この発想に転換できた企業は、まだない。ピラミッド組織で育った人々はネットワーク型の組織では不安であり、かつ本能的に管理不能と思ってしまうからである。

「勤務時間の7割は移動中」の現実を変えよ

現在の勤務形態は、たとえば仙台支店の営業は、気仙沼担当や塩釜担当などエリア別の担当者がいて、その人たちは月曜日の朝、仙台でミーティングを行ない、午後からそれぞれの担当エリアに営業車で散っていく。それだけで1日が終わるというケースが多い。実質的な仕事は火曜日に始まり、金曜日の午前中には再び報告のために仙台へ戻ってくる。家族は仙台にいて、週末は仙台で過ごす。つまり、担当エリアには火曜日・水曜日・木曜日の週3日しかいないのである。これでは無駄な時間が多すぎる。移動時間だけで勤務時間の70%ぐらいになり、週末は担当エリアにいないので、お客さんと接触している時間が非常に短く、地元に密着していない。しかも、クルマを長く運転するから交通事故の危険が増し、平日は家族とバラバラの生活。そういう非合理的な状況を放置している。本来、営業マンは気仙沼や塩釜などの担当エリアに家族と一緒に住み、週末はお客さんと食事をしたり、釣りやゴルフをしたりして、人間関係を深める機会を増やすべきである。

もっと拠点が細かい自動車ディーラーなどの場合は、営業所長が毎日の朝礼で営業マンに「今月のノルマは1人3台だぞ！」などと檄を飛ばす。営業マンは午前10時頃から外回りに出かける。自分の担当エリアに着くのは11時ぐらいになる。1時間だけお客さんを回って12時から昼食。ゆっくり昼休みをとって14時頃から再びお客さんを回り、16時には帰路につく。17時に営業所に戻ってきて日報を書く。実際にお客さんを回るのは3時間。顧客と接触して会話できている時間は勤務時間の5％ぐらいにすぎない。これが営業マンの平均的なパターンだ。

私は経営コンサルタントとして36年間、山ほど会社を見てきたが、営業マンが就業時間の何割をお客さんとの接触やお客さん訪問前の準備、訪問後のフォローのために使っているかといえば、2割を超えた会社はほとんどない。逆にいえば、就業時間の8割は移動したり、社内向けの営業報告を書いたり、サポート部隊に任せておけばよい業務を自分でしたり、食事休憩をとったりしているのだ。

かつて、私はコンサルティングの一環として、よく営業マンに同行して〝実地検分〟をした。日報すると、お客さんと会って話をしている時間は、みんな日報で10倍以上サバを読んでいた。日報に「20分」と書いてあっても、実際は「27秒」とか「1分18秒」だった。お客さんの所に顔を出すと、たいがい「忙しいから帰れ」といわれる。そこでさらに粘る営業マンは稀である。「じゃ、また来ます。パンフレットを置いていきますので、お暇な時に見てください」というのがせいぜいだ。営業の現場というのは、そんなものである。

だが、営業マンを担当エリアに住まわせ、直行直帰にして報告だけ電話やパソコンで入れるようにすれば、実際の就業時間と営業時間がほぼ一致する。にもかかわらず、昔ながらの勤務形態が未だに続いているのは、管理者が部下を監視していないと気が済まないからである。支社長や営業所長が毎朝、部下の顔を見て檄を飛ばし、夕方に報告させることでボスの感覚を満足させているだけの話である。

ウェブ2・0時代に入ったビジネス新大陸のネットワーク組織では、社長とお客さんがダイレクトにつながることも可能になる。そもそもウェブ2・0という概念自体が中間管理職なるものの存在すら否定しているのだ。ところが、経営トップも支社長や営業所長も、染色体が19世紀のピラミッド組織のままだから「社員のいる所が営業所になる」「社員の数だけ営業所がある」というイメージが全く描けないのだ。

在宅勤務の障害となるのはセキュリティ問題

この現状をブレークスルーするためには、営業マンが会社から担当エリアに移動する、社内向けの営業報告を書く、サポート部隊に任せておけばよい業務を自分でする——といった価値ゼロの行為を革命的に変える必要がある。

たとえば、どこの会社でも営業マンのサポートスタッフを営業マンと同数ぐらい抱えているが、業務系をITネットワークに作り変えれば、サポートスタッフは会社にいる必要がない。在宅勤務でよくなる。営業マンが「A社との商談が進んだからフォローを頼む。提案書をこう書き直して担当者宛に送っておいてくれ」と電話で、あるいは携帯端末から指示を出す。それにしたがってサポートスタッフが提案書を修正し、営業マンの名前でA社の担当者にメールで送る。そうすることで、その日の仕事は外にいてもほとんど片づいてしまう。このようなシステムにすれば、少なくとも社員の2人に1人は自宅にいてもかまわないわけだ。

ただし、サポートスタッフがそれをできるためには、その人たちが会社の業務系をすべて覗けなければならない。つまり、そういう提案書を作成する時は、業務系の資料がすべて一つのサーバーに蓄積され、共有ファイルになっていなければならないのだ。

ところが、いま日本企業は、個人情報保護法や２００９年３月決算期から適用予定の日本版ＳＯＸ法〈※１〉のために自宅で仕事ができなくなっている。在宅勤務にしようとすると非常に大変だ。なぜなら、情報流出を防ぐため、外から会社のパソコンにアクセスすることができないからである。個人情報が流出して問題となった企業では、会社に何も持ち込めず、会社から何も持ち出せないように厳重なセキュリティ対策が講じられている。だから、いま自宅で仕事をする人は激減している。

このセキュリティ問題をクリアしなければ、在宅勤務にすることはできない。ホワイトカラーの全社員を対象に在宅勤務制度を導入したパナソニックの場合は、業務に必要なパソコンやテレビ会議用の機器などを会社が貸与し、会社との連絡は高速通信回線を通じて行なうという。おそらく第三者が絶対に侵入・傍聴・改竄《かいざん》できない専用通信回線を敷くか、ＶＰＮ（バーチャル・プライベート・ネットワーク〈※２〉）を構築するのだろうが、どちらにしても膨大なコストがかかることは間違いない。

※１　日本版ＳＯＸ法／２００２年７月にアメリカで誕生した企業改革法の日本版。目的は会計監査制度の充実と企業の内部統制強化で、企業の会計不祥事やコンプライアンス欠如などの防止を目指す。
※２　バーチャル・プライベート・ネットワーク／通信相手の固定された専用通信回線の代わりに多

数の加入者で帯域共用する通信網を利用し、ＬＡＮ間などを擬似的に専用線のように接続する技術もしくは電気通信事業者のサービス。

パナソニックも方向性は正しいのだが……

さらに専用通信回線やＶＰＮで問題なのは、それが入っている場所でしか仕事ができない、ということだ。パナソニックの場合は始業と終業の時間を上司に申告し、自宅で仕事をした時間が労働時間になるというが、会社から緊急の連絡があったり、急な仕事が入ったりした時に留守だったら、あるいは育児や高齢者の介護をしていたら、すぐには対応できない。これをメリットとするかどうか、微妙なところである。

また、もっとシリアスな問題として、家族が画面を覗くのを完全に防げるかどうか、ということがある。夫婦で働いていて、片方がパナソニック、もう片方がソニー、という場合がないとはいえない。家族といえども書斎には入ってこないようにするのか、あるいは指紋認証などでしかパソコンが動かないようにするのか、その場合でも夫婦が結託したらどうするのかなど、実は在宅勤務が世界的に進まない理由はセキュリティの問題がどこの国でも大きくなってきているからである。

パナソニックの方向性は正しいと思うが、もし会社にいるのと変わらない状態を自宅で作ってしまう結果になったら、在宅勤務のメリットは少なくなる。

産休に限れば、産前と産後は在宅勤務で給料を減らして限定的な仕事をやってもらう、という方法もある。マッキンゼーでは、女性は産前6か月と産後1年6か月の合計最大2年間、給料は半分で、余人をもって代え難いプロジェクトにだけ参加する、というオプションを20年前から実施していた。そのほうが新しい人に仕事を教えるよりも効率が良いからだ。

また、在宅勤務が難しい場合に改めて浮上してくる個人の家庭事情や生活リズムに合わせた勤務形態がフレックスタイムだ。1日7時間は働いてください、出勤時間は自由です、というやり方である。育児や介護などで絶対に自宅にいなければならない人以外は、在宅勤務よりもフレックスタイムを選ぶ人のほうが多いと思う。

もっとネットワーク組織にぴったりな仕事の形態は、完全な成果主義にすることだ。どこにいようが、何をしていようが、やるべき仕事を期限内にきちんとこなして成果だけ出せばよい、というもので、これは現在の日本企業では契約社員に適している。生保などでは昔からこの形態だ。成果主義で社員をギリギリ縛るより、初めから契約にしてしまえば、税制上も経費が落とせるなどメリットが多い。

要するに、ビジネス新大陸時代の企業は、会社の業務を全部分析してセキュリティが非常に要求されるものとそうでないものとに分け、通勤の負担は軽減するものの基本的に午前9時から午後5時まで仕事をしなければならない在宅勤務、通勤はするけれども出勤時間は自由なフレックスタイム、成果だけ出せばよい契約社員、セキュリティがさほど重要でない業務については海外も含めたコストの安いアウトソーシングなど、多様な雇用形態があってよいのである。

そういう認識のもとで各企業の経営陣がピラミッド組織の固定概念を捨て去って発想を転換し、自分の会社にとってはどの雇用形態を選び、どう組み合わせるのがベストなのか、ということを考えたうえで、実行に移していく——。日本企業がピラミッド組織を卒業して、ビジネス新大陸に適応したネットワーク組織に転換していくためには、それが必要不可欠なのである。

サラリーマンはこの新しい現実に対して、どこにいてもネットワークでつながってさえいれば評価できる、値札のつく仕事ができるのか、その再評価が必要になってきている。

Phase 5

「ウェブ2・0」時代のシー・チェンジ

第5章［メディア編］

ウェブ2・0時代は「放送」が「通信」の一部になる

「ウェブ2・0」――これまで本書でもたびたび使ってきたキーワードだが、その定義は人によってまちまちだ。

たとえば、米ヤフーの創業者ジェリー・ヤン氏は「ユーザーが中心になり、誰でも利用できるネット上のサービスを使って、すべてのものがつながってくるようなもの」と表現した。シリコンバレー在住のコンサルタント・梅田望夫氏は、ベストセラー『ウェブ進化論』の中で「ネット上の不特定多数の人々（や企業）を、受動的なサービス享受者ではなく能動的な表現者と認めて積極的に巻き込んでいくための技術やサービス開発姿勢」がその本質だ、としている。

簡単にいえば、利用者自身が情報を発信していく参加型ネットワークサービスのことで、代表的な例としては、いま流行のブログや、友人・知人を紹介し合って情報交換するｍｉｘｉ（ミクシィ）、ＧＲＥＥ（グリー）などのＳＮＳ（ソーシャル・ネットワーキング・サービス）が挙げられる。

こう書くと、あたかもウェブ2・0によってネット社会が激変するかのような印象を受けるが、私の見方は少し違う。

たしかに、これからのインターネットは、ヤフーやＯＣＮなどのＩＳＰ（インターネット・サービス・プロバイダー）を介したウェブ1・0の形態から、利用者同士がＰ2Ｐ（※）でお互いにダイレクトにつながるコミュニティに比重が移っていくだろう。オンラインゲームなどではサーバーの能力を抑え、参加者を胴元として使うような形態が数年前からすでに実用化されている。

とはいえ、そこにことさら新しい技術があるわけではない。従来のピラミッド構造がフラット、またはネットワーク構造になってきただけである。それに、もともとインターネットはP2Pの性格を持っている。たとえば、私たちが最も頻繁に利用しているeメールは、初期のパソコン通信の時代から1対1＝P2Pのコミュニケーションだった。

※P2P＝P to P＝Peer to Peer＝ピアツーピアまたはPerson to Person／不特定多数の個人間で直接情報のやり取りを行なうインターネットの利用形態。また、それを可能にするアプリケーションソフト。多数のコンピュータを相互につないで、ファイルや演算能力などの情報資源を共有するシステム。

無限大に広がる「通信」のシー・チェンジ

大事なのは、ここから先だ。放送は1対∞（無限大）の一方通行である。それに対し、通信は1対1を前提にスタートした。そこが放送と通信の違いでもある。その1が今までは許認可を受けた放送局だった。

ところが、今やインターネットを利用するすべての個人が、その気になりさえすれば発信者（放送局）にもなれるし、受信者にもなれる。ということは、今後は放送と通信が融合するのではなく、放送が通信の一部になっていくのである。

ただし、P2Pも必ずどこかのサーバーを介している。その点においては、ウェブ2・0は、ウェブ1・0と技術的にほとんど変わっていない。では、何が変わったのか？　程度（ボリューム）が変わったのである。これを経営用語で「シー・チェンジ（sea change）」という。この言葉を最初に使ったのは、たぶんマゼランではないかと私は思っている。マゼランが大西洋からフエゴ島の嵐を乗り越えて太平洋に入った途端に海の色が変わった。同じ海なのに、いきなり青色から無風で鏡のような濃い藍色になった。太平洋と名付けられた瞬間である。そういう変化を「シー・チェンジ」と表現したのである。

つまり、ウェブ1・0とウェブ2・0は、大洋と同じようにつながっていて基本的な違いは何もないが、程度が大きく変わったことでネット社会の色合いが全く変わってきたのである。インターネットの利用者が5～10年の経験を積んで、誰もが発信能力を持つようになった。その結果、ダイレクト・コミュニケーションの母数が1対1から100対100、1万対1万、100万対100万、1000万対1000万と怒濤のように増えてきた。1億対1億になる可能性もある。

そういう巨大なサイバー・コミュニティの住人たちの間のトラフィックが、新しいビジネスになってきた。前出の梅田氏が『ウェブ進化論』で指摘しているように、「不特定多数無限大の人々から1円貰って1億円稼ぐ」ネットビジネスが現実味を帯びてきた。あるいは、情報そのものを動かすほどのパワーを持つようになってきた。それこそがウェブ2・0の本質であり、進化したというよりも、程度が変わってきたために従来とは異質なフェーズに入ったというほうが適切だろう。

通信の中の話としては、そういうことである。しかしサラリーマンにとって、これは何を意味しているか。そこが私のいいたいことである。つまり、これからは受信能力に基づいて処理能力で生きてきた人は価値が薄くなる、ということだ。また、世界中に存在するタレント（能力、意欲をもった人々）に発信することによって、自分あるいは自社の能力を何倍にも広げていける人々に、大きな力が与えられる、ということである。

私は、米ペンシルバニア大学のウォートンスクールでSEIというグループの役員をしているのだが、最近そのセンターが中心となってまとめた『We are smarter than me（邦題／クラウド・ソーシング）』という本が出版された。

この本は、執筆者がなんと4000人。ウォートンスクールのバリー・リバートとジョン・スペクターという2人の教授の呼びかけに応じて執筆した人々である。『ウィキペディア』という辞書も同じようにネット上の人々が集団で作成しているものだが、本書はネットを使った企業経営、とくに新製品開発などのやり方を持ち寄ったのである。ひと言でいえば、集団知を企業経営にいかに使うか、ということである。実は企業も個人もネットワークの持つこの強大な力を利用しないと生きていけなくなっているのだ。社員だけ頑張れ、とやっても限度がある。自分が一所懸命やっても、同じドツボにはまって抜け出せない。そうした時に世界中の人々の助けと知恵を借りよう、というのである。通信が人類社会にもたらした最大の〝福音〟がこれなのだ。だからサラリーマンは、このウェブ2・0時代に照準を合わせて「再起動」しなければ、馬力が足りないという話になる。

私も『ビジネス・ブレークスルー（BBT）大学院大学』で経営を教えているが、学生の平均勤務実績は15年である。つまり、第一線で活躍している人々が、クラスメートなのだ。だから教授から教えてもらうこともさることながら、クラスメート同士の激しいやりとりの中から、無限の教訓やヒント、刺激を得る。サロン（休憩室）では友情とやすらぎを得る。大学時代には味わったことのない知的刺激と実戦的スキルを、ネット上で体験できる時代になっているのである。

デジタル化でテレビはブックマークの一つになる

新大陸の放送通信分野においては大きな流れがある。デジタル化したテレビ局がインターネットサービスの一部、ブックマークの一つになってしまうという事態だ。

テレビ局はデジタル化を急いだが、それは死に至る道を急いだことになる。デジタル化は現在の民放の根幹を揺るがすからだ。つまり、民放はスポンサーの広告宣伝費で運営されている。その収益構造がデジタル化によって崩壊する可能性が高いのだ。

すでにアメリカでは「ティーボ（ＴｉＶｏ）」の登場によって、そうなりつつある。ティーボはアメリカで１９９７年にスタートしたテレビ番組の自動録画サービスだ。ユーザーは、まず１万〜３万円のＨＤＤレコーダーを購入し、月額12・95ドルの利用料を払って全米の地上波、衛星放送、ケーブルテレビの電子番組表から好きな番組を録画する。キーワードを登録することによって1万8000ともいわれる全米のチャンネルの中から関連する番組を自動的に録画でき、月々の利用料を取ることでハードディスク本体の価格を低く抑えている。しかも、ハードディスクに録画した番組はテレビで見るだけでなく、PSP（プレイステーション・ポータブル）やビデオ再生対応のiPodなどにもダウンロードできる。

アメリカの場合、全家庭の2割以上がティーボを利用しているという。日本にも参入したことになっているが、あまり聞かない。その最大の理由は、ティーボに〝CMスキップ機能〟があるからだ。そのせいでアメリカではテレビ番組からスポンサー離れが起き、テレビ局はCM収入が急減して存亡の危機に直面している。日本では、テレビ局や電通などの力がまだまだ強いので、このへんが報道さえも抑え込んでいるのではないかと私は推測している。

テレビが生き残るためのビジネスモデルは二つ

テレビ局がブックマークの一つになった時のビジネスモデルは二つしかない。

一つはコマーシャルモデルだ。たとえば、一時期話題になったUSENの「GyaO（ギャオ）」は、インターネットで配信されるドラマやアニメやニュースをパソコンで無料で見ることができる。ただし、CM収入で運営されているから必ずCMが入っていて、それを強制的に見せられるのがうざったい。また、視聴登録の際に個人情報を入力するので、自分の属性を覗かれて分析され、再利用されることも覚悟しておかねばならない。

もう一つはオンデマンドの有料モデルだ。しかし、果たして今の民放に有料でも見たいコンテンツがどのくらいあるのか？　ほとんどないのが現状ではないか。ＮＨＫにしても同じだ。

要するに、ワンセグによって携帯電話とテレビの境界がなくなったように、今後はテレビとパソコンの境界がなくなり、テレビはパソコンに、パソコンはテレビになるのだ。すでに日本の各パソコンメーカーは、地上デジタル放送（地デジ）の受信機能を備えた「テレパソ（テレビパソコン）」を相次いで発売している。さらに、半導体世界最大手のインテルは、パソコンをテレビ感覚で扱えるようにする半導体セット「Ｖｉｉｖ（ヴィーヴ）」を公開、すでに40社以上がＶｉｉｖ対応のコンテンツ配信を計画している。となると、次はパソコンを作るのか、テレビを作るのかという問題になる。テレビを作る時にＶｉｉｖを入れてしまえば、テレビをパソコンとして使うことも当然できるようになる。デジタル化とは、要するにＩＰ通信による放送の取り込みのことであった、と今になって騒いでも遅いのだ。

そういう流れで、今後は放送と通信の融合が進んでいくはずである。つまり、今まで家電量販店のテレビ売り場とパソコン売り場と電話機売り場は違う島だったが、それが一つの巨大なビジネス新大陸として現われようとしているのだ。

この大きな変化は、間もなく必ず起きる。しかし、新大陸の住人でサイバー分野のチャンピオンと思われていた人たちでも、この絵が見えている人は非常に少ないのが実情である。だからこそ、ＩＴの旗手といわれている人たちでさえも時代錯誤のテレビ局買収などに走るのだ。

既存メディアも「ユーチューブ」を利用

いま日本のテレビ局は地デジを盛んに宣伝している。国の政策により現在の地上アナログテレビジョン放送は、２０１１年7月24日で全国一斉に終了して地デジに完全移行するため、その利権を政・官・業が〝三位一体〟で漁っているわけだが、これは日本の役所やテレビ局がどれほど新大陸のことをわかっていないかという典型例だ。

たとえば、テレビ業界は地デジ移行後にサーバー型のデジタル配信（地デジのコンテンツをサーバーに蓄積し、インターネットで有料配信する）の開始を目指し、60社ぐらいが集まってフォーマットを決めようとしている。しかし、インターネットの世界では、すでにフォーマットに関係なく、ありとあらゆる映像（動画）が大量に流れている。

なかでも、このところ利用者が異常に増殖しているのが「ユーチューブ（You Tube）」だ。05年2月にアメリカで開設された動画共有サイトで、誰でも10分までの動画ファイルを「投稿」することができる。完全無料で、見るだけなら会員登録は不要。1日の動画閲覧数は数億回超に達し、毎日10万本もの〝新作〟が世界中から追加されているという。日本からの投稿・閲覧も簡単で、世界的には〝最多出場国〟だ。類似のものは、「ＪＯＯＳＴ」や「ニコニコ動画」など世界中で雨後のタケノコのように登場している。

これらのサイトは本来、自主制作の映像作品や自分が撮影したビデオなどを広く見てもらうことを目的としていたが、無断コピーしたテレビ番組の一部や映画なども数多く投稿されている。NHKの番組は何でもござれだし、民放のドラマやお笑い番組も山ほど投稿されているので、海外にいる日本企業の駐在員たちにとっては重宝なサイトである。さらに、最新の映画がみんな入っている。高性能ビデオカメラを映画館に持ち込み、客席からスクリーンを撮影したもので、画面は暗いが、字幕も読めて視聴には耐える。

もちろん、これらはすべて著作権侵害だ。実は、私も台湾での講演映像を投稿されて削除を要請した。著作権者が抗議すれば、すぐに削除されるのだが、投稿は「2ちゃんねる」同様に野放し状態で防ぎようがないから、イタチごっこが続いている。

ただし、その一方ではNBCが看板番組の宣伝ビデオを流したり、ハリウッド映画各社が近日公開の映画のハイライトシーンを配信したりしている。著作権問題で対立するはずのメディア企業の中から、ユーチューブの影響力を販促に利用するところが現われているのだ。

「数千万アクセス」続々……ユーチューブ〝人気の秘密〟

今や人々は大画面テレビでくだらないバラエティ番組やつまらないドラマを見るよりも、パソコンの小さな画面で素人が投稿した動画を見るほうが面白いと感じるようになってきている。

たとえば、ユーチューブに「ミス・サウスカロライナ」という投稿動画がある。これは「ミス・ティーン・USA」に出場したサウスカロライナ州代表が、質問に答えているうちにサウスアメリカとサウスアフリカを混同してトンチンカンなことを喋り出し、最後は南アフリカ共和国の話になってしまうという実録映像で、長くアクセス数が第1位となり、延べ2000万人以上が見た。その後、すぐにそのパロディが登場して大人気になった。ミス・サウスカロライナに扮した素人の女性が画面に登場し、ミス・サウスカロライナと同じような言葉遣いとバカさ加減でテレビのインタビューに受け答えをするという内容で、アクセス数も500万を突破したのである。

このほか、イギリスのタレント発掘番組で初代チャンピオンになって携帯電話のセールスマンからオペラの大スターに飛躍したポール・ポッツ、世界中の有名な観光地を訪れて下手くそなダンスを披露したオーストラリアのマット君、少女の短編連続ビデオブログ（実際はプロがアメリカ生まれのニュージーランド女優ジェシカ・ローズを使って制作していた）のロンリーガール・フィフティーンなど、ユーチューブで話題になると、世界中で数千万人が見ることも珍しくないのだ。最近では、アフリカの動物たちの生々しい生態が3000万近いアクセス数で2007年のチャンピオンになっている。

たとえば、私の妻はテレビを全く見ない。ニュースもネットでチェックし、興味のある記事だけをクリックしてBBCなどの動画ニュースを見ている。あるいは、ユーチューブなどで面白い動画を見つけると、友人たちに「これ見た？」とリンク付きでeメールを送っている。友人たちからも同様のeメールが送られてくる。つまり、すこぶる前向きなネットコミュニティが出来上がっているわけで、そういう状況が拡大しているから、ユーチューブで話題になった投稿動画のアクセス数が数百万、数千万に達するのだ。

当初、ユーチューブの動画は最長で1本5分間だったが、普通のテレビ番組が数百万人、数千万人の視聴者を5分間釘づけにすることは不可能だ。実際、ケーブルテレビのチャンネルが100もあるアメリカでは、ザッピングのために視聴者のテレビ1局に対する〝平均滞在時間〟は13秒でしかない。だからこそ5分間見てもらえる可能性の高いユーチューブが、広告メディアとしても大いに注目されているのである。

しかも、今や世界でビジネスをしようと思ったらユーチューブが欠かせない。たとえば、任天堂のWiiがアメリカで大きな話題を呼んだのは、津軽三味線の吉田兄弟を使った全米行脚のコマーシャルがユーチューブに流れたからだ。同じ頃にテレビ広告を懸命になって打っていたソニーとの初速の差はここでついてしまったのだ。

これまでは日本のテレビを外国人が見ているわけはないから、外国人ビジネスマンとの間でテレビ番組に関する共通の話題はなかった。しかし、最近は国際的なビジネスマンのディナーの席では会話がユーチューブの話題になることが多いので、常にユーチューブのアクセス数トップ10を見ておかないと話が合わないのである。

現に最近、世界中で爆発的な話題となったものはすべてユーチューブが〝震源地〟となっている。アップル社のスティーブ・ジョブズCEOがスタンフォード大学の卒業式で行なったスピーチ、カーネギーメロン大学のランディ・パウシュ教授の「最後の授業」、2014年冬季オリンピックのロシア・ソチ開催を決定づけたプーチン大統領（現首相）の英語による〝誘致スピーチ〟など、数え上げればきりがない。ユーチューブに流れたこれらの映像は、ほぼ同じ週に世界中のビジネスマンが見ており、旅行をすると、どこに行っても話題となる。国際的に活躍するビジネスマンは、こうした情報をeメールなどでお互いに知らせ合い、語り合っている。まさにネットワークの一部になっている人となっていない人との間には、大きな情報ギャップが生まれるのだ。それが政治・経済から個人の生き方や知識、業界のトレンド、自社の評判など、ありとあらゆるところに影響してくるのは、もはや時間の問題なのである。

地デジの巨額投資はカネをドブに捨てるようなもの

一方、アメリカには「スリング」という商品が登場している。自宅のテレビに取り付けて旅先からアクセスすれば、自分が世界のどこにいても、自宅のケーブルテレビの番組をスリングにダウンロードして、そのまま見ることができる便利な機器だ。いわば、ロケーション（場所）をシフトする〝プライベート・ワンセグ〟と考えればよいだろう。

また、前述のデジタルビデオレコーダー「ティーボ」は、タイム（時間）をシフトする商品だ。テレビの番組をティーボにダウンロードすれば、CMをスキップして好きな時間に見ることができる。アメリカでティーボを利用している家庭のうち88％はCMをスキップして見ている。

さらに、アメリカでは「マイスペース（MySpace.com）」というSNS（ソーシャル・ネットワーキング・サービス）サイトが、新たな広告媒体として注目を集めている。マイスペースは若者を中心に急速に普及して今や1億人以上が利用し、月間閲覧ページ数がヤフーに次いで多い人気サイトになっている。それに目をつけたニューズ・コーポレーションが買収し、傘下のＦＯＸテレビの人気番組を配信して広告収入や視聴料を得ているのだ。

たとえば、日本でも人気の『24』というドラマをマイスペースで見る場合、テレビで放送した時と同じＣＭが入ったままのものは無料、ＣＭをスキップしたい人は1・99ドルを払う仕組みになっている。ＦＯＸテレビに限らず既存のテレビ局は視聴率がどんどん下がって広告収入が減少しているが、マイスペースでも同じＣＭを流せば、スポンサーから今までと同じかそれ以上の広告料を得ることができるかもしれない、という発想である。

ただし、ＣＭありは無料、ＣＭなしは1・99ドルという選択肢を与えると、大半の人は無料でＣＭありのオプションを選ぶ。つまり、ＣＭスキップというティーボの悩みを解決するためには、マイスペースのやり方をすればよい、ということがわかったわけである。

同じＳＮＳでも、「フェイスブック（Facebook）」はハーバード大学のキャンパスで生まれただけあって、知的レベルが比較的高い人々に好まれている。08年の民主党大統領予備選挙においてはバラク・オバマ候補がこれをうまく利用して80万人近いサイバー応援団をボランティアとして集め、当初有力だったヒラリー・クリントン候補に競り勝った。〝集団知〟を結集すれば、金も票も集まる（もちろん、当人の能力があっての話だが）という好例である。

翻って日本では、地デジに移行するためのコストがテレビ局全体で1兆円かかるといわれている。だが、私にいわせれば、その膨大なカネはドブに捨てるようなものである。総工費５００億円の新東京タワー「東京スカイツリー」も無用の長物になるだろう。なぜなら、ユーチューブの台頭は動画版「いつでも、どこでも、誰とでも」のユビキタス世界が始まったということであり、この世界では「有料」という概念は成り立たないからである。

おそらく地デジに完全移行する2011年以降は、大半の家庭がテレビをブロードバンド環境のインターネットで見るようになり、たとえ有料放送であっても誰か1人が番組をダウンロードしてユーチューブなどにアップロードすれば、あとの人たちは無料で見ることができてしまう。となると、サーバー型のデジタル配信は日の目を見ないし、地デジ対応機器を買わせようと手ぐすね引いている家電業界も「取らぬタヌキの皮算用」になるだろう。要するに、画質の高い地デジに向かうのか、ブロードバンドで見られる程度の画質で我慢するのか、という選択だ。また、これを推進してきた政治家たちが、最後の瞬間に「貧しい人には無料で地デジチューナーを！」と叫ぶだろう。そうなると、「5000円チューナー」が出現してすでに投資をしていた人々の怒りを買うことになる。つまりは、ユーチューブがテレビ番組を違法配信するのではなく、テレビ番組がユーチューブのネタを追いかける事態になりかねない。国民すべてを地デジに誘導して儲けようとしている人たちの目論見は、大きく外れる可能性が高いのである。

「東京スカイツリー」はTV衰退の〝バベルの塔〟？

そして2011年の地デジ完全移行は、すべてのテレビ番組のユーチューブ化を意味する。これまで日本のテレビ放送はアナログだったから、それほどネットに乗せられずに済んでいた。しかしデジタル化したら、番組のハイライトシーンだけを勝手に編集してネット配信する輩が今以上に現われるのは間違いない。その結果、日本人のテレビ離れがいっそう加速するだろう。なぜなら、今のテレビを見ていると、誰でも「こんな番組は見たくない」「CMを飛ばしたい」といったフラストレーションが溜まるが、ネットの動画投稿サイトや動画共有サイトはテレビ局のバカさ加減をバイパスできるからだ。

また、テレビはテレビ局が垂れ流す番組を後傾姿勢の受け身で見るのに対し、ネットは自分が見たいコンテンツだけを前傾姿勢で積極的に見る。ヤフー・ジャパンが07年10月に行なったインターネット利用者アンケートによると、1日あたり2時間以上アクセスしている人が6割を超えている。1日2時間も積極的にネットをやっていたら、テレビを見る時間がなくなるのも至極当然だ。しかも若者は、さらに2時間近くを携帯メールに費やしている。

ただし、日本におけるテレビ離れの最大の理由は、テレビ局が提供者の論理でやってきたことにある。これまでテレビ局は電波利権の独占体制に胡坐《あぐら》をかいて自分勝手な「幕の内弁当」みたいなプログラムを視聴者に押し付けてきた。しかし、ネットの台頭によって、その構造は終焉を迎えている。ネットは一品料理で、しかもこちらから取りに行く。つまり好きでないものまで「混ぜて」見させられる苦痛もないのだ。

私にいわせれば、電波行政を司っている総務省自身が電波の世界で起こっていることを全くわかっていない。総務省は「放送と通信の融合」といい、放送が通信を取り込むと想定しているが、現実はその逆で、放送は通信のワン・オブ・ゼムになってしまっているのだ。重ねていうが、地デジの象徴となる「東京スカイツリー」は、おそらく既存テレビ局の衰退を後世に伝える〝バベルの塔〟となるだろう。

NHKが見誤ったウェブ2・0時代の〝メディア変動〟

2008年4月の改正放送法施行で配信事業が解禁されたNHKは、12月からインターネット経由で番組有料配信サービス「NHKオンデマンド」を開始する予定だ。人気ドラマなど約20番組を放送翌日から最大10日間配信するほか、過去の人気番組約1000作品も提供するという。テレビ向けは家電メーカー各社が出資して06年に設立したネット配信会社アクトビラやケーブルテレビ国内最大手のJCOM（ジュピターテレコム）に配信を委託し、パソコン向けはNHKの専用ポータルサイトを通じて配信するそうだ。

私はこのニュースを見て「まだNHKは、映像（動画）のネット配信という最もホットなビジネス新大陸で起きていることが全くわかってないんだな」と呆れてしまった。

まず、地上波で放送した番組を翌日にネット配信する意味が理解できない。有料なら放送と同時にネット配信してもかまわないはずである。地上波も衛星放送もネット配信も同時に行ない、そのかわりネット配信については1番組いくらのペイパービューか利用時間に応じて課金する従量制、あるいは利用時間の長さにかかわらず常に一定の利用料金を課金する定額制にする、というのであれば理解できる。同時ではなく翌日にするのは、受信料を払っている視聴者に申し訳ないからだろうが、それは自殺行為だと思う。誰かがＮＨＫの番組を録画して放送直後に動画投稿サイトのユーチューブやＪＯＯＳＴなどにアップロードすれば、翌日の有料配信を見る人はいなくなってしまうからである。

実際、２００７年の大晦日の『紅白歌合戦』は、放送が始まるやいなや、その映像がどんどんユーチューブに投稿され、ほとんどタイムラグなしに全世界で見ることができた。このため海外に住んでいる日本人は、日本で録画したビデオが届くまで待つ必要がなくなった。しかもユーチューブなら、自分が見たい歌手の名前を入力して検索すれば、その歌手がステージに登場した場面だけ見ることもできてしまうのだ。

また、人気ドラマなど約20番組を最大10日間配信するというのも理解に苦しむ。なぜ20にこだわる必要があるのか？　なぜ10日間と期限を設定するのか？　意味不明である。

現在、ネットの世界は「ロングテール」（※）が常識になっている。つまり、ネット配信は、できるだけ多種多様なコンテンツを大量に揃えて、ユーザーが自分の好きな番組を好きな時間に視聴できるようにすることが重要なのである。

番組を選ぶのはＮＨＫではなくユーザーであり、極端にいえば、大勢の人が見ている人気ドラマや過去の人気作品ではなく、見ている人の少ないお宝映像やレアものを充実させるべきなのである。それこそがブログやＳＮＳなどでユーザーが自由に情報を発信、交換できるようになったウェブ２・０時代の発想だろう。

※ロングテール／ネット販売などにおいては、膨大なアイテム（商品）を低コストで取り扱うことができるため、ヒット商品の大量販売に依存することなく、ニッチ商品（死に筋）の多品種少量販売によって大きな売り上げ、利益を得ることができるという経済理論。

「2011年、皆様のNHKは無料に！」という悪夢

ところが、NHKはロングテールがインターネットの特質だということもわかっていない。だから、ロングテールとは全く逆の「80対20の法則」（成果や結果の8割は、その要素や要因の2割に基づくという一般法則）に従うかのごとく、人気のある番組しか配信しないという愚を犯しているのだ。

さらに、最大10日間しか配信しないというのもバカげている。いつまでも永遠に見られるようにして、それこそまさに「NHKアーカイブス」を作っておけばよいのである。図書館のすべての蔵書を電子情報として提供したい、と発足したグーグルは今や映像コンテンツもすべて蓄え、無料で提供しようとしている。ユーチューブの買収もその線に沿っている。

前述したように、電波行政を司っている総務省は「放送（テレビ）と通信（インターネット）の融合」といい、放送が通信を取り込むと想定している。NHKもそう考えているから、今回のような「放送」優先のもったいぶった新サービスが出てくるわけだが、現実は逆だ。私が以前から何度も指摘しているように、通信が放送を飲み込み、放送は通信のワン・オブ・ゼムになって

しまうのである。

アメリカではＳＮＳのフェイスブックが、大統領選挙の行方を左右するまでになった。インターネットは匿名性が一つの特徴だが、フェイスブックの場合はその名の通り、基本的に本人の顔写真と実名が出ている。このため２００８年の民主党予備選では、フェイスブックを利用した草の根キャンペーンが大きな威力を発揮するようになった。

つまり、08年のアメリカでは、すでにメディアの主役が放送から通信に移ったのである。現にＣＮＮやＡＢＣなどのテレビ局は08年2月のスーパーチューズデーで事前予想を全部外してしまった。放送メディアが世論の動向を正確に把握できなくなったのは、通信メディアを捕捉していなかったからである。言い換えれば、通信メディアが放送メディアを上回る機動力と影響力を持つようになったからである。日本のケータイ文化も含め、今や世界中で通信メディアが世の中を変える大きな原動力になっているのだ。

このようなメディアの世界の〝地殻変動〟に対してＮＨＫ（および民放は）は全く無知なのである。だが、いくら浮世離れしたＮＨＫでも、時代の流れに逆らうことはできないから、遠からず全番組を放送と同時にネット配信し、それをそのままアーカイブに入れて、ユーザーが好きな番組を好きな時に見られる従量制か定額制のシステムに移行するしかないだろう。

そうしなかったら、２０１１年に地上波デジタルになった途端に海外で受信した何者かが、すべて無料でＮＨＫの番組を全世界に流すようになる。グーグルと同じくバナー広告を入れて稼ぐという芸当もできるので、課金する必要がないからである。「２０１１年、みなさまのＮＨＫは無料に！」。こんなゲリラサイトが出現しないことを祈るばかりである。

そして、今までのように放送局の流す「幕の内弁当」を受け身で見続ける人は老人ばかりになるだろう。広告を出す企業も、高齢者用紙おむつのメーカーなどに限られてくる。いま起こっている現象をほんの数年先まで伸ばすと、こんな世界が見えてくるのだ。政府も大企業もビジネス新大陸の住人にはなれないだろうが、若い人の邪魔だけはしないでもらいたいと願わずにはいられない。

新聞広告の効果が激減した原因は読者の「ティーボ化」

インターネットの世界が、ウェブ2・0と呼ばれるフェーズⅡの段階に入ってきたことを裏付けるように、いま新大陸のビジネスチャンスがどんどん拡大している。

たとえば、何かわからないことがあると自分で検索エンジンのヤフーやグーグルを使って調べる人が増えているが、その検索結果の上位に自分のHP（ホームページ）が出てくるようにするSEO（※）という技術がある。それを活用することができれば、eコマースのビジネスが成功する確率は飛躍的に高くなる。

なぜなら、グーグルなどで検索すると膨大な数のHPやブログが出てくるが、その中でクリックしてもらえるのは上位のほんのひと握りだからである。

たとえば「大前研一」を検索すると462万件出てくる（2008年8月現在）。検索結果は

1ページに10件表示されるので、それをすべて読むためには46万2000ページも開いていかねばならない。そんなことは不可能だ。

統計的に見ると、今のところ日本人は検索結果の3ページ目まで（約30件）読む人が多い。アメリカでは1ページしか読まない人、上位5件までしか読まない人が大多数になっている。インターネットに熟達してくると、最初に入力したキーワードで1ページ目の上位5件ぐらいまでに目的のHPがヒットしなかったら、検索画面に戻って違うキーワードを入れたり、キーワードの組み合わせを変えたりして再検索するのである。だから、SEOによって1ページ目の上位5件以内に出てくるようにすれば、クリックして訪問してくれる人が急増し、一晩に5000も1000も注文が殺到するということが十分ありえるわけだ。

そんなネットビジネスが成り立つようになったのは、日本人もパソコンと携帯電話を合わせて約9000万人がURLを持ち、非常に能動的な行動をとるようになってきたからである。しかも、この人たちはこれまでの広告にありがちだった余分な宣伝文句には全く反応しない。そういう性格をうまく理解した人が、新大陸で成功を手中にできるのだ。

一例は、第1章でも紹介した、マッキンゼー出身の南場智子氏が立ち上げたケータイオークション「モバオク」である。携帯電話のカメラで売りたい物の写真を撮影・送信するだけでオークションに出品できるモバオクは、誰もがカメラ付き携帯電話を持つようになったからこそ成り立つビジネスモデルだ。つまり、URL保有者数の拡大が業界の性格を変え、新しいビジネスモデルを生み出しているのだ。

その一方で、新聞広告の効果は次第に薄くなってきている。私自身の経験でいえば、新聞広告を見て申し込みや問い合わせをしてくる人の数は、この5年間で5分の1に激減してしまった。これを私は「目がティーボ（TiVo）化している」という言い方をしている。

前述したようにアメリカで普及しているティーボという機器は、テレビ番組をハードディスクに録画して再生する時にCMをスキップする。それと同じように、人々は新聞や雑誌を読んでいる時に目が広告を飛ばす癖がついてしまったのである。だから私は、同じお金であればネットで一番感度のよいところを自分で見つけて、そちらを優先するように戦術を変えた。

ただし、インターネットの世界も万能ではない。このところバナー広告の効果が急落している。かつてバナー広告が珍しかった頃は、みんなクリックしてくれたが、最近はあまりクリックしてくれなくなった。人間は情報が氾濫《はんらん》してくると、本能的に自分が求めている情報にピンポイントでたどり着きたくなり、それ以外のものは目に入らなくなる。ネットに慣れた人はサーフィンをしなくなるのだ。

※Search Engine Optimization＝検索エンジン最適化／ある特定の検索エンジンを対象として検索結果でより上位に現われるようにウェブページを書き換えること。

あらゆる企業は広告宣伝戦略を変えよ

こうした変化を踏まえると、あらゆる企業が広告宣伝戦略を変えねばならないことがわかる。たとえば、旅行会社は豪華なパンフレットを作り、細かいパッケージツアーの広告を新聞に出している。しかし、新聞広告の費用対効果は極めて悪い。実際、大手旅行会社は30万〜40万円のヨーロッパ旅行を一つ売るために4万〜6万円の広告宣伝費がかかっている。それほど新聞広告や立派なパンフへの反応は鈍いのだ。

では、旅行会社はどうすればよいのか?

答えは簡単だ。過去に自分の会社を利用したお客さんをデータベース化して属性を分析し、ナロー・キャスティング、ポイント・キャスティングをすればよいのである。つまり、同じような趣味・嗜好を持つお客さんに対し、あなた好みのこんな旅を企画しました、お仲間が10人集まったら催行します、と提案する。沖縄本島へ行った人には宮古島、石垣島、西表島などの離島ツアーを、世界遺産を見に行った人には別の世界遺産ツアーを、という具合である。そうすれば、その人たちは絶対に興味を持つはずだ。

あるいは、旅行会社がネット上にお客さん同士の情報交換用チャットルームを設置・運営する。いま流行のSNSに似たコンセプトだが、紹介があれば誰でも入れるというものではなく、過去に同じグループで旅行して気が合ったとか、何らかの交わり、つながり、縁などがあった人々をネットワークで組織化して絶え間ない交流の輪を作ってあげるのだ。

そこで交わされる会話は旅行会社の企画部隊よりもはるかに強力だから、旅行会社はそれを参考に専門知識を生かして具体的で割安なツアーを企画し、チャットルームの参加者に募集をかければ、格段に少ないコストで商品が売れるだろう。これはまさに利用者同士がＰ２Ｐでダイレクトにつながるウェブ２・０時代のコミュニティを利用したビジネスである。

旅行会社はそういう新大陸的な発想に基づいた新しいビジネスモデルに転換し、従来のビジネスモデルはやめなければならない。しかし大手旅行会社の大半は、従来のビジネスモデルを継続しながら新しいビジネスモデルも導入したい、といっている。しかし、それでは「選択と集中」のカギとなる〝ＯＲ〟の発想ではなく、〝ＡＮＤ〟の発想である。コストが嵩《かさ》むだけである。捨てるもののないところでは、やはり新大陸での領地獲得は難しいのだ。

新しいビジネスモデルを導入するセンスと従来のビジネスモデルを捨て去る勇気。この二つが、旅行会社だけでなく、あらゆる業界の経営者に求められているのだ。

今後のサイバージャングルのカギは「個人」

では今度は、ネット広告専門の営業会社はどうなるのか？　今のままの戦略では将来は暗い、と私は思う。

インターネットに慣れた人はネット広告を無視するようになるため、すでにバナー広告などの効果はどんどん低くなっている。バナーを開けなくなってきているのだ。

ところが、ネット広告の営業会社は、ネット上の広告スペースを取ってくることを生業《なりわい》にしている。いわば「サイバー電通」「サイバー博報堂」だ。電通や博報堂はテレビのCM枠や新聞・雑誌の広告枠を取ってくることでマージンを稼いでいる。ネット広告代理店のサイバーエージェントなどもそれと同じで、このHPは大勢の人が見にきます、一番目立つ場所の広告枠をいくらで取ってあげます、という商売を柱にしている。電通や博報堂など従来の広告代理店がネット広告対応に遅れた間隙をついて、業容を拡大してきたのである。

しかし、おそらくネット広告専門の営業会社は徒花《あだばな》に終わるだろう。なぜなら、ウェブ2・0と呼ばれるインターネットのフェーズⅡの段階では、すべての会社が自分でネットの世界の中からお客さんを見つけてくる努力をしなければならないからである。

私の会社では、検索エンジン・グーグルの検索結果の上位に自分のHPが出てくるようにするSEO技術を使って、最も効果的にお客さんにアプローチする方法（たとえば、どんなキーワードをHPに盛り込んだらグーグル検索の上位に出てくるのか、といったこと）を常に研究している。ネット広告会社に広告を頼むという発想は端《はな》からない。

ネット広告会社の中には、カネにあかせて無理なSEOを展開し、グーグルにスパム（迷惑な情報）判定をされているところもある。つまり不自然、あるいは強引なやり方に検索エンジンが騙されなくなっているのだ。

私にいわせれば、そもそもネット上に広告スペースがあると思い込んでいること自体が間違いだ。企業が新大陸のサイバージャングルで生き残っていこうとするならば、第三者にネット広告を委ねるのは責任放棄であり、自ら命綱を放すようなものである。

いまネット広告専門の営業会社が成り立っている理由は、情報の知識ギャップにある。つまり、ネットを知り抜いていると称する会社に、まだネットに疎い会社とネットを知り抜くことを拒否している会社がカモられているだけなのだ。

これまで繰り返し述べてきたように、今後のネット社会は利用者同士がP2Pでダイレクトにつながるコミュニティに比重が移っていく。ということは、これからのカギは個人である。というか、個人以外にはありえない。企業は世界中の約10億人、日本だけでも約9000万人に達しているURL保有者の中から、自社の商品やサービスに対する反応が一番良いセグメント（すなわち財布を開いてくれるかもしれない人々）を見つけ出してくる方法を知り抜かねばならない。それがサイバージャングルで生き残っていくために最も重要なことである。

最近のeコマースの世界では、探し物は自分で検索し、そこから必要な情報を得て、直接購買する、という経路が多くなっている。バナーやリンクに依存しなくなってきている。検索連動型の広告でさえ、記事だけ読んで広告は開けない。開けたらどういう世界が展開するのか、ユーザーはお見通しなのである。

ネット上の巨大コミュニティを利用せよ

つまり、20世紀の旧大陸の電通モデルや21世紀初めのウェブ1・0時代の〝ネット代理人〟モデルでは、お客さん個人とのダイレクト・コミュニケーションは構築できない。だからこそ企業はネットにおける顧客アプローチを絶対にアウトソースしてはいけない。サイバージャングルにどっぷり浸かってウェブの中を這いずり回るという覚悟を持ち、必ず自分でやらねばならない。SEOを導入するにしても、プログラムの方程式をグーグルの進化に合わせて毎日変えていける能力を社内で持たねばならない。なぜなら、自分が売りたい商品やサービスを一番よくわかっているのは自分だからである。

いま日本はインターネット関連企業がテレビ局を買う時代だが、アメリカではテレビ局がインターネットの人気サイトを買うという逆さまの現象が起きている。その理由は、テレビ局がCMを取れなくなってきているからだ。

アメリカには、楽天のような〝百貨店サイト〟はない。その代わり、チーズ、ワイン、ゴルフ、弁護士といった細かい分野ごとのナローなサイト、共通の話題を持った人だけのシングルテーマパークがたくさんあり、数百万人の会員を擁しているサイトも多い。

たとえば、赤ちゃんを育てている母親のためのベビーセンター・ドットコム（babycenter.com）、長生きできるヘルスケアについてアドバイスするドクターワイル・ドットコム（drweil.com）などが大いに人気を集めている。幕の内弁当や百貨店的なサイトは過去のものとなってしまった。しかも、シングルテーマパークは類似サイトが多くても最終的に1人勝ちになるので、生き残ったサイトは一つの巨大コミュニティになっている。

だから、そういうコミュニティの住人たちが興味を持ちそうな商品の場合、そのサイトにテレビと合わせて広告を出せば、テレビ単独のCMよりもターゲット顧客の目に触れる効果があるということで、テレビ局によるコミュニティサイトの運営会社の買収合戦が激化しているのだ。

日本では、この種のコミュニティはまだ出来上がっているとはいえない。あったとしても、アメリカに比べると非常に未成熟である。つまり、日本のネット広告は発展途上であり、これから本当の変化、すなわちサイバージャングルでの人と人との直接の出会いが始まるのだ。

米旅行サイト「サイバーコンシェルジュ」の付加価値

ネット旅行サイトにもその流れが見てとれる。この業界を世界的に見ると、アメリカの「エクスペディア」「トラベロシティ」「オービッツ」が3強だ。このうち最大手のエクスペディアが日本市場に参入を果たしている。

エクスペディアは米マイクロソフトの1事業部として1995年に発足し、96年に独立した。航空券やホテル、レンタカー、旅先でのツアーなどをお客が選んで一括予約できる「ダイナミックパッケージ」というサービスが特徴だ。

エクスペディアの最大の強みは、ほとんどすべての航空会社、ホテル、レンタカー会社を自由に組み合わせられることである。たとえば、私が「日本からプラハまでの航空券を予約したい」と入力すると、最初に「どんな順番にしますか？」と聞いてくる。それで価格の安い順、出発時刻の早い順など自分が重視する要素を指定すれば、その順番で並べてくれるのだ。乗り換え回数や機種もわかる。ホテルやレンタカーも様々な選択肢が用意されている。つまり、向こうが売りたいものを一方的に出してくるのではなく、お客が自分で好みの便や宿を選んでオーダーメードの旅行を作ることができるわけだ。

もう一つのエクスペディアの強みは、旅のスケジューリングができることだ。私は海外旅行も国内旅行も、すべてエクスペディアでスケジューリングをしている。なにしろ世界中の航空会社のフライトスケジュール、世界中のホテルやレンタカーが自由自在に検索できるし、複数の国を移動する複雑な乗り継ぎも簡単に調べることができるのだ。

さらに過去の利用状況から、好みの部屋のタイプやレンタカーの大きさを覚えていてくれる。たとえば、前回オーシャンビューの禁煙ルームを予約していれば、次回も同じ条件の部屋が出てくる。条件はその都度変更することもできる。いわば〝サイバーコンシェルジュ〟の機能を備えているのだ。だからエクスペディアは実に便利だ。一度使ったら、二度と他のサイトは使えないほど楽チンである。

日本でこれが成功するかどうかはわからない。「楽天トラベル」は年間2400万泊ものホテル・旅館の予約を取っている。だから、そこでの値引きには強烈なものがある。高級セグメントでは「一休ドットコム」も強い。日本の場合、国内旅行では値引きがないか少ないので、安くできるのはレンタカーやホテルになる。ここがエクスペディアが苦戦するだろうとみる理由だ。海外のチケットなら「HIS」や「No．1トラベル・ドットコム」に行く人が多い。したがって、ここでも〝日本の特殊事情〟が彼らの参入障壁となっている。

ポータルサイトは中立で偏見のないことが第一条件

ネット旅行代理店を含むインターネットのポータルサイトにとって最も重要な「成功のカギ」は、エクスペディアのように、すべてのコンテンツ提供者と等距離で中立で偏見がない、ということだ。言い換えれば、バイアスを持ってはいけない、ということである。

たとえば、「アマゾン」がバイアスを持っていて、Aさんの本を買おうと思っている人にBさんの本を奨めたら、絶対に憎まれる。利用者の検索に対してバイアスのかかっていない純粋な情報を提供しないと、決してうまくいかない。実際、この10年間に登場したバイアスのあるサイトは、すべて失敗している。

また、アメリカ人のエクスペディアに対し、ヨーロッパ人がよく使っているネット旅行代理店は「ラストミニット」だ。こちらはエクスペディアのようなスケジューリングサイトではなく、パッケージ旅行専門、それもほとんどが今週末だけの予約サイトである。今週末の出発だから、ただでさえ価格は非常に安いのだが、週末が近づくにつれてさらにだんだん値下がりし、金曜日の午後に最も安くなる。

たとえば、ロンドンのビジネスマンが金曜日に仕事が終わってから彼女とガトウイック空港で待ち合わせて夜の便で出発し、パリでウイークエンドを過ごして月曜日の仕事に間に合うように帰ってくる、といったパッケージ旅行が信じられないほど安い価格で売られているのだ。

しかも、格安パッケージ旅行でありながら、定番の観光名所を回るのではなく、必ず内容にひとひねり、ふたひねりの工夫が凝らされている。たとえば「パリの高級レストランでディナーを食べたあと、人気のディスコに行くと長い列があるから裏口に回って黒服のジャンを呼び出せば待たずに入れる」とか、「オペラ座で観劇を楽しんでから、セーヌ川を望む有名なバーの特等席で静かに語らう」とか、読んでいるだけで楽しくなるような物語性がある。宿泊するホテルのグレードも非常に高く、安かろう悪かろうではない。

ちなみに、ヨーロッパには格安航空会社がいくつもある。

最大の会社は「ライアンエアー」だ。「予約はネットのみ」「機内で飲食物を出さない」「着陸料の高い大きな空港は避ける」「預ける荷物は1人15キロまで。超過分は1キロあたり8ユーロ徴収」といった徹底的なコスト削減により、最安値が片道1ポンド（約210円）以下という破壊的な運賃を実現させている（税や空港使用料、クレジットカード手数料は別）。フライトが2時間以上なら無料の便もある。ただし、飛行中は機内のカジノで遊ばねばならない、という仕掛けになっている。

2番手は「イージージェット」だ。こちらのコスト削減もライアンエアーに負けず劣らずで「全席自由席」が特徴だ。ライアンエアーの最大の難点は就航している空港が辺鄙《へんぴ》な田舎に多いことだが、イージージェットは発着空港が良心的なので、利便性では勝っている。いずれにしても、日本の航空運賃が、まだ異常に高いことだけは確かである。

旅行に対する消費者のニーズが多様化している今日、日本のネット旅行代理店は、もはや価格が安いだけでは生き残っていけない。楽天トラベルに限らず、ラストミニットのような企画力や構想力、創意工夫がなければ、エクスペディア的な〝黒船〟に対抗できないと思う。ビジネス新大陸の世界はウェブ２・０というフェーズⅡの段階に入った。このウェブ２・０時代は、まったく新しい構想や概念を生み出すいわゆるハイコンセプトの時代であり、これからのネット旅行サイトは付加価値で勝負しなければならないのだ。

アマゾン「総合サイト」の狙いは「グーグル対策」

２００７年春、オンラインストア大手の「アマゾン・ジャパン」が、新サービス「マーチャント@amazon.co.jp」を開始した。アマゾンのサイト内に企業が独自にテナント出店できるサービスで、02年7月にスタートしたアメリカの「Merchants@Amazon.com」の日本版。アメリカ以外では06年10月のイギリス、ドイツに続いて3か国目の展開だ。

「マーチャント@amazon.co.jp」には、①テナントがそれぞれ専用のトップページ（ストアページ）を構築することができる、②アマゾンの受発注・決済システムを利用できる、③商品検索の際はアマゾン独自の商品とテナント商品が同列で対象となる、④テナントのほうがアマゾンより条件が良ければ「ショッピングカートに入れる」ボタンを優先的に使う権利が得られる——などの特徴がある。当初の取り扱い商品カテゴリーはスポーツ&アウトドア、エレクトロニクス、ホーム&キッチン、おもちゃ&ホビー、ヘルス&ビューティ、ビデオゲーム、ソフトウェア。出店企業はアマゾンが商品やサービス内容などの条件から厳選する「招待制」で、カタログギフトのリンベル、丸井グループの通販・ＥＣ（電子商取引）提供企業マルイヴォイ、エディー・バウアー・ジャパン、日比谷花壇など約50社でスタートし、１３０社以上に拡大している（08年8月現在）。

この「マーチャント@amazon.co.jp」は、これまで自ら商品を仕入れて在庫・販売・配送する「リテール」ビジネスと個人・企業を問わずに新品／中古品を出品できる「Ａｍａｚｏｎマーケットプレイス」の提供にとどまっていたアマゾンが「貸し店舗」に手を広げたわけで、いわばアマゾンの楽天市場化（モール化）である。

ただし、アマゾンのジェフ・ベゾスＣＥＯは、もともと「世界一の小売業になりたい」と公言し、これまで何度も今回の新サービスと似たようなことにチャレンジしてきた。家具、家電製品、スポーツ用品などをそれぞれの業者と提携して品揃えし、フルフィルメント（物流）を外注して販売してきたのである。しかし、それはオンラインストアがシングルテーマパーク化（専門店化）して総合ショッピングサイト（百貨店サイト）が崩壊していくという趨勢の中で、ことごとく失敗している。アマゾンの利用者はアマゾンで本やＣＤやＤＶＤは買うが、それ以外の商品はほとんど買わない。その商品専門のシングルテーマパークで買うのである。

にもかかわらず、なぜアマゾンはあえて総合ショッピングサイトになろうとしているのか？答えは「グーグル対策」だ。私は、以前から指摘しているように、グーグルが〝ネットの覇権を握る日〟が、いつか必ずやってくるとみている。実際、すでにアメリカではグーグルが検索サービス市場の約60％、オンライン広告市場の約50％を占めるようになっている。ヤフーが強い日本では、まだそこまで行っていないが、先行指標のアメリカで起きている現象は、じわじわと日本にも波及してくる。だからアマゾンは、グーグルがこれから何を仕掛けてくるか、非常に気にしている。そして、おそらくグーグルは（グーグルチェックアウトなどで財布を握って）総合ショッピングサイトになると読み、その前に自分が先手を打って有力な店を集めてしまおう、と考えたに違いない。

「検索サイト＝ショッピングサイト」になる

それは言い換えれば、アマゾンさえもグーグルに置き換えられるかもしれない、ということだ。

グーグルがチェックアウトという決済機能を持った結果、グーグルで本のタイトルを検索したら、そのまま出版社や書店のショッピングサイトに飛んでアマゾンを通さずに買い物をする、ということが可能になった。つまり「検索サイト＝ショッピングサイト」になるわけだ。

出版社や書店から見ると、グーグルで検索したお客さんが直接自分のサイトに買いに来てくれたほうが、マージンを取られるアマゾン経由より絶対に得である。しかも、グーグルチェックアウトは自前の決済機能だから、クレジットカード決済の手数料を既存のショッピングサイトより安くすることもできる。店の側からすると、それだけでもありがたい。

さらに、グーグルは利用者のデータを他のサイトより真面目に蓄積しているから、その人の支払いが今まで一度も滞っていない場合はクレジットカード手数料を優遇することも可能だし、楽天市場のように購入代金の1%をポイントで還元するといったサービスも自由自在に設定できる。そこまでいけば、グーグルは他の追随を許さない強力な総合ショッピングサイトになるだろう。

私が『新・資本論』などで何度も述べてきたように、eコマースの〝成功のカギ〟は「ポータル」「決済」「デリバリー」である。つまり、商品の検索、代金の支払い、そして物流が三位一体にならないとダメなのだ。

その点、グーグルは検索から入ってきてポータルになり、グーグルチェックアウトを持って決済ができるようになった。ポータルと決済を押さえたら、後はフルフィルメントだけだが、実はフルフィルメントに関してはドロップシップ（自分では商品在庫を持たず、注文を受けたらメーカーにオーダーし、メーカーからお客に商品を発送する方法）が盛んになった関係で専門業者がたくさんあるし、フルフィルメントは持っているけれどもポータルがなくてお客さんに知られず悶々としている会社も多い。そういう会社を利用すれば、グーグルは明日からでも提供者と購買者を最短距離で結ぶ究極の総合ショッピングサイトになることができるわけで、それはアマゾンだけでなく楽天市場など既存のショッピングサイトすべてが恐れていることなのだ。

ただし、グーグルの「次の一手」は、まだはっきりしていない。私は、グーグルは大きく分けて二つのものを狙っていると思う。サッカーに喩えればゴールの左側と右側で、左側がショッピングモデルだ。いまグーグルはペナルティキックを蹴ろうとしている。ゴールキーパーのアマゾンはグーグルが左側を狙っていると読んで左足に重心をかけた。しかし、グーグルはゴールの右側を狙っているかもしれない。次はグーグルが右側を狙っている場合について分析する。

すべてのメディアがグーグルに支配される日

では、グーグルが狙っている〝ゴールの右側〟は何か？　広告モデルである。こちら側にグーグルがシフトしていくと、すでにアメリカでグーグルが50％のシェアを占めているオンライン広告はもちろん、テレビや新聞、雑誌など他のメディアの広告も壊滅的な状況になってしまう可能性がある。

なぜなら、グーグルが目指しているのは、最も反応率が良かった広告は何か、ということを客観的に評価できるようにすることだと思われるからだ。そうなれば、グーグルは広告主に対して、あなたの会社のこの商品について消費者が一番多くクリックしてくれたCMはこれですよ、という客観的な評価を提供できるようになる。さらに進むと、1人ひとりの消費者がこんなことに興味を持っている、こんな趣味がある、こんなものを買っている、といったデータを無機質に自動化して蓄積し、それを基にテーラーメードの広告を出すことが可能になる。

日本のテレビで野球のメジャーリーグを観ていると、バックネット下の部分に日本企業の広告が出ている。あの広告には、印刷されたスクリーンがロール式で動くものと、クロマキーによる電子表示（合成画面）の2種類があり、後者の場合はバックネット下の広告スペースが青一色に塗られており、その部分にＭＬＢが日本向けの放送には日本企業の広告を電子的に挿入して映像を作っている。

グーグルが企図しているのは、それを個人向けにしてしまうことだろう。つまり、個々人に対してその人の年齢や性別、趣味・嗜好、購買動向などに合わせた別々のＣＭを流そうというのである。いわば〝究極のポイント・キャスティング〟だ。

そしてグーグルが最終的に狙っているのは、スポンサーに対して、最も消費者の反応が良くなるＣＭミックスを提案することだと思う。グーグルに任せてくれたら、最適なメディアを組み合わせます、とやるわけだ。スポンサーから見ると、メディアの選択肢が一気に広がり、その中からセグメント別にＣＭを打つ、ということができるようになる。そうなればメディアはすべて（ユーチューブも握ってしまった）グーグルに支配され、電通や博報堂など旧大陸の広告代理店も、サイバーエージェントのような新大陸のインターネット専門広告代理店も不要になってしまう。

これまでグーグルは、ＳＥＯ（検索エンジン最適化プログラム）を否定するような動きを、けっこうしている。これは裏を返せば、グーグルが将来、自分でメディアを支配し、広告を牛耳ろうとしている証拠にほかならない。つまり、どうすれば検索結果で上位に現われるのか、という肝《きも》の部分をなるべく神秘化して、他の人には手出しできないようにしておこうという意図が見え見えなのである。

グーグルが本気で狙っているのはどっち？

グーグルが広告モデルにシフトしようとしていることは、オンライン広告企業の「ダブルクリック」を買ったことでも明らかだ。ダブルクリックはアフィリエイト・プログラム（※）などを開発したオンライン広告の草分けだ。

ダブルクリック買収によってグーグルは、広告主やウェブパブリッシャー向けの大規模な広告販売／配信ネットワークを手に入れ、ヤフーに後れを取っていたバナー広告ビジネスを強化することが可能になった。だから、マイクロソフトはヤフーを傘下に入れてグーグル対策をしようと模索したのである。

一方、ゴール左側のショッピングモデルは、グーグルに攻め込まれたら、おそらくひとたまりもないだろう。先に述べたように、アマゾンは、自社サイト内に企業が独自にテナント出店できる新サービス「マーチャント@amazon.co.jp」をアメリカ、イギリス、ドイツに続いて日本でも開始した。しかし、すでにアメリカでは総合ショッピングサイト（百貨店サイト）が衰退し、シングルテーマパーク（専門店サイト）が主流になっているし、グーグルチェックアウトという決済機能を持ったグーグルからクリック一発で各シングルテーマパークに飛び、そこでダイレクトに買い物ができるようになれば、アマゾンの「マーチャント@amazon.co.jp」は、よほど特長のあるテナント、ネットではアマゾンにしか出店していないような希少性のあるテナントを揃えない限り、苦戦は免れない。現在のありふれたラインアップでは太刀打ちできないだろう。

さて、グーグルが本気で狙っているのは、ゴールの左側（ショッピングモデル）と右側（広告モデル）のどちらなのか？

私はたぶん両方だと思う。ただし、すぐにグーグルが他社からショッピングと広告のシェアを奪おうとアグレッシブに動き出すかといえば、それは疑問である。あまりに性急に事を運ぶと、かつてのマイクロソフトと同じように、独占禁止法違反で訴えられたり、その他いろいろとネガティブな事態が発生する恐れがあるからだ。

したがって、グーグルは〝速攻〟をかけるのではなく、ゴール前でボールを回しながら、じわじわと包囲網を狭める〝遅攻〟でくるだろう。そして、気がついたら、2個のボールがゴールの左側と右側、両方のゴールネットを揺らしていた、という結末になりそうだ。

※アフィリエイト・プログラム／インターネットユーザーが広告掲載者のサイトを経由して広告主の商品を購入した場合や、表示された広告をクリックした場合、その成果に応じて広告主から広告掲載者に手数料が支払われるシステム。

日本上陸した中国人気サイト「百度」成功の条件

中国最大手で世界第3位の検索ポータルサイト「百度《バイドゥ》（Baidu）」（www.baidu.jp）が、日本で本格的にサービスを開始した。２０００年に創業した百度は、中国で先行していたヤフー・チャイナやグーグルを向こうに回して04年に検索シェアナンバーワンの座を奪取し、07年のシェアは7割に達している。現在、日本における検索ポータルサイトのシェアは、ヤフー・ジャパンが約65％、グーグルが約30％を占める完全2強体制。はたして百度は2強の牙城を崩すことができるのか？

結論を先にいうと、百度が成功する可能性は非常に低いと思う。なぜなら、ポータルサイトが国境を越えるのは、今のところ極めて難しいからだ。たとえば、日本とアメリカのポータルサイト最大手を見ると、検索エンジンは日本がヤフー・ジャパンでアメリカがグーグル、オークションは日本がヤフー・ジャパンでアメリカがイーベイ、SNSは日本がmixiでアメリカがマイスペース、ホテルの予約は日本が楽天トラベル、アメリカがエクスペディアである。

しかも、アメリカのポータルサイトのイーベイやAOLは、日本に進出して惨敗している。アメリカで成功した新車購入支援サイトのオートバイテルも、メーカーの系列販売が強い日本では苦戦しているし、中古車販売・買い取りのカーポイントも華やかにデビューした割に最近は活動を見かけない。アメリカ生まれのポータルサイトで日本でも成功したのは、井上雅博社長が日本向けにフルモデルチェンジしたヤフー・ジャパンだけ、ようやく軌道に乗ってきたのがアマゾンぐらい、という状況なのである。

したがって、百度が日本で成功するためには、ヤフー・ジャパンの井上社長に匹敵する優秀なトップを見つけられるかどうか、もっと具体的にいえば、日本のインターネット利用者のことを熟知している経営者を見つけられるかどうか、ということが最も重要なカギになる。ところが、百度のロビン・リー総裁兼ＣＥＯは会見で「我々はテクノロジーベースのメディアカンパニー」と述べている。これではヤフー・ジャパンに勝つことはできない。

もし、検索サイトがテクノロジーベースの勝負であれば、最先端を走っているグーグルが世界中で圧勝するはずだが、日本では未だにヤフー・ジャパンのほうが強く、中国でも百度がグーグルを圧倒している。つまり、インターネットの世界では、テクノロジーベースで国境を越えることができたケースは、ほとんどないのである。

ネットビジネスでは「左脳型」商品しか売れない

では、テクノロジー以外に何が必要なのか？　日本で成功するためには、日本のインターネット利用者の痒《かゆ》いところに手が届くようなサービス、あるいは圧倒的に「得」するものを提供しなければならない。仮に百度が日本のインターネット利用者のことを熟知している経営者を見つけられたとしても（２００８年の7月にヤフー・ジャパンの幹部2人をスカウトしているので、本気でやろうとしていることは確認できたが）、その人たちが日本に合ったものを作り込むために十分な資金を調達し、時間的にも忍耐強く待つことができるかどうか――。百度が日本で成功するためのハードルは、すこぶる高いのである。

もちろん同じことは日本のネット企業にもいえる。日本のネット企業が海外で成功した例も、まだない。楽天は27か国・地域に進出するという計画を打ち出しているが、同様の理由で成功する可能性は低いと思う。日本の楽天市場の商店街方式をそのまま外国に持ち込んだら、必ず失敗するだろう。ディー・エヌ・エーも、日本で成功した携帯専用のゲーム・SNSサイト「モバゲータウン」や携帯オークションサイト「モバオク」などの「モバ戦略」をアメリカに持ち込もうとしているが、その成否は「モバ戦略」をアメリカの携帯電話ユーザーや現地のネットワーク特性に適合したものに変えられるかどうかにかかっている。

要するに、インターネットの世界ではサービスメニューに世界標準がないのである。国によってユーザーの「嗜好」や「癖」が違うからサービスメニューが国境を越えられないのだ。

唯一、オンラインショッピングで日本でも成功したと思われるアマゾンは、その点で非常にうまい領域を狙っている。というのもインターネットでは、数字やロジックで判断できる左脳型の商品しか売れないからである。左脳型の商品とは、飛行機の座席や家電製品のように、どこで買っても同じものをいう。これはインターネットで買うのに向いている。一方、右脳型の商品とは、洋服や靴のように、実際に触ったり身につけてみたりしないとわからない、感性に左右されるものをいう。こちらはルイ・ヴィトンのような強烈な定番・定価商品や、カリスマ主婦の推奨などのある一部の例外を除き、インターネットでは売れたためしがないのである。

そういう意味では、アマゾンが最初に手がけた「本」は、インターネットと最も相性の良い、どこで買っても同じものが届く左脳型商品だ。CDやDVDも同様である。

ところが、現在のアマゾンは百貨店化して様々な商品を取り扱うようになり、その中には家具も含まれている。しかし、家庭用の家具は右脳型の商品である。実際、かつてアマゾンは家具を売って惨敗している。にもかかわらず、再び性懲りもなく家具を売るというのは、私には全く理解できない。

ビジネス新大陸では〝サイバージャングルの掟〟を熟知していないと、勝ち残っていくことはできないのである。

ヤフー＝イーベイ「日米共同巨大売買サイト」の勝算

ネットオークションの世界では、日本最大手のヤフーと世界最大手の米イーベイが業務提携し、相互乗り入れをすることになった。

２００７年12月に両社が立ち上げた共同サイト「セカイモン」（sekaimon.com）では、すでにイーベイのアメリカでの出品物情報が日本語で表示され、ヤフーのオークションサイト「ヤフー・オークション（ヤフオク）」でもイーベイの商品が日本語で出品されている。08年中にはイーベイの米サイトでヤフーの商品が英語で出品されるようになるという。

ヤフーのオークション会員は約６６０万人、年間取扱高は約７１００億円。イーベイの全世界の利用者数は約2億４８００万人、年間取扱高は約5兆７２００億円。提携によって双方の会員が相手国の出品物に簡単に応札できるようになり、国境を越えた消費者間の巨大な売買市場が成立することで、ネットが生む新たなモノの流れが内外価格差の縮小を促すことになりそうだ、と日本経済新聞は解説している。だが、私は提携の意味はあまりないと思う。

振り返れば、イーベイは１９９９年に日本に進出したものの、ヤフーに惨敗して02年に撤退した。逆にアメリカのヤフー本体はイーベイとの競争に敗れ、07年5月にオークション事業からの撤退を発表した。したがって両社は互いに憎み合っていたはずだが、よく考えてみたら互恵的だということになり、〝恩讐《おんしゅう》の彼方に〟手打ちと相成ったのだろう。

しかし、ヤフーとイーベイが提携しても、双方の消費者にさほどメリットがあるとは思えない。それどころかトラブルが多発する恐れがある。というのも、出品物情報の日本語が機械翻訳によって表示されるからだ。

実際、「セカイモン」でイーベイに出品されている物の紹介欄を見ると、誤訳だらけでほとんど意味不明である。ネットオークションはＣ２Ｃ（一般消費者間の取引）なので、機械翻訳で間違いや誤解があったら、大変なことになる。つまり、機械翻訳そのものが大きな過失、瑕疵《かし》の元になる危険性があるのだ。

もし、機械翻訳が原因でトラブルが続発したら、ヤフーとイーベイの信頼性は一気に失われてしまうだろう。とくに賞味期限や製造日の1日で大騒ぎするような日本では、機械翻訳が不正確だったために買った商品が自分の想定したものと違っていたら、クレームが殺到するのではないか。

アメリカ発eコマースの日本向けトップ3は？

さらに、そもそも出品物が双方の消費者にとって魅力的かどうかもクエスチョンマークだ。日本経済新聞は「日米間では米国のネット競売のほうが安かったり、日本のほうが豊富に出展されたりする物品がある」として、アメリカのほうが安い物の一例にゴルフクラブを挙げている。たしか「キャロウェイ」など日本で人気のあるアメリカンブランドの新品のゴルフクラブはアメリカのほうが割安だ。しかし、それを買う場合はアメリカのゴルフ用品専門サイトのほうがイーベイよりも品数が豊富で安い。新品の家具、ワインなども同様だ。

また、ファッション関係の商品はeコマースで国境を越えられないということが、すでに証明されている。アメリカで話題になっていて日本未発売の新しいブランドなどは日本で買いたい人がいるかもしれないが、定番となった「TUMI」の鞄のように品番でわかる物はともかく、衣料品や靴はネットで売れたためしがないのである。なぜなら、そういう商品は実際に現物の色や柄を見たり触ったり試着したりしなければ買いにくいし、同じサイズでもメーカーによってかなり大きさが違うからだ。

セクシーな女性下着の販売で知られるアメリカの「ヴィクトリアズ・シークレット」は日本で売れているアパレルeコマースの数少ない例だが、その理由は日本の若い女性たちが同社の通販用カタログを持ち帰って日本から注文した結果、ほぼ正確なサイズがわかるようになったからである。

一方、中古品を買うなら、ゴルフクラブをはじめ大半の物は日本のほうがアメリカよりも安い。たとえば自動車は、日本だと3年落ちで新車価格の半額以下になってしまうが、アメリカでは3割しか下がらない。この差があるために日本の自動車をアメリカで買いたい人が出てくる可能性はあるが、ハンドルが逆だから実際にはこの流れもない。家電製品や事務機も電圧が違う。日本経済新聞は「米国の愛好家が日本のキャラクター商品などをヤフーで落札することなども見込んでいる」と書いていたが、その分野でそれほど大きなニーズがあるとも思えない。

つまり、日米間のネットオークションでボリュームがまとまりそうな商品が見当たらないのである。現に、アメリカ製品を扱っているアメリカのネットショップ「バイ・アメリカン」(buyamerican.com)で日本向け売れ筋商品のトップ3は、アメリカのほうが日本よりもはるかに安いバイアグラ、ジョンソン・エンド・ジョンソンの使い捨てコンタクトレンズ『アキュビュー』と禁煙補助剤『ニコレット』だ。日本人がeコマースでアメリカから買いたい商品というのは、その程度なのである。しかも、コストは商品の代金に加え日米両国内の輸送費、関税のほかに国際配送料や「セカイモン」の手数料がかかるので、ネットオークションで「直輸入」することが得になるとは限らないだろう。

eコマースについて10年間にわたり調査・研究してきた私にいわせれば、今回のヤフーとイーベイの提携はマーケットサーベイを全く行なっていない「思いつき提携」の類だと思う。しかし、両社にとってはそれほど損もしないしイメージも傷つかない。そんなお気楽な発表だったのではないだろうか。

今後、ｅコマースで国境を越えたＣ２Ｃのマーケットが成立するとすれば、外国の個人同士を真ん中でつなぐ代行サービスが登場した場合だろう。たとえば、日本の消費者が買いたいアメリカの商品（中古品ではなく新品）を代行サービスの人や会社がアメリカのサイトで探し、購入から配送までの手続きを請け負うのだ。そうなって初めてｅコマースが国境を越えた消費者のニーズに応えられるようになるわけで、これは新たなビジネスチャンスでもある。逆にいえば、機械翻訳ではなく、エキスパートの人間が介在した代行サービスが中間に入ってこないと、国境を越えたｅコマースは活性化しないと思うのである。

政府主導の「日の丸検索エンジン」は笑止千万

インターネット検索でグーグルなどのアメリカ勢に対抗する次世代の「日の丸検索エンジン」を、経済産業省が音頭を取って産官学一体で共同開発する巨大プロジェクトが進められている。名付けて「情報大航海プロジェクト」。開発費の一部を経産省が助成、官民合わせて総額３００億円を投じ、２００９年度末まで3年をかけて実用化を目指すというが、私にいわせれば笑止千万である。

なぜなら、このプロジェクトにはＮＥＣ、日立製作所、富士通、シャープ、ＮＴＴ、電通、みずほコーポレート銀行、東京大学、早稲田大学など、実に56もの企業・大学・法人が名を連ねているからだ。相変わらずの〝大艦巨砲主義〟。日本政府の悪いクセである。そんなに大きな官民の寄り合い所帯では、担当者を一堂に集めてミーティングを何回か開くだけでも1年はかかるだろうし、2年目以降は「船頭多くして船山に登る」のがオチである。

かたやIT先進国のアメリカでは、新しい事業を始める時のメンバーは少なければ少ないほどよい、というのが常識だ。

実際、グーグルはスタンフォード大学の学生だったラリー・ペイジとセルゲイ・ブリンが2人で創設した会社である。グーグルが16億5000万ドルで買収した動画投稿サイト大手のユーチューブも、スティーブ・チェンとチャド・ハーリーの2人が共同設立者だ。

創造性やイノベーション（技術革新）が最も重要な21世紀のビジネス新大陸は、傑出した個人が引っ張っていく社会なのである。本書をここまで読んでくれた人なら、もう〝耳にタコ〟だろうが、サラリーマンがなぜ21世紀に向けて再起動しなくてはならないのかという理由そのものに、本件は関係しているのである。言い換えれば、大企業や大学を56も集めたところで、何の意味もない。その中から傑出した研究者2人を選んで始めたほうが、まだしも可能性があると思う。

ところが、経産省の担当者は「IT社会の中枢となる検索エンジンという公共の技術で一企業（グーグル）に独占を許していいのか、という思いから、みなさんにご参集いただきました」という趣旨説明をして、その的はずれぶりを露呈している。

たしかに検索エンジンは、グーグルに加え、ヤフー、マイクロソフトのアメリカ勢3社で約9割のシェアを占めている。しかし、パソコンのOS（基本システム）のマイクロソフト、ERP

とSFMのSAPやオラクル、携帯電話の端末のエリクソンやノキアを見ればわかるように、ビジネス新大陸は最も優れた企業が市場を独占・寡占するウィナー・テーク・オール（1人勝ち）の世界であり、それらの分野でも日本勢は蚊帳《かや》の外だからである。検索エンジンだけ国産にこだわる日本の役所は、認識が完全にズレている。それならアメリカとは違うアプローチで成功しているヤフー・ジャパンを応援して「飛躍のための300億円の投資」をしたほうがまだマシだ。

グーグルは、新しいウェブサービスの研究開発費として半年間で5億ドルを超える資金を投じている。さらに開発中の新しい技術には世界中からアイデアが集まってくる仕掛けにもなっている。全体のゲートキーパーは副社長のメリッサ・メイヤーという女性が1人でやっているので決断も速い。そういう会社だからこそ、検索サービスでヤフーやマイクロソフトを相手にトップを独走しているのだ。

そういう強力なアメリカ勢に、ゼロからスタートした日本の〝呉越同舟プロジェクト〟が太刀打ちできるはずがないだろう。それこそB29を竹槍で落とそうとするようなものである。

こんなバカげたプロジェクトに予算を付けるのは愚の骨頂だ。そもそも経産省主導の官民相乗りプロジェクトは、570億円を注ぎ込んだ第5世代コンピュータ開発、250億円を投じてソフトウェアの効率的な開発を目指した「Σ（シグマ）計画」など、大失敗の連続である。今回も我々の血税をドブに捨てる結果になるのは、火を見るより明らかだ。

要するに、旧大陸の住人には本章で述べた21世紀の新しい事業環境が全くわかっていないということだ。

しかし、こうしたことは刻一刻と変化しているし、ここで書いたことも時間とともに陳腐化するだろう。サラリーマンが大学での勉強や上司から学ぶことだけで勝負できていた時代は、とうの昔に終わっている。

私はこれまで何度となく、サラリーマンの〝三種の神器〟は世界のどこに行っても勝負できる英語でのコミュニケーション能力と財務とＩＴだと述べている。そのＩＴに関しても、単に技術・スキルとしてのＩＴではなく、ＩＴのもたらす世界がどのようなものになるのかを見極めていかなくてはならない。本章ではそうした視点から、私の現在の考え方をできる限り詳しく述べたつもりである。

［エピローグ］

新大陸の〝メシの種〟はここにある

——ゆっくりと21世紀の世相と世界地図を眺めよう——

「健康な高齢者」を対象にした巨大マーケット

「団塊の世代」のリタイアに伴って本格的な超高齢化社会が到来し、高齢者ビジネスに注目が集まっている。とりわけ老人介護ビジネスには、ニチイ学館やワタミなどが続々と参入したが、結局は介護保険制度という政府の利権に縛り付けられたビジネスでしかない。したがって政府が多くの企業の参入を見届けた後、頃合いを見計らってお得意のスタンドプレー（すなわち介護報酬の引き下げ）をやった途端にこの業界は不況となり、3Kということもあって、今では一気に衰退産業となっている。さらには離職率が毎年20％にもなる、ということで、インドネシアなどからヘルパーを大量に〝輸入〟しないといけない、という状況にまで追い込まれている。およそ政府のやることはこの程度のことだ、と思い知るべきなのである。

したがって新大陸的な発想では、老人介護の領域ではない領域にこそビジネスチャンスがある、という視点が重要だ。なぜなら、政府の思惑と関係なく事業展開できるからである。

それは何か？　私は「健常な高齢者《アクティブシニア》」を対象にしたビジネスだと思う。

厚生労働省の発表によると、2007年の日本人の平均寿命は男性が79・19歳、女性が85・99歳で、男女とも5年連続で過去最高、かつ世界最高を更新した。今や80代でも矍鑠《かくしゃく》とした人が多く、少なくとも70代後半までは元気な人が大勢いる。健常な高齢者は介護を必要とする高齢者よりも、はるかに多い。ということは、マーケットも巨大である。だから、その人たちを対象としたビジネスを考えるべきなのだ。

たとえば、高齢者の再就職斡旋《あっせん》。世界的に先進国では、リタイアした高齢者を雇用しなければ労働者の頭数が足りない、という現象が起こっている。とりわけ高齢者の再雇用が必要なのは、高齢化と少子化が同時進行している日本である。

アメリカやEUは移民が多く、けっこう若い人もいるから、就業人口が減る心配はない。しかし、日本は移民がいないし、若くなればなるほど人口が少なくなっている。このため就業人口は現在の約6700万人から2050年には約4600万人に減少し、高齢者を目一杯雇った場合でも約5300万人になってしまう。こうした急速な減少は世界に例がない。にもかかわらず、先進国の中で日本だけが、高齢者を正面から活かすプログラムを持っていない。

だが、今後も日本が現在の経済力、GDPを維持しようとすると、高齢者を活用せざるをえない。GDPは国民総生産だから、生産人口（就業人口）が減れば、おのずと減少する。高齢者が働かなければ、日本のGDPは毎年3～5％減り続けるという試算もある。

ところが、高齢者を活用する準備は日本のどこにもない。まず、高齢者＝介護には熱心な政府の審議会や委員会などで、定年を延長しようとか再雇用を促進しようといった議論をしたのを聞いたことがない。ハローワークに行っても高齢者は仕事を紹介してもらえない。定年後の人たちの再就職斡旋を専門とした公的機関もない。日本は働いていたら年金がもらえない、逆にいえば、年金をもらっていたら働けないからである。しかし、今後は年金額を少し減らしてでも、元気な高齢者には働いてもらうようにしないといけない。でないと、日本はずるずると長期衰退してしまうのだ。

方法はいろいろある。たとえば、働いていたら年金がもらえないという現行制度をやめる。または、65歳以上で働いている人には所得税をかけない。所得税をかけなければ、正味の収入が半分になっても、けっこう使いでがある。

あるいは、年金と労働収入をミックスする割合を高齢者が自分で決められるようにする。その場合、死ぬまでにトータルでもらえる金額を、働かずに年金だけをもらっている人と同じにしなければならない。つまり、定年後も働いていた人は年金をもらえる期間が短くなるから、それで損をしないよう、働き終わってから支給される額が増え、死ぬまでにトータルでもらえる年金額は変わらないようにするわけだ。おそらく、定年後も働いた高齢者は年金をもらう期間が半分ほどになるので、年金額も今までの想定額の2倍ぐらいにすべきだろう。

そういう方策を講じないと、高齢者は働く気にならない。働いたら年金がもらえない、だから働かないというのは〝偽インセンティブ〟というのだが、それをなくすことが日本の経済力を維持するだけでなく、若い人の年金負担を軽減する意味でも重要なのである。

このような制度改革を進めながら、若い人たちがやる仕事と高齢者がやる仕事を分けていくべきだと思う。

よく起こる議論は、若い人たちの職がなくなるから高齢者は早くリタイアしたほうがよい、というものだ。しかし、若い人の職と高齢者の職は本来、違うはずである。若い人は新しい知識や技術を学んでどんどん新しいことにチャレンジし、高齢者は自分が蓄積してきた知見や経験を生かしていく。そして高齢者の仕事量は1日6時間労働とか4時間労働にして、変動をきかせていけばよいのである。そういう壮大な国全体の工夫を急がねばならないのだ。

その一方で、これをビジネスの側から見れば、高齢者の再就職斡旋や再就職するための再トレーニング、あるいは定年後も働く人たち向けの保険などが巨大なビジネスになってくる。

さらに、高齢者の孤独を癒すビジネスも有望だと思う。東京都の場合、健常な高齢者のおよそ3割は独身である。夫婦のどちらかが先立つなどして、一軒家に1人で住んで寂しい生活を送っている人が大勢いる。高齢者の〝最大の敵〟は病気ではなく孤独なのである。だから最近は、話しかけると返事をするロボットや玩具、ゲームなどが高齢者に売れている。このように、高齢者ビジネスは老人介護の領域以外にも、様々な領域で新たな事業機会が見いだせるのだ。

「南の町の高齢者タウン」に新たなチャンス

さらに〝健常な高齢者を対象にしたビジネス〟の実例として、先駆者であるアメリカのケースを紹介しよう。

アメリカでは25年ぐらい前から「高齢者タウン」が続々と誕生している。アリゾナ州のサンシティ、フェニックス、スコッツデール、カリフォルニア州のランチョ・サンタフェ、ラコスタ、パーム・スプリングス、フロリダ州のオーランド、ネバダ州のラスベガスなどが有名だ。これらの気候温暖で風光明媚な所に寒冷な北東部から、リタイアした人々が続々と移住してくるのだ。高齢者タウンといっても、収容施設のごとき陰鬱《いんうつ》な町ではない。たとえばサンシティは、明るい陽光が降り注ぐ活動的なリゾートタウンで、今は少し老朽化した感が否めないものの、できた頃は若い人たちが大勢ボランティアとして働きに来ていた。住民はハイキング、バーベキュー、ゴルフ、テニス、乗馬、釣り、音楽などを思い思いに楽しみながら過ごしている。ランチョ・サンタフェなどではコミュニティ活動も盛んで、株式投資の勉強会などいろいろなことを共同でやっている。医療機関も非常に充実しているので、もし病気になっても不安はない。

何よりもよいのは、休みになると子供や孫たちが遊びに来て長期滞在できることだ。それで最も有名なのはディズニーワールドのあるオーランド。おじいちゃん、おばあちゃんに会いに行くついでにディズニーなどたくさんあるテーマパークで遊べるので、高齢者の家族にも人気が高い。だからオーランドに移住する高齢者が増え続け、今や定住人口が250万人になった。ディズニーワールドには年間4000万人が来園して平均4泊以上するが、そのかなりの部分は移住した高齢者を訪問する家族なのだ。

高齢者タウンができたことによって町の性格まで一変したのがラスベガスだ。かつては賭博と買春と離婚の町といわれていたが、現在は華麗なショーやショッピングをメインにした家族旅行とコンベンションの場所として栄えている。定住人口120万人余の大半は、移住してきた高齢者だ。その人たちを子供や孫が訪問できるような健全な町に変えたことが、ラスベガスの成功の理由なのである。

日本ではほとんど知られていないが、アメリカで高齢者タウンとして有名なのはアリゾナ州の砂漠の中に忽然《こつぜん》と開発されたスコッツデールだ。州都フェニックスに隣接しているが、ここも定住人口が200万人を超えた。町は高級ホテルの林立するリゾートそのもので、国際会議も頻繁に開催されている。だから高齢者が多いにもかかわらず、町の雰囲気は活発で明るい。ハイテク企業の本社もかなり集まってきている。

カナダの場合、金持ちの高齢者は国境を越えてアメリカのサウスカロライナ州やフロリダ州などの保養地に移住するが、普通の高齢者は暖かくて雪の降らないブリティッシュ・コロンビア州の州都ビクトリアがあるバンクーバー島に移住する人が多い。

ヨーロッパでも高齢者が南に大移動

ヨーロッパはどうか？　アメリカに遅れること10～15年、最近の北欧諸国やイギリス、ドイツなどでは、リタイア後も自分の国に住み続ける人がどんどん減少している。北の国の人たちが国境を越えて暖かい南の国に移住しているのだ。

たとえば、ギリシャのミコノス島やサントリーニ島があるキクラデス諸島は、イギリス人やドイツ人の別荘だらけだ。あるいはトルコの地中海側には、イズミールやボドルムといったギリシャ風の美しい町があり、スウェーデン人やドイツ人の別荘が建ち並んでいる。北の国の人たちは引退する20年ぐらい前からギリシャやトルコに別荘を買って現役時代はバケーションのシーズンだけ利用し、引退したら永住してしまうのである。ポルトガルやスペインの南海岸も、イギリスやドイツの高齢者に人気がある。イタリア人も北部で仕事をしながら、南部のカプリ島やスペインのコスタ・デル・ソルなどに別荘を持っている。つまり、ヨーロッパ全体で高齢者と資本が南に大移動しているのだ。

これから栄えてくるのはクロアチアだろう。クロアチアのアドリア海沿いには温暖でカルスト地形の入り組んだ海岸線があり、風光明媚な町でも不動産はまだ安い。政治が安定してくれば、クロアチアによく似た気候と地勢のモンテネグロも有望だと思う。

一方、日本ではアメリカやヨーロッパのような現象は、まだ起こっていない。私にいわせれば、東北地方の寒冷地や北信越地方の豪雪地帯で引退した人は、暖かくて土地も余っている和歌山、高知、鹿児島などに移住するという選択肢もある。ところが、日本の高齢者は動かない。1人暮らしで寂しくても、生まれ育った町や働いていた町に固執して住み続けている。雪おろしが大変だといいながらも。なぜか？　孫や友達から離れるのが嫌だからだ。

ならば、アメリカのように1人で移住しても新しい仲間が見つけられる高齢者タウンを造ってあげればよいのである。それが地域振興の有効な手段にもなる。ただ、その場合は予算をケチった貧相な施設ではなく、孫たちが喜んで遊びに来て滞在してくれるような工夫を凝らしたビッグタウンを建設しなければならない。

もう一つの条件は、誰もが移住したくなるような楽しいコミュニティにすることだ。ハコモノだけ造ってソフトがほとんどない官主導のグリーンピア的な発想ではダメ。民間が民間らしい発想で、人間の匂いのするコミュニティを創らなければならない。

また、空港に近いことも重要だ。空港から遠いと、孫たちが来るにも大変だからである。生まれ育った所や働いていた所と直行便があればなおよい。オーランドやスコッツデールに高齢者タウンが集中している理由は、全米各地から直行便が飛んでいるからだ。

アメリカの高齢者タウンの住民は、介護が必要になったら別の施設に入る。つまり高齢者ビジネスは、健常な高齢者と介護が必要な高齢者を分け、ロケーションも分けて考えることが重要なのだ。

健常な高齢者の北から南への大移動は、これから日本でも必ず起こるはずであり、いずれ巨大な産業になることは間違いない。そういう、まだ見えていない領域こそが、ビジネス新大陸なのである。

「死にまつわる産業」は1人当たり約700万円

これまで〝健常な高齢者を対象にしたビジネス〟について述べてきた。その延長線上に、忘れてはならない少子高齢化社会の事業機会がある。それは「死」だ。超高齢化社会では死ぬ人が急増する。つまり、これからは〝死にまつわる産業〟が成長産業なのである。

しかし、この分野は誰もまだ本格的に展開していない。私の試算では4兆円産業になるはずだが、売上高が1000億円になっている会社はまだない。〝死にまつわる産業〟には、広大な未開拓のビジネス新大陸が存在しているのだ。

具体的に説明しよう。まず、人間は「死」をいつ頃から意識しはじめるか？　早い人は40代、普通は50代後半から60代だろう。「死」を意識すると、死ぬ時の準備をするようになる。ところが日本人は、他の国の人々と違って持っている資産を取り崩すことを嫌う。貯金を使わないし、家も売らない。死ぬまで資産を手放そうとしない点においては、世界でも珍しい拘泥《こうでい》の人種である。

したがって〝死にまつわる産業〟も、資産を取り崩す必要がないように工夫しなければならない。方法は簡単だ。生命保険とタイアップして、その人が死んだ時に生命保険ですべて精算できるようにすればいいのである。いわば生命保険版のリバース・モーゲージだ。これなら日本人でも抵抗はないだろう。もちろんローンの終わった住宅なども同じくリバース・モーゲージの対象となる。

私の試算では〝死にまつわる産業〟の費用は、１人当たり約７００万円。その中身は、死のマイナス10～20年からはじめて死のプラス7年（7回忌）まで面倒を見るというもので、ハードとソフトに分かれる。

ハードは墓である。たとえば東京では、死ぬまで墓の準備をしていない人が多い。自分の墓が決まっていない人が半分以上を占めている。そういう人たちに墓を探して（あるいは販売して）あげるのだ。

いま、墓地は地方で余っていて東京では全く足りない。だから、東京近郊で倒産したゴルフ場を公園墓地に転用すれば巨大なビジネスになる。

ただし新しい墓地は、いろいろな規制があって、そう簡単には造れない。このため、最近の東京の墓はマンション形式になっている。これから東京で墓を持つことは難しくなるだろう。となると、どうなるか？　都心から遠い場所に墓を買うか、故郷で実家の墓に入るしかない。

そこで登場するのが、ソフト産業の「墓参り代行」だ。恩師や上司など世話になった人や親戚、友人の墓が遠くて行けない場合に、学生アルバイトが花と線香と蝋燭《ろうそく》と数珠《じゅず》とデジタルカメラを持って、依頼者の代わりにお参りするというサービスである。お参りした証拠として、水で清め花を供え線香を手向けた墓の写真を撮って、依頼者と故人の家族に送る。依頼者はその写真に向かって合掌し、故人の家族は依頼者が墓参りに行ったことを知る、というわけだ。もちろんパソコン上で「サイバー墓参り」にしてもいい。これはけっこう大きなビジネスになると思う。

国内の介護ビジネスはいずれ人手不足に陥る

もう一つのソフト産業は「自分史作り」「生前葬」「死後の法事代行」である。

現在の高齢者は戦前・戦中・戦後を生きたという極めて貴重な歴史を持っている。そこで、これまでに撮った写真を整理してアルバムやCD－ROMにまとめると同時に自分史を編纂してあげるのだ。編集作業を手伝う若い人にとっても貴重な歴史の勉強となる。そして、自分史が出来上がった段階で「生前葬」を営む。さらに、あらかじめ1周忌、3回忌、7回忌に来てもらいたい人のリストを作成し、本人の死後は遺族の代わりに招待状を出し、法事の席を取り仕切るのである。

以上、墓を含めたフルサービスで総額700万円。生前の契約で依頼人の生命保険の受取人にその会社が加わり、死んだら生命保険の支払金から700万円（先に支払った分の利息まで含めて）をもらう。利益が2割として1人あたり140万円。資産を取り崩すのが嫌いな日本人のために、そういう商品を設計・販売すればよいのである。

最後の高齢者ビジネスの事業機会は介護である。といっても、いま国内で花盛りの老人介護ビジネスではない。

私はニチイ学館やワタミなどが展開している老人介護ビジネスについて非常にネガティブな見方をしている。なぜなら、2025年には高齢者1人に対して働いている人が2人という人口構成になるからだ。働いている人に子供がいたら、子供の面倒を見なければならない。では、老人の面倒は誰が見るのか？　計算すると、2025年になったら老人介護の仕事をする人はいなくなる。お金の都合はついても、人間の都合がつかないのだ。

となると、選択肢は二つ。外国から介護者として移民を入れるか、介護者がいる外国に行くか、である。だが、前者はほとんど不可能だと思う。というのは、老人介護には2025年までに1500万人もの人間が必要になるからだ。それをすべて移民でまかなうとすれば、毎年平均75万人を受け入れていかねばならない。しかし現在の日本に、それだけの移民を受け入れる素地があるとは思えない。会社によっては介護ロボットを開発しているが、やはり介護は、言葉は若干不便でも、親切な人に心を込めてやってもらいたい。

したがって結論からいうと、解決策はフィリピンやタイ、オーストラリアなどの暖かくて介護者が大勢確保できる所に行くしかないだろう。

ただし、（日本語が通じる）病院などの施設も整った巨大なリタイアメントタウンを造らなければならないし、日本から直行便、あるいは直行チャーター便が飛んでいないと不便だから、民間だけでなく公的な資金や行政のバックアップが必要になるかもしれない。そういうハードルがあったとしても、コストは日本の2分の1〜4分の1で済むので、納税者の負担は、はるかに軽くなる。さらに現地で、雇用も発生し、日本語の勉強も進むので、外交的にも好ましい。そこで5年間訓練を受けた人が、やがて日本に移り住んで介護の免許をもらう、というのも一挙両得な考え方だ。人材不足、墓地不足などはすでに露呈、または予見されている。今から内外の行政を巻き込んで取り組んだ人が巨大な事業機会をものにするだろう。

結婚適齢期を迎えた団塊ジュニアが結婚しない理由

次に少子高齢化時代のビジネス新大陸について考えてみたい。

総務省の人口統計によれば、15歳未満の子供人口は1998年の約1906万人から2008年には約1725万人になった。わずか10年間で181万人も減少している。厚生労働省の人口動態統計では、ついに05年、1899年に統計をとり初めて以来、戦時を除いて初めて死亡数

（107万7000人）が出生数（106万7000人）を上回った。07年も死亡数110万6000人、出生数109万人で、合計特殊出生率は1・34にとどまっている。このまま行くと2050年を待たずに日本の人口は1億人を割ることになる。

出生数と合計特殊出生率が下がっている最大の原因は非婚化と晩婚化である。第一次ベビーブームの団塊世代の子供たち（団塊ジュニア）は70年代の第二次ベビーブームを形成している。彼らは現在、結婚適齢期を迎えている。ところが、結婚ブームは全く起きていない。つまり、70年代生まれの団塊ジュニアが結婚していないのである。

国立社会保障・人口問題研究所の調査によれば、女性の未婚率を1920年と2000年で比べると、30～34歳は4％から27％、25～29歳は9％から54％に上昇している。30～34歳の男性の未婚率も、その80年間で8％から43％になっている。これほど結婚しない男女が増えたら、子供が減るのは当然だ。

なぜ日本人は結婚しなくなったのか？　男女とも独身でいるほうが結婚するよりもメリットがあると思っているからだ。結婚することに利点があると答えた未婚男性は62・3％、独身女性は69・4％だが、独身でいることに利点があると答えた未婚男性は79・8％、未婚女性は86・6％に達している。独身でいることに利点がないと答えた未婚者、つまり結婚したいと思っている未婚者は男性14・6％、女性8・6％に過ぎない。

では、未婚者が独身でいる理由は何か？　25～34歳の未婚男女の回答（複数回答）は「適当な相手にめぐり会わない」男性43・7％／女性48・6％、「必要性を感じない」男性33・6％／女性34・2％、「自由や気楽さを失いたくない」男性29・1％／女性33・7％、「趣味や娯楽を楽しみたい」男性23・3％／女性21・1％、「結婚資金が足りない」は男性23・2％／女性15・9％、「住宅のめどがたたない」は男性6・4％／女性4・5％にとどまっている。

私にいわせれば、そういう理由だったら永遠に結婚できない。結婚は錯覚に基づくものなので、その異性が適当な相手かどうかなんて冷静な判断をしていたら、結婚に踏み切るのは不可能に近い。さらに、必要性を感じない、自由や気楽さを失いたくない、趣味や娯楽を楽しみたいとなれば、結婚しろというほうが無理な話である。また、そういう意識の人たちは結婚したとしても、子供を持つことで自由や気楽さが失われたり、趣味や娯楽を楽しめなくなったりすると思えば、よほどの利点がなければ子づくりに励むこともないだろう。

以前、猪口邦子・少子化担当大臣（当時）らは少子化の原因について、住宅や育児にお金がかかるからだとか、仕事と育児の両立が難しい社会や企業に問題があるからだとかいっていた。しかし、前記の調査結果を見る限り、それらは実際にはメジャーリーズンではない。根本的な原因は非婚化・晩婚化であり、その背景には結婚に対する日本人の大きな意識変化が横たわっているのだ。ということは、今後は国がハローワークの代わりにハローウエディングを作り、「適当な人とのめぐり会い」を斡旋するぐらいのことをやらないと、本質的な少子化対策にはならないと思う。

少子高齢化時代の注目は2300万匹の犬と猫！

　また、日本では過去10年間に結婚したカップルの50％以上が離婚しているという。今やアメリカを抜いて世界一の〝離婚大国〟だ。離婚が増えている主要な原因の一つは、親が子供（とくに娘）の離婚に対して寛容になり、ともすれば離婚を後押しするようになったことである。

　昔の親は嫁いだ娘が夫の愚痴をいうと「そんなことぐらい何ですか。夫婦なんだから我慢しなさい」とたしなめていたものである。ところが、最近の親は「そんな旦那とはさっさと別れて、子供を連れて帰ってきなさい」というのである。親はけっこう裕福だから娘が出戻ってきても養えるし、孫と一緒に暮らすこともできる。娘のほうも実家なら気楽で生活費がかからないし、出戻りバツイチでも昔のような肩身の狭い思いはしなくて済む。いや、それどころか親をベビーシッター代わりにして、仕事も遊びも自由にできてしまう。そして、離婚したら基本的には再婚しない限り出産しない。したがって、離婚の増加も少子化に拍車をかけていると考えられる。

　子供が減り続けている一方で、増え続けているのがペットである。

　ペットフード工業会の調査によると、犬と猫の飼育数は1995年から2002年までは1700万匹前後で推移していたが、03年から急増して07年には約2300万匹に達している。某消費者金融のテレビCMの影響といわれている。今や犬と猫が子供人口を大きく上回っているのである。

　それに伴い、ペット関連の総市場規模も1兆円を突破した。アメリカが4兆3000億円だから、まだまだ拡大するだろう。なにせアメリカの犬猫は圧倒的に屋外飼育が多いが、日本は住宅事情もあって犬の64％、猫の75％が大事に室内飼育されているのだ。子供の頃、いたずらをして親のお仕置きで家から閉め出され、軒先で寝たことが何度もある私にいわせれば、今の犬猫は昔の人間よりも好待遇である。

しかも、日本では犬猫向けの個人診療施設が02年の時点で10年前より50％も増加している。このため、日本の犬の平均寿命は03年で15歳と85年の2倍に長寿化している。さらに、犬を飼っている女性の41％が同じ布団で寝て、15％が一緒に入浴して、10％以上が口移しで食べ物を与えている。もはや日本の犬猫は家族の一員というレベルを超え、「生類憐《しょうるい》みの令」を出した徳川綱吉もびっくりの〝お犬さま〟〝お猫さま〟になっているのだ。

ならば、少子高齢化とペットの急増から見えてくるビジネス新大陸とは何か？　詳しく分析しよう。

人口減少でも売り上げを伸ばす企業とは？

まず、当たり前のことだが、ペット関連産業は新しいビジネスが目白押しだ。

ペットを同伴できるレストランやカフェはもとより、ペット用岩盤浴、ペット用整体マッサージ、アロマオイルを使った犬用マッサージ・エステサロン、犬用ダイエットグッズやサプリメント、ペット用葬儀・霊園・僧侶、ペットと飼い主が一緒に入ることができる墓地——などが有望な成長産業になっている。

ペット関連以外のビジネスは、人口減少を大前提にしなければならない。となると、企業の選択肢は二つ。一つは「既存の市場で勝負する」、もう一つは「市場・事業を他に求める」だ。

既存の市場で勝負する場合は、市場の縮小を補うために、顧客ニーズをくみ取って新しい市場を創出しなければならない。すでにその方向で対応している企業はいくつもある。

たとえば、子供服メーカーの「ナルミヤ・インターナショナル」は、小中学生（8〜15歳）の女の子向けファッションブランドをいくつも確立し、「モーニング娘。」などのタレントや雑誌とタイアップすることで、30〜40代の母親たちが子供を着せ替え人形化して楽しむという戦略で非常に成功している。

ランドセルメーカーの「協和」は、子供の誘拐などへの防犯対策としてGPS付きのランドセルが大ヒットしている。これは「セコム」との業務提携によってココセコム（GPS端末）機能に対応し、パソコンや携帯電話などで子供の位置を確認できるという商品だ。そのほか軽さや職人の手作りを徹底した商品を展開して国内シェア2割強を占め、年々売り上げを伸ばしている。

子供向け写真館の「スタジオアリス」は、従来の写真館の格式張ったイメージを払拭し、常時400着の衣装を用意して着替えながら気楽に記念写真撮影が楽しめるようにした。毎年20〜30店のペースで出店し、業績好調だ。

市場・事業を他に求める場合は、四つの方法がある。

第一は「対象年代をずらす」。「グリコ」はお菓子をオフィスに置く「オフィスグリコ」という新規事業が伸びている。これは菓子の専用ボックスやアイスクリームの専用冷凍庫、アイスクリーム・飲料の冷凍冷蔵庫をオフィスに置いてもらい、1週間に1回ぐらいサービススタッフが訪問して商品の入れ替えや補充、代金の回収を行なうサービス。富山の「置き薬」ならぬグリコの「置き菓子」である。商品はすべて1個100円。ボックスの中には10種類程度、全部で24個の商品が入っていて、商品を取り出す時に代金を箱に入れるというシステムだ。

第二は「海外市場を開拓する」。育児用品メーカーの「ピジョン」は、中国でベビー用品を販売している。中国の育児産業は病院と太いパイプで結ばれているため、同社はマタニティスクールを開くなどして医師らの信頼を地道に獲得する戦略で浸透を図っている。また、たこ焼きの「築地銀だこ」は香港、台湾に出店している。現地業者のたこ焼きはイカ足などを使う場合が多く食感も軟らかすぎるため、日本と同じ品質のたこ焼きを提供することにこだわり、2004年の進出から1年余りで事業を軌道に乗せつつある。

第三は「周辺領域に拡大する」。進学塾の「リソー教育」は小学校受験の会社を買収して小学校から大学受験までの一貫体制を整備したり、旅行会社を設立して留学や天体観測、化石発掘、サッカーなどの体験式学習を提供したりしている。前出のセコムはマンション販売を手がけて防犯・防火設備のほか、給湯器・トイレ・給排水管のトラブル解消、火災・自動車保険の見直し、健康食品の提案、医療・介護のサポートなど幅広く事業を展開し、〝総合生活セキュリティ企業〟に進化しつつある。

第四は「新規事業に取り組む」。居酒屋チェーンの「ワタミ」も、若者が減り続ける今後は衰退産業である。だから、すでに先手を打って、介護、農業、教育、環境などの新規事業に進出。今や、外食の会社から〝外食もやっている会社〟に変貌した。

キーワードは「外向き・上向き・前向き」戦略

さらに、それらを複合した事業戦略で成功しているのが、女性生理用品で国内トップの「ユニ・チャーム」だ。少子高齢化のトレンドから見ると、生理用品は日本では紛れもなく衰退市場である。そこで同社は三つの対策を講じた。まずは海外進出。アジア市場に打って出てP&Gなどの強大なグローバル企業と渡り合い、つい最近、アジアでも1位になった。次は対象年齢のシフト。乳幼児用紙おむつから高齢者用紙おむつに手を広げ、業界トップの座を確固たるものにした。最後は新規事業。全く異業種だったペットフードに参入し、どんどん業績を伸ばしている。以上、理にかなった三つの新しい事業分野に果敢にチャレンジすることで、35年連続の増収増益を達成しているのだ。

一方、少子高齢化時代への対応が遅れて業績悪化の一途をたどっているのが、玩具小売店最大手の「トイザらス」だ。日本トイザらスは今や赤字に転落し、時価総額はピーク時の5分の1という状況になっている。なぜトイザらスが凋落しているのか？　最大の原因は「ビックカメラ」や「ヨドバシカメラ」など家電量販店のポイントである。子供の玩具に対するお金の出所は、両親と父方の祖父母、母方の祖父母を合わせて〝シックスポケッツ〟といわれているが、両親も祖父母たちも玩具は現金でトイザらスなどで買うより、家電量販店で買い物をして貯まったポイントで孫にゲーム機などを買い与えることが多くなったのである。

少子高齢化時代のビジネス新大陸では、企業は「内向き・下向き・後ろ向き」になったら必ず衰退する。日本国内にいて少しぐらい商品を改良してみても、どうにもならない。既存市場で生き残っていこうと思ったら、よほどの奇抜な企画力で付加価値の高い商品を生み出していかねばならない。換言すれば、少子高齢化時代に対してあなたが、あるいはあなたの会社が「外向き・上向き・前向き」にチャレンジするかどうかで自分たちの命運が決まるのだ。

クルマも高級ブランドも興味がない「物欲喪失世代」が登場

いま10代後半～20代前半の日本の若者たちは、それ以上の世代の日本人とは全く異質な価値観を持っているようだ。

具体的には、どのように違うのか？　まず、自宅にパソコンを持っている人の割合が30代以上よりも低くなっている。物心がついた時から携帯電話を使っている〝ケータイ世代〟の彼らは、携帯電話からパソコンに移行しないのだ。といってもパソコンが使えないわけではなく、学校や会社ではパソコンを使いこなしている。しかし、1人暮らしだと携帯電話があれば事足りるということで自宅に固定電話を引いていない場合が多いため、パソコンも持っていないのである。

また、これまで男の子は少年になればクルマに興味を持ち、憧《あこが》れるのが普通だった。ところが、彼らはクルマに関心がなく、欲しいとも思わない。現に、日本では新車販売台数の減少に歯止めがかからなくなっている。日本自動車工業会がまとめた２００７年の国内新車販売台数は、前年比６・７％減の５３５万４０００台と、２年連続で前年を下回り、国内新車販売がピークだった１９９０年の７７８万台の７割、１９８３年と同等の水準にまで落ち込んでしまった。08年上半期の国内新車販売台数も、前年同期比２％減の約２７９万台と83年以来25年ぶりの低水準となった。

これほど新車販売台数が大幅に減り続けている国は、世界でも類がない。アメリカなどではガソリン価格高騰で一時的にダウンしているが、日本の場合には長期的・構造的な問題である。自販連（日本自動車販売協会連合会）は「世帯所得の減少などからクルマ需要の落ち込みは当面続くのではないか」との見方を示しているが、私は18～25歳の男性がクルマを買わなくなったことのほうが大きく影響していると思う。

男がクルマなら女は高級ブランドだ。この世代は、女の子も高級ブランドに対する興味や憧れが驚くほど薄れている。彼女たちは、いわゆる〝ＺＡＲＡセグメント〟で、普段は３０００～５０００円の商品を買っている。自宅ではジャージで済ませており、そのままコンビニまで行ってしまうのだ。15年前は通勤着とデート着は別々にしている女性が多く、私たちが「ヴィーナスフォート」の構想を練っている頃には、巨大なトイレ兼着替え用の場所を用意したほどだったが、今は若い女性のファッションも驚くほど簡素化してしまった。個々にそれなりの「こだわり」はあるのだろうが、20代後半以上の世代のようなブランド志向はほとんどなく、消費のケタがひとケタ小さいのだ。

さらに、10代後半〜20代前半はゲーム機でいうとソニーのＰＳ２（プレイステーション２）で遊んだ世代だが、新型ゲーム機のＰＳ３やマイクロソフトのＸｂｏｘ３６０には全く反応していない。任天堂のＤＳやＷｉｉもメインのセグメントは20代後半〜30代だ。アメリカやヨーロッパでは10代後半〜20代前半も新型ゲーム機に反応しているから、これまた日本だけの特異な現象である。

要するに、彼らはそれ以前の日本の若者とは振る舞いが全く異なり、「モノを所有する」ということに対して欲望がないのだ。

また、新入社員で社長までなりたいと思う人は10％前後、と物欲だけでなく「出世欲」も減退している。いわば〝物欲・出世欲喪失世代〟である。そして、世の中とつながるライフラインは携帯電話だけ。友達とのネットワーク＝携帯電話で、様々な情報も携帯電話のインターネットで入手し、テレビも携帯電話のワンセグで見ている。

こんな現象は、同じ成熟国家であっても欧米諸国では全く起きていない。若者も、従来とさほど変わっていない。クルマの需要が落ち込んでいるわけではないし、1日中携帯電話に密着していることもない。どこの国でも若者が携帯電話を使い過ぎる傾向はあるが、インターネットはパソコンかＰＤＡ、テレビはテレビで見ているので、日本ほど過度な〝携帯電話依存症〟にはなっていない。経済成長が著しいＢＲＩＣｓなどの新興国では、むしろ若者のほうが意欲的で、消費だけでなく産業をも引っ張り、日本とは逆に年寄りの元気がない。

「無気力国家」スイスの退廃と似ている

振り返れば、日本では１９５０年代後半は白黒テレビ・洗濯機・冷蔵庫が「三種の神器」、60年代半ばの高度経済成長時代はカラーテレビ・クーラー・自動車が「新三種の神器」（あるいは「３Ｃ」）と呼ばれて庶民の憧れとなった。近年はデジタルカメラ・ＤＶＤレコーダー・薄型テレビが「デジタル三種の神器」と呼ばれもした。このように、日本では戦後60年間ずっと、家電製品やクルマが生活レベルの向上や新しい時代の象徴になってきた。言い換えれば、日本人をドライブ（駆動）してきたのは「所有欲」、そしてそれを実現していくものが「出世欲」だった。その究極が住宅であり、普通の国はそこからさらにウィークエンドハウスやセカンドハウス、海外の別荘などに広がっていくのだが、どうやら日本の10代後半～20代前半の若者たちは、住宅の手前の段階で「所有欲」を喪失してしまったようなのである。

とはいえ、就職の傾向を見ると、やはりまだエスタブリッシュメント志向である。その代わり、エスタブリッシュメントになれなかった若者たちの多くは、「願望」のないフリーターやニートになる。クルマや住宅が欲しいと思ったら、もっと仕事をするはずだが、彼らにそういう「願望」はないのである。

しかし、日本人に「願望」がなくなったら、日本は「無気力国家」になってしまう。世界の「無気力国家」としてはスイスが挙げられる。世界一豊かな国なのに、公園には昼間から若者がたむろして大麻を吸っている。政府が大麻を合法化したため、若者たちが大っぴらに大麻を吸うようになってしまったのである。豊かさの果てにあるのはスイスのような退廃なのかな、という危惧は抱いていたのだが、日本も何となく似たような状況になってきた。

何かが起きている。少なくとも需要動向から見ると、25歳以下の日本人の間で従来とは全く違う現象が起きている。この得体の知れない〝物欲・出世欲喪失世代〟について、さらなる分析を試みよう。

「路頭に迷ったらコンビニ弁当でいい」という感覚

〝物欲・出世欲喪失世代〟という、これまでに見たことのないセグメントの出現は、日本の消費という面から見ると非常に困る。彼らが新大陸時代の経済の担い手でなくなった可能性があるからだ。

従来の日本人と全く価値観の異なる〝物欲・出世欲喪失世代〟の出現は、実はコンビニエンスストアの普及と密接な関係があるのではないか、と私はみている。

コンビニは1日500円で何とかなる社会を作り出した。つまり、1日1食か2食を、おにぎりやパンも含めたコンビニ弁当で済ませれば、500円玉1枚あったら生きていけるのだ。フリーターやニートには、定職に就いている人のようなきちんとした時間の概念や朝・昼・晩のリズムがなく、空腹になった時にコンビニで安い弁当を買って食べるという生活をしている人が多い。そうすると、多めに見積もっても1日の食費は1人1000円あれば事足りる。

日本では「資産、能力等すべてを活用した上でも、生活に困窮する者」に対して「健康で文化的な生活水準を維持することができる最低限度の生活を保障」（憲法）する生活保護制度により、3人世帯で東京都区部等なら月約16万円、地方郡部等なら月約12万円の生活扶助が出る。極論すれば、1日1000円で暮らしている人は、生活保護を受ければ、衣はともかく食・住に関してはお釣りがくるわけだ。

要するに、現在の日本は全国津々浦々にはびこった〝コンビニ文化〟のおかげで（特殊なケースを除いて）飢え死にする危険性がなくなったのである。私たちの世代は、万一の場合は飢え死にするかもしれない、という危機感があった。少しでも怠けていると、いつも親から「路頭に迷ったらどうするの！」と叱られた。しかし〝物欲・出世欲喪失世代〟の若者たちは「路頭に迷ったらコンビニ弁当でいいじゃん」という感覚だ。いわばコンビニが〝セーフティネット〟なのである。

5〜6年前、日本マクドナルド創業者の故・藤田田《でん》さんは、全国のマクドナルドで働いているアルバイト16万人の平均月収は4万6000円で、サラリーマンの月々の小遣いは平均3万6000円だ、という話をよくしていた。そのポイントは、フルタイムで働いている大人のサラリーマンが奥さんからもらう小遣いよりも、アルバイトの若者が稼ぐお金のほうが月1万円多い、ということだった。その当時からサラリーマンの月給もアルバイトの時給もあまり変わっていないので、前述の数字は現在もさほど変動していないと思うが、要は親元に住んでいれば、ファストフード店などの気楽なアルバイトをマニュアルに従ってこなすだけで、平均的なサラリーマンを上回る小遣いが手に入るわけだ。

住宅ローンに追われる親が反面教師

このように〝生存の条件〟が非常に低くなった社会では、ファッション、クルマ、住宅などに対する物欲や所有欲がないと、人々の生産活動にドライブがかからない。自然界でも、餌が豊富な環境に棲息している野生生物は受動的でも生きていけるから怠惰だが、餌が乏しい環境に棲息している野生生物は能動的でないとサバイバルできないから勤勉だ。1日1000円あれば生きていける社会の中で育ってきた日本の10代後半～20代前半の若者たちは、餌が豊富な環境に棲息している野生生物と同じようなものだから、強い上昇志向がない限り、怠惰になるのは仕方がないのかもしれない。

また、彼ら〝物欲・出世欲喪失世代〟は親が「反面教師」になっている面もあるのではないか。つまり、親は物欲や所有欲、出世欲を満たすためにガツガツと働いていてえげつない。しかも、結局は住宅ローンの返済に追われていて、あまりハッピーそうではない。楽しそうな夫婦の会話もほとんどない。仕事一本やりの父親でも、会社ではあまり出世しているようには見えない。自分はああはなりたくない。あくせく働かずにのんびり生きよう――という潜在意識があると思うのだ。

私の分析が正しければ、〝物欲・出世欲喪失世代〟の出現は、これから日本の消費経済的には大きなマイナス要素になるだろう。たとえば、前述したように、いま25歳以下の男性はクルマに関心がなく、欲しいとも思わなくなっているわけだが、これは自動車メーカーにとっては初めての経験であり、パニックだ。自動車メーカーが国内新車販売台数を維持する方法は、（物欲や所有欲のある）それ以上の世代に買い替えを促進させるしかなくなるのだ。

住宅メーカーやマンションメーカーも同様である。「ライフスタイルを犠牲にしない住宅の価格は年収の5倍以下」というのが世界の常識だが、日本人は１９９０年代初頭まで、年収の5倍をはるかに超える住宅に手を出していた。年収５００万円以下のサラリーマンが６０００万円の住宅を買っていた。しかも、会社までの通勤時間は片道平均1時間20分。それでもマイホームを持つというのは、相当なエネルギーだ。一生かけて住宅ローンの支払いを終わった頃には、もう人生の黄昏時だ。にもかかわらず、脇目もふらずにマイホームへと突進していったのである。

しかし、そんなエネルギーが〝物欲・出世欲喪失世代〟にあるはずはない。いま20代前半で40歳までに６０００万円の住宅を購入しなければ、と考えている人は、ほとんどゼロだと思う。

さらに問題なのは、彼らの後に続く世代も似たような価値観を持っている可能性が高い、ということだ。この先、日本企業はぬるま湯で育った〝物欲・出世欲喪失世代〟の意識と行動を分析して彼らの価値観を的確に把握し、それに合わせてマーケティング戦略、商品戦略、販売戦略を、いやビジネスモデルそのものを（たとえば販売からレンタルへ、などのように）、ゼロから練り直す必要があるだろう。

「ミニマムライフ世代」と「できちゃった婚」の関係

本書のもとになった『週刊ポスト』の連載で、私はいち早く日本の10代後半〜20代前半の若者たちはモノを所有することや出世することに対して欲望のない「物欲・出世欲喪失世代」である、と指摘した。これはその後、２００７年に日本経済新聞社が首都圏に住む20代、30代の若者を対象に実施したアンケート調査でも裏付けられた。クルマを買わず、酒もあまり飲まず、休日は自宅で過ごし、無駄な支出を嫌い、貯蓄意欲は高いという、堅実で慎ましい「物欲・出世欲喪失世代」、言い換えれば「ミニマムライフ世代」の暮らしぶりが浮き彫りになったのである。

今回のアンケート調査の結果を見ると、20代の若者は00年の調査時点に比べて、クルマの所有率が23・6％から13・0％に、所有欲も48・2％から25・3％に半減している。飲酒についても、月に1回程度あるいは全く飲まないと回答した人の割合が34・4％に達している。

とくに注目すべきは、「クルマが欲しい」という所有欲が大きく減退していることだ。トヨタ自動車は「若者のクルマ離れ」に歯止めをかけるため、２００万円以下のスポーツカーを富士重工業と共同開発して国内市場に投入することを検討しているそうだが、いくら安いスポーツカーを発売したところで、そもそも物欲のない世代が買うとは思えない。〝世界のトヨタ〟でさえ、このセグメントについては全く理解していないのである。

いま20代前半の「ミニマムライフ世代」に比べると、10歳上の30代前半の世代は人種が異なるのではないかと思うほど物欲も出世欲も旺盛だ。なぜ、同じ日本人で10年間にこれほどメンタリティや価値観が大きく違ってしまったのか？

私の分析では、20代前半の世代はバブル経済崩壊後の「失われた10年」という日本に暗いニュースばかりが溢れた時代に多感な10代を過ごしている。一方、30代前半の世代が10代を過ごしたのは、ほぼバブル経済の最中だ。この差が二つの世代のメンタリティや価値観の相違に大きく影響しているのではないか。つまり、いま20代前半の世代には、将来はバラ色ではない、いざという時のために備えなければ、という「すり込み」があるのだと思う。それ以外に説明のつく要因が見当たらないのである。

日本の若者には、もう一つ大きな問題がある。「男女間格差」の問題である。最近の20代後半の男女は昔に比べると未婚者が非常に多いが、我々の時代は20代後半で結婚するのが普通だった。相手を好きになったら貧乏でも結婚した。女のほうも男が貧乏なのは当たり前だった。お金がなくても「したくなったらする」のが結婚というものだった。家庭は最低ラインからスタートして、２人で徐々に築き上げていくものだった。

ところが、今は結婚するか否かの決定権を女が握っていて、女たちは貧乏な男とは結婚しない。男のほうもそれがわかっているから、懸命に倹約して貯蓄をして結婚の準備をする。その準備が整うまで待っていると婚期が遅れる。私が調べたところ、男が結婚する年齢は収入との関数になっている。現在、男の平均結婚年齢は34歳だが、所得の高い人ほど早く、所得の低い人ほど遅くなっている。貧乏な男は女に結婚してもらえないのである。

なぜか？　今の女は親の生活レベルをスタンダードとして考えているからだ。親の家に住んで自由に海外旅行や買い物をして快適な生活をしているので、貧乏な男と狭いアパートに住んで生活レベルを落とすのは真っ平御免なのである。

女がそういう基準を作ったから、男のほうも貧乏なうちは求婚できなくなり、せっせと貯蓄に励んで生活インフラを整えた時点でようやく「I am ready」になるわけだ。男でもパラサイトシングル（社会人になっても親と同居し、基礎的生活条件を親に依存している未婚者）は多い。しかし、男の場合は独立しなければ、ほとんど結婚できない。今や姑との同居は、ほぼ１００％断られてしまう。

とはいえ、その一方ではやはり下半身のニーズもあるから、同棲や半同棲をしている男女はたくさんいる。統計はないが、それは確かだ。というのも、結婚してから第一子が生まれるまでの期間が平均０・６年（約7か月）なのである。つまり、なかなか結婚には踏み切れないが、同棲・半同棲をしている間に妊娠してしまったからなし崩し的に結婚するという「できちゃった婚」が、結婚するカップルの50％以上を占めているのだ。

新大陸の〝土地勘〟がつかめるまで基礎体力をつけよ

このようにして20代の男たちは、ひたすら結婚準備にいそしんでいる。貯蓄が最優先だから、クルマに関心が向くはずはないだろう。なにしろ彼らはパソコンさえ買わないのである。家庭のパソコンからアクセスしたウェブ利用者全体の年齢構成比を見ると、20代は12％で30代は24％。

つまり、20代のパソコン所有率は30代の半分で50代と同じなのである。基本的に彼らはクルマもパソコンも固定電話も持たず、携帯電話1台で間に合わせる生活をしているのだ。ことほどさように物欲・所有欲を喪失した「ミニマムライフ世代」の増殖は、日本の消費構造を抜本的に変えてしまうシリアスな問題であり、これから加速することはあっても戻ることはないだろう。

もし、この喫緊《きっきん》の問題に政府がきちんと対処しようと思うなら、二つの対策を講じなければならない。

一つは、若い人に夢と希望を与えることだ。彼らが日本の未来は明るい、自分たちの将来は今よりもずっと良くなる、と信じられる明確な国家ビジョンを示し、我々が〝坂の上の雲〟を見てがむしゃらに働いていた時代のような興奮感を醸成する必要があると思う。

具体的にはケネディ大統領の時代に「アメリカは世界に向かって何ができるか？」と問うた結果出てきた平和部隊のようなものが考えられる。年間10万人規模の若者が世界の貧しい地域に出かけて行って奉仕活動をする。そうすることによって、多くの若者が家族の価値や社会の成り立ちなどに関して深く考える契機となるだろう。

もう一つは、基本的な結婚観を若い頃から教えることだ。中学校や高校から、結婚や家族とはこういうものであり、君たちの両親も貧乏な生活からスタートして様々な苦労を克服してきたんだよ、それでこそ人生は生きがいのあるものになるんだよ、ということを教えなければならない。そうやって結婚年齢を下げていくことが、少子化に歯止めをかけることにもつながると思うのだ。

サラリーマンの「再起動」ということで、いろいろと述べてきた。泥沼に足をとられている人は、かなり急速にエンジンをふかさなくてはいけない、という感覚を持ったかもしれない。その思いは大切だが、実際にはそれではトラクション（駆動力）が得られないだろう。

なぜなら、私たちの前に広がる21世紀の新大陸は、今までのものとは全く異なるものだからだ。新しい〝土地勘〟がつかめるようになるまで、じっくり景色を眺め、基礎体力をつけておかねばならない。すぐにアクセルを踏んでも空回りするだけだろう。

しかも、終わりのほうで見たＩＴの作り出すビジネス新大陸は、従来の事業とは全く異なるものだ。旧大陸を占拠するエスタブリッシュメントの死屍累々という光景は、若い人々を奮い立たせるものである。しかし、もっと若い人々には驚くほど覇気がなくなっている、という光景にも出くわした。高齢化社会が新たな事業機会を生み出す一方で、若い人々の慎ましさは経済を衰退させる。こうしたあらゆるＦＡＷ（Force At Work＝世の中に作用している力）をよく理解したうえで、徐々に新大陸でのトラクションを得ていこう。

まずは今までに学んだことを一度すっかり洗い流して、新しい旅路に出る覚悟を決めなくてはいけない。あなたが何歳であっても、すべての人がここでオールクリアして、新しい地図を手に入れ、その踏破に向けた訓練を第一歩からやり直す覚悟が必要なのだ。

本書が、そうした覚悟を生む契機となることを切望する。

＊

■大前研一（おおまえ・けんいち）

1943年福岡県生まれ。早稲田大学理工学部卒業後、東京工業大学大学院原子核工学科で修士号を、マサチューセッツ工科大学（MIT）大学院原子力工学科で博士号を取得。

日立製作所原子力開発部技師を経て、72年に経営コンサルティング会社マッキンゼー・アンド・カンパニー・インク入社。本社ディレクター、日本支社長、アジア太平洋地区会長を歴任し、94年に退社。

以後も世界の大企業やアジア・太平洋における国家レベルのアドバイザーとして幅広く活躍するとともに、「ボーダレス経済学」と「地域国家論」の提唱者としてグローバルな視点と大胆な発想で活発な提言を行なっている。

2005年には日本初の遠隔教育による経営大学院『ビジネス・ブレークスルー（BBT）大学院大学』を設立し、学長に就任。日本の将来を担う人材の育成に力を注いでいる。

主な著書に『ドットコム・ショック』『日本の真実』『遊ぶ奴ほどよくデキる』（小学館）、『実戦！問題解決法』（共著、小学館文庫）、『50代からの選択』（集英社）、『新・国富論』『チャイナ・インパクト』『大前流心理経済学』（講談社）、『21世紀維新』『質問する力』（文藝春秋）、『大前研一 新・資本論』『大前研一 新・経済原論』（東洋経済新報社）など多数。

HPはhttp://www.kohmae.com

装幀／日下充典
編集協力／中村嘉孝

本書は、『週刊ポスト』の連載「ビジネス新大陸の歩き方」（2004年11月5日号～）から抜粋・再構成したうえで、加筆・修正を加えたものである。

サラリーマン「再起動」マニュアル

2008年10月 4日　初版第1刷発行
2008年12月 1日　　　第5刷発行

著　者　大前研一
発行者　秋山修一郎
発行所　株式会社 小学館
〒101-8001 東京都千代田区一ツ橋 2-3-1
電話　編集 03-3230-5951
販売 03-5281-3555

D T P　ためのり企画
印刷所　凸版印刷株式会社
製本所　株式会社 若林製本工場

造本には十分注意しておりますが、印刷、製本など製造上の不備がございましたら「制作局コールセンター」（フリーダイヤル0120-336-340）にご連絡ください。（電話受付は、土・日・祝日を除く 9：30～17：30）

Ⓡ〈日本複写権センター委託出版物〉
本書を無断で複写（コピー）することは、著作権法上の例外を除き、禁じられています。本書をコピーされる場合は、事前に日本複写権センター（JRRC）の許諾を受けてください。JRRC（電話 03-3401-2382）

© KENICHI OHMAE 2008 PRINTED IN JAPAN
ISBN978-4-09-379454-1

21世紀に〝実戦〟で即役立つMBA人材を育成！

ビジネス・ブレークスルー大学院大学

経営学研究科 経営管理専攻・グローバリゼーション専攻

働きながら遠隔教育にてMBAを取得　オンデマンド方式でいつでもどこでも受講可

本大学院のMBA教育では、直面する経営課題を自ら克服し、社運をかけたプロジェクトに挑戦できる、企業の中でリーダとして即戦力になる人材を育成します。
「経営管理専攻」と「グローバリゼーション専攻」では1年次は共通で経営管理の基礎を学び、2年次からマネジメントをより体系的に学ぶ「経営管理専攻」と全英語でグローバル化の勘所を学ぶ「グローバリゼーション専攻」に分かれます。

募集人員：春期（4月1日開講）100名　秋期（10月1日開講）100名
募集に関する詳細は大学院ホームページで：http://www.ohmae.ac.jp
問合せ先：ビジネス・ブレークスルー大学院大学事務局　03－5860－5531

Kenichi Ohmae Graduate School of Business

大前研一直伝！ グローバルリーダーのための実践英語講座
~Practical English for Global Leaders~

大前研一が世界を舞台に英語でビジネスをしてきた経験から生まれた実践的な英語講座です。ビジネスの現場における活きたノウハウで、あなたを1年間徹底的に鍛え上げます。

実践英語講座
とっておきの"メールマガジン"
HPトップページから
登録するだけで特典映像が！

今、メルマガに登録すると

［月1回］講義映像を無料視聴プレゼント

大前研一、グローバルに活動する有名講師の講義！
他では決して見ることのできない貴重な映像（一部抜粋）を、月1回プレゼントいたします。
貴方の英語学習のモチベーションを上げること、「間違いなし！」の内容です。

★大前研一最新記事の抜粋ご紹介
★無料視聴映像プレゼント
★講師の講義発言ご紹介
他、盛りだくさんの内容です。

お申し込み・お問い合わせは

ビジネス・ブレークスルー大学院大学
オープンカレッジ 英語教育事務局
0120-344-757　http://www.ohmae.ac.jp/ex/pe/
E-mail:opencollege@ohmae.ac.jp
〒101-0022 東京都千代田区神田練塀町3番地 富士ソフトビル19F

Kenichi Ohmae Graduate School of Business

大前研一総監修 問題解決トレーニングプログラム

問題解決必須スキルコースの内容がよくわかる!

受講内容を体験できるオープンスクールメール
登録受付中《無料》

「問題解決必須スキルコース」の講義内容や問題解決に関連する情報、各講座の中から抜粋した講義映像などを、メールでお届けいたします。

● お申し込み、お問い合わせはこちらへ

ビジネス・ブレークスルー大学院大学 オープンカレッジ　0120-48-3818
問題解決力トレーニングプログラム事務局　http://www.LT-empower.com　E-mail:info@LT-empower.com

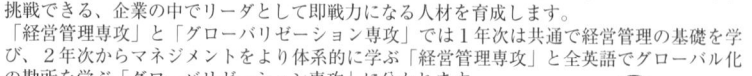

大前研一から伝令
「国に頼ることなく、自衛せよ!」
株式・資産形成講座
金融プロフェッショナル講師陣が語る講義映像を〝無料〟でプレゼント中!
資産形成講座　検索
若しくは、http://www.ohmae.ac.jp/ex/43/

大前研一イノベーション講座
「答えなき時代」を生き抜くためのビジネス力を身につける

新時代を梃子にする着眼力と構想力、ビジネス革新を行うための総合力を養う講座。世界的経営コンサルタント・大前研一が、35年の長きにわたり、企業や国家の参謀としてビジネス・チャンスを創出してきたその発想力を体系化し、直接教授いたします。大前流の発想法の数々を、200以上の実際のビジネス事例に基づきながら学習し、5年後、10年後のビジネスでも第一戦で活躍できる力を養成します。

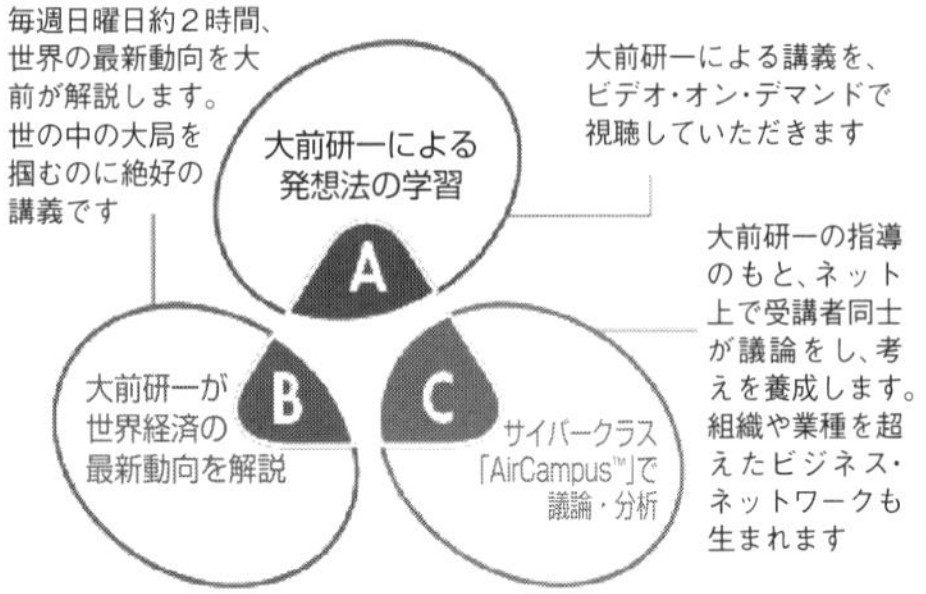
毎週日曜日約2時間、世界の最新動向を大前が解説します。世の中の大局を掴むのに絶好の講義です
大前研一による講義を、ビデオ・オン・デマンドで視聴していただきます
大前研一による発想法の学習
A
大前研一の指導のもと、ネット上で受講者同士が議論をし、考えを養成します。組織や業種を超えたビジネス・ネットワークも生まれます
B
大前研一が世界経済の最新動向を解説
C
サイバークラス「AirCampus™」で議論・分析

ビジネス・ブレークスルー大学院大学オープンカレッジ事務局
0120-344-757　http://ohmae.ac.jp/ko/　E-mail : info@OhmaeOnAirCampus.com

大前研一が毎日、直接指導する
「大前経営塾」〜日本企業の経営戦略コース〜

大前経営塾とは、日本企業の最重要課題や経営者として求められる能力について、大前研一の講義や実際の経営者の話を収録した映像をブロードバンドにてご覧頂き、その内容について徹底的に議論するものです。大前研一や他企業の経営幹部との議論を通じ、経営者としての物の見方・考え方、能力を1年間かけて磨き上げていきます。

1．経営者マインドの認識　2．経営者としての能力開発　3．他流試合を通じての実践

受講期間：1年間　毎年4月／10月開講
特　　典：講義映像ダウンロード用機器、BBT757ch（CS）1年間視聴や新作番組ブロードバンド配信、大前研一通信（データ版）1年間無料購読 ほか、セミナー＆人材交流会にご招待!

ビジネス・ブレークスルー　大前経営塾事務局 東京都千代田区神田練塀町3 富士ソフトビル
電話：03-5860-5536　E-mail：keiei@bbt757.com　URL：http://www.bbt757.com/keiei

国境を越え、世界で活躍できる国際ビジネススキルを日本語×英語で習得

ボンド大学大学院ビジネススクール－BBT MBA

Bond University Faculty of Business - BBT MBA

ボンド大学(2008年豪州国内大学ランキング1位)とBBTが提携し、2年間の遠隔学習で、正式な海外MBAを取得することが可能です。大前研一をはじめ気鋭の講師陣が英語・日本語で直接指導し、サイバー議論やグループワークを通じて国際標準のビジネススキルを習得できます。

プログラムの特長

- 働きながら、自宅で海外MBA（経営学修士）を取得できる
- ビジネスレベルの英語力を身に付けられる（サポートも充実）
- 海外ＭＢＡ留学に比べ、コストを1/10に圧縮

BOND UNIVERSITY

詳しい情報をご希望の方はいますぐこちらへアクセス

Bond-BBT MBA事務局　0120-386-757

http://www.bbt757.com/bond

「ゼロ」から「1」を創りだす！ No.1 アントレプレナーシップ養成スクール

大前研一のアタッカーズ・ビジネススクール

実践力獲得プログラム

実践力の獲得！明日から結果を創る

- 実践で使えるスキルを獲得したい
- キャリアビジョンを構築したい
- 起業・新規事業のネタ探しをしたい

目的	マインド	コンセプチュアル	ストラテジー
	軸の形成	創造性の確立	実現への道筋

事業創造支援プログラム

事業立上げ・拡大を図る！

- これから始める起業・新規事業を成功させたい
- 事業立ち上げのノウハウを身につけたい
- 事業拡大・IPO を目指す

目的	プラン	アクション
	成功確度の向上	行動計画

●5,000 名の卒塾生が学んだ実践的プログラム

「リアル」による迫力の講義と、サイバーディスカッションのハイブリッドで、アントレプレナーに必要な「リスクを許容しえる強い意志」、「高い倫理観と志」、「事業としての収益性を見極めるセンス」を手にしてください！

大前研一のアタッカーズ・ビジネススクール
http://www.attackers-school.com
TEL:03-3239-1410　FAX:03-3263-4854　E-mail:abs@bbt757.com

「いつか」を「いま」へ JUST DO IT！

※最新の開講状況はＨＰをご覧下さい

《大前研一ニュースの視点》15万人が愛読する無料メールマガジン

大前研一の視点を通じ貴方の思考力を鍛えるメールマガジン

登録はコチラ⇒　http://www.lt-empower.com/mag2/mag2.asp

または、「大前研一　メルマガ」で検索を！

大前研一　メルマガ　検索

日本、世界、注目企業の動きを読み解くための必読メールマガジン！

THE OHMAE REPORT

大前研一流の思考方法をゲット!! あなたにも隠れた真実がみえてくる!

大前研一通信

大前研一の考え方がわかる唯一のネットワーク誌

最新のビジネス情報、政治・経済の見方から家庭・教育・レジャーまで、大前研一の発信をまるごと読むことができる唯一の会員制月刊情報誌（A4版、約40ページ）。「PDF版」、「送付版」、「PDF+送付版」の３つの購読形態があり、ネットで参加出来るフォーラム「電子町内会（エアキャンパス）」のご利用も可能。

併せてご覧頂ければ、きっと、マスコミでは分からないものの見方や考え方が自然に身についていくでしょう。特にPDF会員の方には、エアキャンパス内での記事速報もご覧いただけます。ブロードバンド環境の方なら、立読み（抜粋）やバックナンバーのチェックも出来ます！

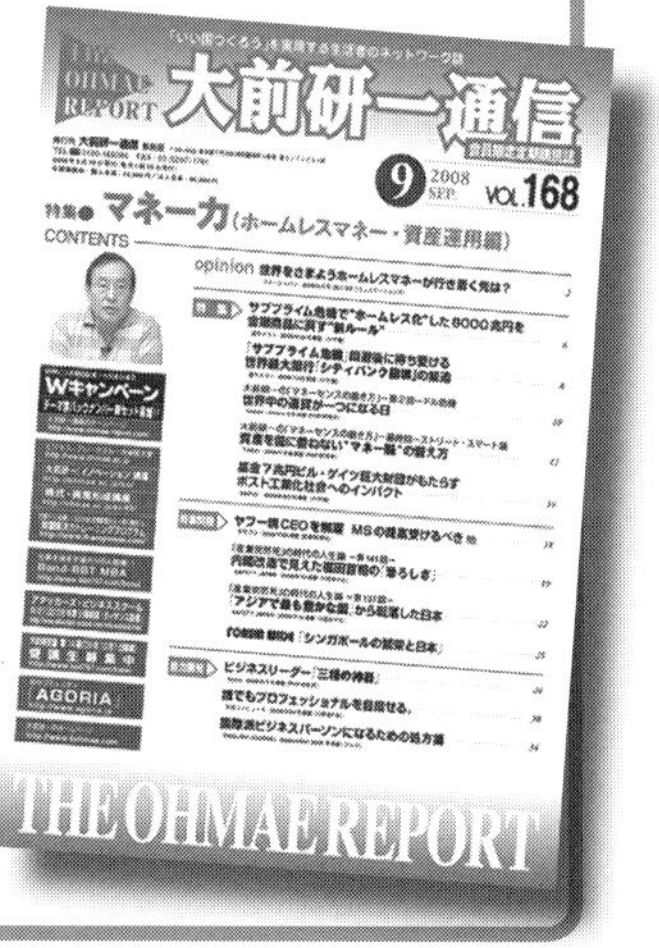

〈大前研一通信〉お問い合わせ
0120-146086　03-5860-5535
FAX：03-5297-1781
E-mail：ohmae-report@bbt757.com
URL：http://www.ohmae-report.com

BBTラーニングマーケット

BUSINESS BREAKTHROUGH

BBTの厳選したビジネス講座が
1講座から購入可能！

詳細はこちらのホームページをご覧下さい。
http://market.bbt757.com/

まとまった時間を確保できない多忙な方でもラーニングマーケットのビジネス講座なら、講義時間〝1時間〟の講座も多数ご用意していますので「学びたい！」と思ったその瞬間に、受講を開始することができます。

ビジネス・ブレークスルー ラーニングマーケット事務局
E-mail：market@bbt757.com

AGORIA　知のサイバー空間
SNS『AGORIA（アゴリア）』（登録・利用無料）

良質な人脈構築の機会・自己啓発ツール・学習コンテンツをご提供しております。
招待制コミュニティです。登録をご希望の方はメールでお問合せ下さい。
◇Mail：agoria@agoria.jp　◇URL：http://agoria.jp/